U0498963

本书受国家社科基金项目
"城乡经济不平衡的内在逻辑与对策研究"(项目编号:18XJL006)、
四川省人力资源和社会保障厅重点科研项目
"城乡融合背景下大学生返乡就业创业困境及对策研究"(项目编号:ZD2024003)资助

乡愁 与 繁荣

城乡不平衡
与中国经济发展

杜云晗　黄　涛◎著

西南财经大学出版社

中国·成都

图书在版编目(CIP)数据

繁荣与乡愁:城乡不平衡与中国经济发展 / 杜云晗,黄涛著.--成都:西南财经大学出版社,2025.4.
ISBN 978-7-5504-6633-3

Ⅰ.F124

中国国家版本馆 CIP 数据核字第 20259S3R45 号

繁荣与乡愁:城乡不平衡与中国经济发展

FANRONG YU XIANGCHOU:CHENGXIANG BUPINGHENG YU ZHONGGUO JINGJI FAZHAN

杜云晗　黄　涛　著

策划编辑:何春梅　李思嘉
责任编辑:李思嘉
责任校对:邓嘉玲
封面设计:墨创文化
责任印制:朱曼丽

出版发行	西南财经大学出版社(四川省成都市光华村街 55 号)
网　　址	http://cbs.swufe.edu.cn
电子邮件	bookcj@swufe.edu.cn
邮政编码	610074
电　　话	028-87353785
照　　排	四川胜翔数码印务设计有限公司
印　　刷	四川五洲彩印有限责任公司
成品尺寸	170 mm×240 mm
印　　张	21.25
字　　数	336 千字
版　　次	2025 年 4 月第 1 版
印　　次	2025 年 4 月第 1 次印刷
书　　号	ISBN 978-7-5504-6633-3
定　　价	88.00 元

前言

　　城乡问题始终是我国社会主义现代化建设中的紧迫问题。党的十八大以来，我国在统筹城乡产业发展、基础设施建设、公共服务平等化、环境生态治理等方面有较大进展，但在城乡经济结构、协同分工与深度融合上亟待突破，形成一个完备且可持续的城乡融合体系仍是未来努力的方向。从城乡经济关系着手研究，是必要而富有现实意义的探索。

　　本书系统全面地对阻碍城乡融合的根本因素作了分析论证，具有浓郁的理论色彩与实证精神。本书围绕城乡经济演化与融合主题，阐释了城乡之间在生产力结构、生产关系格局和治理体制机制等方面的演化逻辑与差异化特征，基于马克思主义社会基本矛盾理论，剖析了城乡经济"三位一体"的辩证关系，进一步构建了"生产要素—产权制度—治理机制"的科学分析框架，阐明其中的辩证互动关系，从一个整体、制度的视角解析城乡经济不平衡的内在逻辑，并在增长与平衡、体制与结构、制度与治理的辩证视角中提出化解城乡经济不平衡的对策进路。

　　在此基础上，本书就城乡资本要素投入与价值补偿非对等、劳动力要素价值积累与流动差异以及数据要素垄断开发利用等方面进行了深入探讨，对以上影响城乡融合的因素进行了概括界定。进而，本书论述了城乡产权制度对要素开发、流动、分布、使用与收益等的深刻影响，逐步揭示了城乡生产力差异现象背后的深层逻辑。对于城乡融合的破局，本书提出了要素产权主体与市场双治理的治理进路，指出促使城乡融合的关键在于激活城乡市场经济循环，推动实现城乡要素权利均势与空间联动。

本书力求以唯物史观廓清城乡问题，介绍和借鉴了国内外有关理论与研究成果，不局限于从单一视角理解和把握城乡经济的内在逻辑，为形成具有可行性的对策主张提供了坚实的理论基础。城乡问题极为复杂，阶段性特征强，不同区域面临的问题不尽相同，城乡融合的程度和水平存在较大差异，需要持续深入实践，进一步探索求证，为城乡领域研究增添更多有价值的成果。

杜云晗、黄涛

2025 年 1 月

目 录

第一章　绪论 　　　　　　　　　　　　　　　　　　　　　　1

第二章　城乡经济关系的审视 　　　　　　　　　　　　　　　9

　第一节　城乡经济关系形成的多元归因 　　　　　　　　　9

　第二节　城乡经济融合的对策主张 　　　　　　　　　　　17

　第三节　研究评述 　　　　　　　　　　　　　　　　　　21

第三章　城乡经济关系的演进轨迹与多维表征 　　　　　　　24

　第一节　我国城乡经济关系的历史演进 　　　　　　　　　24

　第二节　城乡经济关系的现实表征 　　　　　　　　　　　35

　第三节　政府责任的回归 　　　　　　　　　　　　　　　66

　第四节　推动城乡融合的政府与市场合力 　　　　　　　　68

第四章　显微镜下的城乡：一个"三位一体"的视角 　　　　84

　第一节　揭开理论"迷雾" 　　　　　　　　　　　　　　85

　第二节　生产力层面的结构表征 　　　　　　　　　　　　96

第三节　生产关系层面的产权归因　　　　　　　　101

第四节　上层建筑层面的深层动因　　　　　　　　106

第五节　城乡经济"三位一体"的辩证关系　　　　111

第五章　城乡要素配置的经验证据　　　　　　　　116

第一节　土地价格"剪刀差"　　　　　　　　　　116

第二节　资本"沉默"与"爆发"并存　　　　　　128

第三节　城乡劳动力的流动与回归　　　　　　　　143

第四节　城乡数据要素发展　　　　　　　　　　　163

第六章　城乡产权关系的梳理　　　　　　　　　　168

第一节　权利就是生产力　　　　　　　　　　　　168

第二节　产权与要素流通　　　　　　　　　　　　190

第三节　再看产权：新型农村集体经济基础　　　　205

第七章　打破城乡治理机制的失衡　　　　　　　　211

第一节　二元治理的怪圈　　　　　　　　　　　　211

第二节　市场治理如何破题？　　　　　　　　　　217

第三节　"不对称"治理　　　　　　　　　　　　222

第八章　促进城乡经济融合的实践案例　　　　　　228

第一节　成都市统筹城乡综合配套改革试验区　　　228

第二节　嘉湖片区城乡融合发展改革试验区　　　　236

第三节　长兴县城乡一体化发展　　　　　　　　　240

第四节　温州市城中村改造　　　　　　　　　　　242

第五节　唐元镇新型农业经营主体调查　　246

第六节　崇德社区新市民融入度调查　　255

第九章　城乡经济融合的对策进路　　269

第一节　促进城乡经济形态的结构优化　　269

第二节　促进城乡要素配置及生产力布局优化　　276

第三节　促进城乡经济社会权利的有效平衡　　287

第四节　促进城乡融合发展的体制机制创新　　298

参考文献　　301

后　记　　325

第一章　绪论

当前，我国正处于从"乡土中国"向"城乡中国"演变的发展阶段。传统中国是乡土的中国，整个国家的根基在乡村①，同时也存在"两个中国"，一个是农村、一个是城镇②。我国很早就认识到建立合理的交换制度以及相伴相生的城乡依存关系，北宋时孙升曾这样描述："城郭、乡村交相生养。城郭财有余，则百货有所售；乡村力有余，则百货无所乏。"③迄今为止，我国城乡关系经历了从乡土气息到现代氛围的嬗变，从人民公社、城乡分治到社会主义新农村建设，从城乡统筹、城乡发展一体化到城乡融合发展，皆是中国特色社会主义在城乡治理上的探索，体现了党和国家对城乡经济关系转变的规律性认识。

习近平总书记曾指出：在现代化进程中，城的比重上升，乡的比重下降，是客观规律，但在我国拥有近14亿人口的国情下，不管工业化、城镇化进展到哪一步，农业都要发展，乡村都不会消亡，城乡将长期共生并存，这也是客观规律。即便我国城镇化率达到70%，农村仍将有4亿多人口。如果在现代化进程中把农村4亿多人落下，到头来"一边是繁荣的城市、一边是凋敝的农村"，这不符合我们党的执政理念，也不符合社会主义的本质要求。这样的现代化是不可能取得成功的④！因此，城乡关系和化解城乡经济不平衡也是探索和构建中国式现代化理论

① 徐勇. 城乡一体化进程中的乡村治理创新 [J]. 中国农村经济，2016 (10)：23-26.
② 费正清. 美国与中国 [M]. 张理京，译，世界知识出版社，1999：20.
③ 陈事美. "京漂"在宋朝 [J]. 华声，2014 (15).
④ 习近平. 习近平谈治国理政：第3卷 [M]. 北京：外文出版社，2020：257.

体系的重要方面。进一步消除城乡融合的制度性障碍，寻求城乡经济平衡协调发展的治理之道，不仅是我国经济现代化过程中面临的理论难题，也是关乎如何构建新发展格局、实现经济高质量发展的实践需要。

虽然城乡二元结构不断被认识，城乡分割、城乡差距不断在消弭，城乡二元体制也极欲破除之，但城乡经济不平衡并未发生根本性的扭转，一些根本性管制难退出，而市场化城镇化的自发机制，在一些方面还抵消了这种政策上的努力，诸如资源配置、产权保护、公共服务等一系列市场经济最重要的制度安排，在城乡之间呈现出非均衡分布的特点。这包括：城乡二元经济体制对农村经济发展还存在约束，城乡劳动力要素双向流动存在制度性障碍，"资本下乡"存在持续性驱动不足，城乡经济循环还存在不少堵点甚至断点，等等。畅通国内大循环、壮大国内市场是构建新发展格局的重大战略抉择，但城乡要素产权制度缺乏对接，要素交易市场各为体系，城乡双向开放受阻、要素双向有序互动等问题仍然十分突出。

城乡经济不平衡已成为我国特定发展阶段最为明显的经济社会矛盾①。党的二十大报告指出，"全面建设社会主义现代化国家，最艰巨最繁重的任务仍然在农村"。习近平总书记指出：我国发展最大的不平衡是城乡发展不平衡，最大的不充分是农村发展不充分②。与此同时，我国发展不平衡不充分主要体现为城乡发展不平衡、乡村发展不充分，如城乡价格水平、要素配置、消费水平、公共服务的非均衡等。从国际经验来看，凡是成功跨越"中等收入陷阱"的国家，都较好地解决了城乡二元问题，而陷入"中等收入陷阱"的国家则往往存在较大的城乡经济差距。习近平总书记强调，"没有农业农村现代化，就没有整个国家现代化"③，城乡经济不平衡必然导致中国式现代化的支撑不平衡，城强乡弱、"一条腿长、一条腿短"，不利于"两条腿走路""左右脚协调"。这种现实制约使得经济总体发展愈快，城乡经济不平衡和乡村相

---

① 郑新立. 城乡一体化是最大的动能［EB/OL］.（2016-12-15）. http://theory.people.com.cn/n1/2016/1215/c49154-28951308.html.

② 习近平. 习近平谈治国理政：第3卷［M］. 北京：外文出版社，2020：256.

③ 习近平. 习近平谈治国理政：第3卷［M］. 北京：外文出版社，2020：256.

对落后愈加明显，这种内生性的不平衡不充分源自城乡关系的历时性问题，涉及如何构建新型城乡关系，推进从城乡分治到城乡融合的互动发展。

党的二十大报告指出，共同富裕是中国特色社会主义的本质要求，也是一个长期的历史过程。传统乡土社会的现代价值迫切需要在城乡落差中得到实现，新时代乡村振兴战略对此作出了应有回应，它是更高水平的社会主义新农村建设，涉及一系列关乎乡土经济、政治、社会、文化、生态的制度安排与调整，城市价值也需要在乡土社会的价值实现中进行重新解读与创新。城乡在经济基础、增长方式、文化理念等方面存在较大差异，城镇化的制度形态不一定适用于乡土社会的具体情况，城乡发展一体化也不是简单的资本逻辑下的投资建设就能实现，需要从多重逻辑的演进与丰富的实践基础方面进行追问。

共同富裕目标的实现，一个最基本的要件是不同区域、不同群体之间的经济差距逐步缩小和基本公共服务均等化，因此发展的平衡性、协调性和包容性[1]应当放在第一位。城乡经济从对立走向融合是一个极其复杂的系统工程，有经济方面的融合，包括要素融合、产业融合、空间融合，还有非经济方面的融合，如文化认同融合、治理体系融合、政治过程融合等。随着新发展理念特别是协调发展理论的深入实施，我国已具备构建新型城乡工农关系，推进城乡经济平衡化进而协调化的理论与实践基础。在中国式现代化建设背景下，需要深入剖析城乡经济发展不平衡的内在逻辑，探求城乡经济如何在二元体制及其造成的制约集合中进行现代化的发展升级。

有鉴于此，本书将马克思主义社会基本矛盾理论具体化到城乡经济发展不平衡的问题上，进一步构建"生产要素不平衡—产权制度不平衡—治理机制不平衡"的理论框架探讨城乡问题，解构出城乡经济不平衡的结构表征、制度归因和深层动因三个方面，以求辩证地、历史地、具体地研究各方面内部以及之间的相互关系，以此实现对城乡经济不平衡问题的整体性研究。研究旨在实现马克思主义社会基本矛盾理论在城乡经

---

① 习近平. 扎实推动共同富裕[EB/OL]. (2021-10-16). http://www.qstheory.cn/dukan/qs/2021-10/15/c_1127959365.htm.

济不平衡问题上的具体应用，实现在学理上概括城乡经济不平衡的内在逻辑和本质特征，推动中国式城乡均衡道路的理论探索，形成对中国式现代化理论体系的城乡建树，进而助力"中国之治"话语体系的建构，推动城乡融合发展的现实进程。

本书基于研究思路和重点，在整体内容架构上包括五部分共九章。①第一章至第三章是研究基础，其中第一章是绪论，第二章是概念、研究综述和理论基础，第三章是历史分析，回顾了城乡经济关系的发展脉络，刻画了城乡经济的现实特征。②第四章是理论分析框架，构建了"生产要素—产权制度—治理机制"的分析框架，以解析城乡经济关系的内在逻辑和相互关系。③第五章至第七章是理论框架的展开。第五章阐述了生产要素配置对城乡经济发展的影响，第六章探讨了产权制度对生产要素及权利关系的影响和各要素产权提效增值的路径，以及新型农村集体经济组织在实现共同富裕中的作用，第七章从治理视角分析了城乡在产权治理、市场治理和治理方式等方面的关联。④第八章是实践案例。该章梳理了改革开放以来城乡关系变革和相关政策的总体情况，以及四川、浙江等地不同时期、不同层次促进城乡融合发展的政策和实践情况。⑤第九章是对策主张。基于城乡经济不平衡的内在逻辑和现实情况，该章提出了深化城乡空间生产关系变革、夯实城乡共同富裕的产权基础、激活城乡市场经济循环等方面的治理进路，以及以产权制度改革为核心的治理体系和具体建议。

第一章绪论主要介绍研究背景和意义，提出研究思路、内容和方法，阐明可能的创新和不足。我国城乡经济不平衡源自城乡生产关系与生产力发展的不适应，城乡融合的过程则是通过合理的政策体系与制度创新，消除阻碍城乡要素自由流动、平等交换等不利因素和制度安排，使之与当前阶段的城乡生产力水平相适应。秉承马克思主义基本原理，运用科学抽象方法作为方法论基础，综合使用归纳和演绎、分析与综合、定量与定性分析相结合的方法。

第二章是相关文献和理论基础。城乡经济不平衡本身是一个宏大的话题，基本的概念范畴认知就显得尤为重要，对不平衡本身的理解、界定和测度还有待强化。该章对城乡经济不平衡的有关概念进行界定，明确论题的内涵与定位，回顾现有研究，梳理相关理论，由此形成本书研究的理论基础。从文献梳理情况看，有关城乡问题的研究成果颇丰，对城乡经济不平衡的表现形式、特点以及影响因素等多有论及。城乡经济不平衡是指一定社会生产力水平和制度条件下，城乡在生产、分配、交换和消费方面的关系对立和不协调不适应状态，意味着经济结构的变动倾向和制度变迁需求。根据中国实践，这种不平衡是在工业化、市场化、城镇化、信息化或数字化过程中进一步形成和变化的，既有一般规律和特征，也有特定原因和表现。

第三章是城乡经济不平衡的历史演进和现实特征。该章回顾我国城乡经济不平衡的发展脉络，分析各时期我国城乡经济不平衡的具体表现与内在原因。根据已有统计数据，采取描述性分析的形式，刻画当前我国城乡经济失衡的现实特征。对城乡经济发展历史与现实的双线把握，为建立整体性的分析框架提供了历史经验和现实依据。中国经济的城乡变量受到总体发展战略下经济非均衡路径的约束，后者肇始于工业化城镇化的政策偏向和制度安排，造就了工业城市和农业乡村的两个世界，客观上形成了"先进的城市、落后的农村"两极结构。这是计划经济体制下强制性制度变迁的结果，倾斜性的发展方略印证了发展中国家不同于生产部门自然演变的发达国家的经济结构特征，如劳动剩余、隐蔽性失业以及二元经济结构，加上工业化进程中产业演变秩序的导向性规制对不同部门间生产剩余的再分配，靠工业化发展实现城乡一体的机制不仅没有形成，反而演变为一种体制化的城乡二元结构。在经济转轨时期，初期的市场化改革增强了产权激励，促进了乡村发展，但市场机制和马太效应却为随后农村产权制度的封闭和固化提供了依据，使得农村土地的社会保障功能、劳动力的蓄水池功能和经济周期的避险功能凸显，进一步形成了既在市场化之内、又在市场化之外的新型二元经济结构。这种二元结构，在社会主义新农村建设、统筹城乡综合配套改革试验、城乡融合发展等战略实践中逐渐沿袭下来，并通过确权颁证、"三权分置"等改革得到不断明晰和确认。该章描述了城乡经济不平衡的现实表征，包括城乡居民收支不平衡、资源要素不平衡、公共服务不平衡等总体情况，区际差异和基于结构基尼系数估计方法的具体刻画等，并运用现代经济学分析方法和工具分析市场化改革对城乡经济变迁的影响作用，结果表明要素市场发育、缩小政府规模和减少商品市场上的地方保护加深了城乡经济差距，而其他市场化改革举措则有利于降低城乡经济不平衡程度，可见市场化改革的不同方面对城乡经济发展影响作用存在差异。当存在"政府失灵"和"市场失灵"时，市场化改革会对城乡经济的协调发展造成不利影响。

第四章构建了城乡经济不平衡的理论分析框架。基于马克思主义社会基本矛盾理论，该章阐明城乡经济不平衡实际上是城乡经济关系不平衡，本质是城乡在生产关系上的不平衡，但必须联系生产力和上层建筑来进行系统性研究。其中，生产力不平衡是城乡经济不平衡的结构特征，生产关系不平衡是城乡经济不平衡的制度归因，上层建筑不平衡是城乡经济不平衡的深层动因。由此，进一步具体构建起"生产要素不平衡—产权制度不平衡—治理机制不平衡"的分析框架。基于城乡要素配置和分布的不平衡、城乡产权与市场交易制度的不平衡、城乡经济体制和治理机制的不平衡，论述城乡经济在生产力、生产关系和上层建筑等三个层面上的不平衡，并阐明其中的辩证互动关系，从一个整体性、制度性的视角解析城乡经济不平衡的内在逻辑。

第五章分析了城乡生产要素的现实配置。该章主要围绕城乡资本、土地与劳动力要素的不平衡展开讨论，兼及技术、管理、知识和数据等其他要素配置失衡对城乡经济发展带来的影响。城乡生产要素配置不仅表现为城市和农村两大部门价值补偿的不平衡，这主要是计划经济时期工农产品交换的比价差所导致；还涉及城乡生产要素流动的单向性与不充分，这主要因为城市发展对农村地区产生"虹吸效应"。进一步表现为城市资本过剩与空间紧缺，而农村土地空间广阔却难与资本结合，农村劳动力众多却难以市民化流动，使得农村要素闲置甚至于"沉睡"起来，难以改善生产条件和获得经济发展的机会。

第六章做了城乡产权关系的制度分析。城乡经济不平衡的实质是产权制度不平衡。该章以城乡土地产权为核心，阐述土地、资本、劳动力及之间的权利关系，并置于交换流通的实践中探讨各要素产权提效增值的路径。其结合农村产权改革实践，进一步探讨新型农村集体经济组织在实现共同富裕和化解城乡经济发展不平衡中的作用。一个时期内，传统制度逻辑已无法应对趋利性资本的僭越，资本逻辑对制度逻辑的从属性减弱，在挤出现代化发展增益的同时会降低制度安排及整合的有效性，造成权利配置失措并扭曲城乡经济关系。制度变迁的方向在于实现社会主义与市场经济、政府与市场的有效结合，在对经济形态的哲学思索与价值检视的基础上对制度形态进行打磨，使之在提高经济效率的同时焕发经济正义的活力，并满足人们的道德追寻与价值诉求，构建更加公平合理的社会经济秩序。一方面，要以制度化的治理方案体现治理有据有序，另一方面，要对制度体系本身进行治理，消除不同时期和背景下政策出台的冲突与碎片化，形成集合理性、有效性、长效性于一体的制度体系，寻求更符合制度价值和现实需求的、涵盖路径规制与路径生成的治理机制和设计方案。

第七章探讨了城乡经济关系的治理机制。该章从城乡产权治理不平衡、市场治理不平衡和治理方式不平衡等方面，进一步分析了要素产权与市场交易在治理机制层面存在的不平衡，以及不同城乡治理方式的差异。城乡治理主体不平衡不仅存在于农村居民大量进城而形成的城乡劳动力要素市场，也存在于城乡土地等要素市场。农村治理主体在城乡土地要素市场的相对弱势，不利于农村土地要素的高效配置，进而有碍于农村资源要素的市场化与资本化。作为城乡之间权力结构、信息优势与权益获取等方面不对称的主要因素，城乡治理方式的不平衡也是劳动力、土地与资本组合的城乡差异的主要来源。

第八章介绍了化解城乡经济不平衡的实践案例。该章梳理改革开放以来城乡关系变革和相关政策的总体情况，重点探讨成都市统筹城乡综合配套改革试验区、嘉湖片区城乡融合发展改革试验区、长兴县城乡一体化发展、温州市城中村改造的具体实践，以及唐元镇新型农业经营主体调查和崇德社区新市民融入度调查，包括统筹利用城乡资源，促进城乡要素合理流动，推进要素市场化改革，创新乡村治理体系，促进城乡公共资源配置更加均衡等方面，以实现城乡经济、空间、社会、生态、制度等方面融合发展。这些实践方案沿着"城乡统筹—城乡一体化—城乡融合"的逻辑主线展开，既是对马克思主义城乡关系理论的坚持和发展，也是我国城乡关系发展的必然结果和解决城乡经济不平衡的必由之路。而相对于城乡统筹和促进城乡发展一体化，建立健全城乡融合发展体制机制和政策体系，更容易把关注焦点转向优化城乡之间的融合渗透、良性循环和功能耦合关系，为深化城乡共同体建设创造有效条件。

第九章是化解城乡经济不平衡的对策进路。我国城乡生产力发展水平存在显著差距，亟待优化城乡之间的要素产权和治理机制，为生产要素充分高效流动，形成共融共生的新型城乡关系提供保障和支撑。本章结合前述理论主张与实践例证等方面的分析，针对城乡经济不平衡的主要问题表现，从促进城乡经济形态的结构优化、城乡要素配置及生产力布局优化、城乡经济社会权利的有效平衡与城乡平衡化发展的体制机制创新等方面提出了化解城乡经济不平衡的对策建议，寻求促进城乡经济平衡化发展的有效路径。这包括深化城乡空间生产关系变革，夯实城乡共同富裕的产权基础，激活城乡市场经济循环，以合理有效的制度创新有效破除城乡二元体制藩篱，促进城乡要素双向流动，提升农村要素组合能力，优化要素结合方式，激发要素经济价值，形成产业协同、功能互补与内涵融合的城乡经济发展格局，促进经济正义、制度正义和空间正义，实现城乡经济平衡化与可持续发展，等等。

第二章　城乡经济关系的审视

本章对城乡经济不平衡的有关概念进行界定，明确论题的内涵与定位，系统回顾现有研究成果并作评述，梳理相关理论观点和主张，由此形成本书研究的理论基础。

第一节　城乡经济关系形成的多元归因

从现有研究看，大多是从城乡关系来把握城乡经济不平衡的内涵和原因。城乡关系的发展演进是城乡经济发展不平衡的必要条件。由于原始社会极低的生产力水平，仅存在空间意义的差异化分布，而后生产发展拓展了更多可供生产力配置的空间，进而推动原始落后的生产方式朝向以分工为主要手段的高层次生产方式转变，形成以社会分工为动力的城乡关系发展史。马克思从历史唯物主义视角出发，对不同历史时期的城乡关系作了系统分析，深刻揭示了城乡关系的实质及其运动规律，指出城乡的分离及其对立是生产力发展的必然结果；城乡对立产生的影响，体现在通过城乡不平等交换促进工业化的发展；对立的根源在于生产力有所发展但又发展不足，其最终的发展趋势是在公有制基础上的融合。因此，城乡关系的发展也符合生产力决定生产关系、经济基础决定上层建筑的社会发展的基本规律①。而"分工效应"赋予生产力以新的活力的同时，也增添了城乡关系的紧张，城乡之间基于社会分工不断进行着政治、经济、文化关系的交互式接触，呈现出功能性差异与发展定位的区别，伴随工业文明与城镇化浪潮愈加激烈与频繁，最终加剧了二者之间关系的紧张，引致了城乡经济发展的不平衡。

一般认为，发展中国家的城乡经济不平衡直观表现为二元的经济结构及其带来的一系列相关的经济现象和经济规律，传统部门和现代部门在经济系统中的对立是其最主要的结构特征，而这些都同工农业发展水平不高有关。西方学术界对二元结构转型较为系统的理论解释，主要有刘易斯的二元结构转换理论、拉尼斯—费景汉的二元经济转换模型和舒尔茨的二元经济转变理论等。刘易斯于 1954 年发表论文《劳动力无限供给条件下的经济发展》，首次提出二元经济模型，直到 20 世纪 70 年代末，都被认为是解释劳动力剩余国家经济发展过程的一般理论②。该理论假设在不变工资条件下的劳动力是可以无限供给的，并把国民经济分为农业和工业生产两个部门。在初期，工业部门以更高的生产效率和工资，不断吸引农业部门的剩余劳动力，而随着农业部门的剩余劳动力逐渐减少、生产效率不断提高，最终使工业部门和农业部门劳动生产率同时提高，工农业趋向于均衡发展，这个过程的完成是自然进行的。费景汉和古斯塔夫·拉尼斯认为，农民的边际产品不断上升，会导致劳动力的流动相对于刘易斯理论提前终止，由此城乡二元结构转换不能自然完成，这时就需要利用工业利润对农业进行投资，以促进农业生产技术的改进和劳动生产率的提高③。舒尔茨认为农民低收入的原因，在于低收入的路径依赖和缺乏高收入的经济刺激，主张采用市场的方式对农民进行经济刺激，从而充分调动农民生产的积极性。舒尔茨也强调人力资本的作用，认为改造农业生产技术也是非常重要的，但相对忽视了工业

---

① 刘先江. 城乡发展一体化：马克思恩格斯城乡融合理论的中国实践 [C] //大理：中国国际共运史学会 2013 年年会暨学术研讨会，2013：289-296.

② LEWIS A. Economic development with unlimited supplies of labour [J]. The Manchester school of economic and social studies, 1954, 22 (2)：139-191.

③ RANIS G, FEI J C. A theory of economic development. [J]. American Economic Review, 1961, 51 (4)：533-565.

化对于农业发展的积极带动作用①。

在现实原因上，学者们看到诸如资本、土地、劳动力甚至数据要素的城乡配置失衡，导致各自在既有的要素禀赋下，对生产的促进作用差距大。"资本下乡""市民化不足""土地流转""数字鸿沟"等问题，都是要素配置失衡的重要体现。对应有关研究看，"资本下乡"不仅包含物质资本下乡，也包含人力资本下乡。物质资本下乡以工商资本下乡为代表，人力资本下乡以"新乡贤"为代表，助力乡村的经济发展与治理②。"市民化不足"体现在，农业转移人口市民化一方面因户籍制度与城市公共产品和服务供给的关联存在流入障碍，另一方面因户籍制度与农村集体产权制度的关联存在流出障碍，两方面因素共同构成人口城镇化阻力。此外还可能出现，市民化进程使得部分农村劳动力"消失"的情况③。"土地流转"主要体现在农村集体土地确权与保护上，同地难同权、入市也受阻，如宅基地和公益性用地虽允许在自愿前提下由村集体将其转化为集体经营性建设用地，但直接入市交易的有关设计仍停留在理论层面上，如宅基地使用资格未全面放开，交易范围受限制。城乡"数字鸿沟"也已出现，当前城乡互联网普及率、居民数字素养、数字资源质量差距仍比较大④，硬件层面如乡镇宽带通达不足，基站建设严重滞后于城市，软件层面如乡镇从事"三农"信息服务及产品开发的企业较少，产学研模式落地难度较大，"三农"信息服务体系尚不健全等⑤，导致农业现代化进程受阻。

---

① 舒尔茨. 改造传统农业 [M]. 梁小民，译. 北京：商务印书馆，1987.

② 新乡贤是指在市场化、城镇化和现代化进程中各行各业取得成功的时代精英。他们既有着现代化的理念、创新能力、前瞻性视野以及创业成功的人生经验和财富，又有着深厚的乡土情结和造福桑梓的社会责任感，且为乡村民众认可并赋权。他们是积极为乡村经济、社会、生态、文化、政治发展等出钱出力、献计献策、有效改善和提高当地乡村整体福利的个人或群体。参见：王凯军，黄涛. 资本下乡的制度归因与治理效应 [J]. 湖北工程学院学报，2022，42（4）：101-107.

③ 文军. 农民市民化：从农民到市民的角色转型 [J]. 华东师范大学学报（哲学社会科学版），2004（3）：55-61，123.

④ 易君，杨值珍. 我国城乡数字鸿沟治理的现实进展与优化路径 [J]. 江汉论坛，2022（8）：65-70.

⑤ 李道亮. 我国数字乡村建设的重点、难点及方向 [J]. 国家治理，2021（20）：21-26.

有学者指出，农村发展的主体单一化和动力不足，关注新型农业经营主体和产业对农业农村发展有重要推动作用。新型农业经营主体既是生产力的代表，又是生产关系的重要载体①。新型农业产业作为社会分工和生产力不断发展的产物，反映着生产力的布局，在城乡经济发展中起到分化作用②。培育新型农业经营主体，对乡村生产力的发挥具有巨大的正向促进作用，能够作为缓解城乡经济发展失衡的助力之一，其延伸出的城乡产业功能互补与融合发展、农村"三产融合"发展等议题成为当下的政策取向与学术研究热点。具体而言，产业融合是指从优化升级城乡产业结构、推动城乡空间互联互动、缩小城乡收入差距、强化城乡生态环境保护等不同层面，其推动力离不开政策支撑、外部环境支撑和要素支撑③，以浙江、安徽、山东、河南、湖北和重庆六个代表性省及直辖市为代表④。根据《中国乡村振兴产业融合发展报告（2022）》⑤，当前已经形成了农业内部融合、产业链延伸、功能拓展、新技术渗透、多业态复合、产城融合等有益探索或模式，但总体处于乡村产业融合发展的初级阶段，存在乡村产业融合的层次程度较低、融合的品质水平不高、融合的支撑要素不强和融合的主体带动作用较弱等问题。

在制度分割层面上，一些学者聚焦于城乡经济体制机制的失衡分析，指出经济发展战略、产权制度、组织制度等方面城乡有别，意在表明城乡经济不平衡是在工业化、市场化、城镇化、信息化以及数字化过程中形成和变化的。他们普遍认为，城乡经济不平衡有一般性规律和特征，也有我国自身原因引起的特殊性：新中国成立之初，为迅速改变贫

---

① 黄祖辉，俞宁. 新型农业经营主体：现状、约束与发展思路：以浙江省为例的分析[J]. 中国农村经济，2010（10）：16-26，56.

② 苏毅清，游玉婷，王志刚. 农村一二三产业融合发展：理论探讨、现状分析与对策建议[J]. 中国软科学，2016（8）：17-28.

③ 颜培霞. 产业融合推动城乡融合发展研究[J]. 改革与战略，2018，34（11）：110-115.

④ 苏毅清，游玉婷，王志刚. 农村一二三产业融合发展：理论探讨、现状分析与对策建议[J]. 中国软科学，2016（8）：17-28.

⑤ 腾讯网.《中国乡村振兴产业融合发展报告（2022）》报告解读[EB/OL].（2022-07-10）.https://new.qq.com/rain/a/20220710A00JWU00.

穷落后的农业国现状，我国借鉴苏联经验确定了优先发展工业的基本战略，并通过户籍制度和工农业产品价格"剪刀差"等为工业发展积累启动资本，于是城乡差距不断扩大，最终形成极具管制色彩的特殊二元结构。不难看出，工业化战略在要素禀赋结构的制约下，只能以扭曲农业部门的经济运行为代价，改变了原有相对稳定的城乡经济格局，也衍生出一系列各有区别的制度和政策安排，由此使城乡分治成为极具特色的路径依赖。

具体地看，"政社合一"与集体经营制度强化了政府对生产要素的管理权，促成了城乡就业与消费品供应制度的成立，城乡经济由此开始朝向不平衡发展①。在"赶超战略"的指导下，农业为工业化提供的用于快速积累的生产剩余为 6 000 亿~8 000 亿元②。从实践看，靠工业化自身发展实现城乡一体的机制不仅没有形成③，工业化进程中产业演变秩序的导向性规制对不同部门间生产剩余的再分配，反而演变为一种体制化的城乡二元经济。一般来说，城市和农村在聚居模式、产业结构上的二元结构是客观存在的。在城镇化进程中，生产要素向城市聚集，在城市与农村、工商业与农业之间形成结构性的差异，这种城乡二元结构是一个发展阶段必然存在的非体制差异，并不能简单地通过政府政策就可以消解。

农村改革是中国经济体制改革的时间起点与逻辑起点，但 40 余年的农村改革是一种对城乡关系的分阶段调整，缺乏连贯性的制度变迁是形成城乡失衡的主因④。在经济转轨时期，我国城乡二元结构演变的主线是制度变迁，辅线为经济发展⑤，总体来看在市场化改革中城乡差距

---

① 武力. 1949—2006 年城乡关系演变的历史分析 [J]. 中国经济史研究, 2007 (1): 23-31, 76.

② 陈锡文. 中国农村发展的五个问题 [J]. 生产力研究, 2005 (3): 113-114, 147.

③ 潘九根, 钟昭锋, 曾力. 我国城乡二元结构的形成路径分析 [J]. 求实, 2006 (12): 68-70.

④ 蔡昉. 中国农村改革三十年: 制度经济学的分析 [J]. 中国社会科学, 2008 (6): 99-110, 207.

⑤ 蓝海涛. 我国城乡二元结构演变的制度分析 [J]. 宏观经济管理, 2005 (3): 47-49.

还有扩大，城乡关系也更复杂，城乡差距甚至超过改革以前的境况①。企业改革、对外贸易以及财政金融等领域的城镇化偏向②，在城市经济的快速发展中起了决定性作用，加上"放活"农民的制度创新不够以及政策不连续③，在相当程度上减缓了农村经济追赶城乡差距的步伐。其中，农村集体产权制度相关的改革是无法回避的重要方面。

农村改革初期，土地承包经营权是按照债权思路设计的，村集体与农户签订承包合同，通过契约明确集体与农户的权利义务。在家庭联产承包责任制时期，城乡经济差距有缩小趋势。家庭联产承包责任制使农民收益与劳动成果挂钩，克服了平均主义分配模式，农民收入水平迅速提升。1978—1983 年，城乡居民收入差距有所缩小，城乡居民人均收入比由 2.57 降至 1.82。在新农村建设和统筹城乡时期，对农村集体产权结构进行了一定程度调整，相应放活了农村要素使用权（土地"三权分置"、集体经营性建设用地入市和宅基地产权制度改革)④，这一时期城乡经济差距也在缩小。而后随着农村集体资产清产核资工作的逐步展开，城乡产权制度不平衡局面有所改善。在城乡融合发展时期，党的十九大报告指出要深化农村集体产权制度改革，保障农民财产权益，壮大集体经济。2021 年年初《中共中央 国务院关于全面推进乡村振兴加快农业农村现代化的意见》又进一步提出，完善农村产权制度和要素市场化配置机制，发展壮大新型农村集体经济⑤。

不难理解，集体经济的依据在于集体所有制，以及集体所有制的具体化即集体产权⑥。经过多年的探索改革，农村集体产权艰难地由封闭

---

① 白永秀. 城乡二元结构的中国视角：形成、拓展、路径 [J]. 学术月刊, 2012, 44 (5)：67-76.

② 蔡昉. 城乡收入差距与制度变革的临界点 [J]. 中国社会科学, 2003 (5)：16-25, 205.

③ 韩劲. 从收入差距看我国统筹城乡发展 [J]. 中国软科学, 2009 (2)：1-9.

④ 朱启臻. 当前乡村振兴的障碍因素及对策分析 [J]. 人民论坛·学术前沿, 2018 (3)：19-25.

⑤ 中华人民共和国中央人民政府. 中共中央 国务院关于全面推进乡村振兴加快农业农村现代化的意见 [EB/OL]. (2021 - 02 - 21). https://www.gov.cn/zhengce/2021 - 02/21/content_5588098.htm.

⑥ 黄韬. 中国农地集体产权制度研究 [M]. 成都：西南财经大学出版社, 2010.

走向开放，从集体化走向社会化。2004—2020 年城乡居民人均收入比由 3.21 降至 2.56，城乡差距持续缩小。这说明，对农村产权制度进行改革，特别是增进产权激励，保障产权强度，稳定产权预期，能够促进农村经济增长和农民收益，对纾解城乡经济不平衡具有积极作用①，这从珠三角农村产权改革的实践中可见一斑②。

实践表明，城乡二元制度、城市偏向的城镇化政策以及土地财政等，都深刻影响了城乡关系走向。从改革开放前的城乡二元分割，到党的十六大后统筹城乡发展、党的十七大后推动城乡发展一体化，到党的十九大提出建立健全城乡融合发展体制机制和政策体系，再到党的二十大提出畅通城乡要素流动、坚持融合发展，城乡二元体制也力图在改革发展中不断被破除③。虽然国家逐步调整了不少制约城乡协调发展的政策机制，但城乡分割并未发生根本性的扭转。而市场化城镇化的自发机制，在一些方面还抵消了这种政策上的努力，诸如资源配置、产权保护、公共服务等一系列市场经济最重要的制度安排，在城乡之间呈现出非均衡分布的特点④。

回溯历史，不难看出农村经济为国家工业化发展初期作出了巨大贡献。这一时期，产业政策、就业政策、财税政策、户籍管理等制度安排都存在一定的倾向性，为保证城市就业与粮食供应，城乡间的人口流动被体制化的户籍和生活必需品等制度所限制。其中，户籍制度是城乡二元结构的一个明显表征。学界普遍认为，户籍制度同居民福利具有内在联系，引致了城乡居民权利失衡的问题。2020 年，《中共中央 国务院关于构建更加完善的要素市场化配置体制机制的意见》指出，试行以经常居住地登记户口制度，支持建立以身份证为标识的人口管理服务制度，推动加快畅通劳动力和人才社会性流动渠道，激发人才创新创业活力。

---

① 刘传磊，李小娜. 农村集体产权制度改革试点的偏差与调适 [J]. 中国延安干部学院学报，2019，12（1）：107-112.

② 杜国园，李伟锋. 治理视角下的农村产权与治权：珠三角农村集体产权改革实证研究 [J]. 广东农业科学，2020，47（11）：201-208.

③ 金三林，曹丹丘，林晓莉. 从城乡二元到城乡融合：新中国成立 70 年来城乡关系的演进及启示 [J]. 经济纵横，2019（8）：13-19.

④ 肖冬连. 中国二元社会结构形成的历史考察 [J]. 中共党史研究，2005（1）：23-33.

陆铭也指出，户籍制度改革的最终目标就是把户籍变成一个在常住地的登记制度，地方政府可以了解到常住人口的规模，进而根据其规模对公共服务、教育、医疗等资源进行配置。一些特大城市和超大城市长期积累的大量外来人口，由于基础设施、公共服务的供给短缺，无法实现在一夜之间立即给予户籍身份，所以需要往常住地登记制度的政策方向去演变①。此外，一些学者关注到了城乡治理机制上的失衡与重构问题②，主要体现为由全局性的城乡分治到融合发展的转变，以及构建自治、法治和德治相结合的乡村治理体系。

乡村治理对于城乡经济均衡发展有相应的促动作用。在治理的背景上，需要明确"人（农二代）、地（三块地）、住（住房）、业（产业）"是当前乡村面临的四大问题，也是当前乡村发展的最大现实③。在具体的治理考量上，一方面，要看到农业农村结构性变化趋势，这包括农业小部门化的推动因素将更加多元，农业增长区域分化程度将更加显著，以及农户兼业化、农民老龄化、村庄空心化将更加突出等方面④。另一方面，还要结合具体问题具体分析，如资源下乡所带来的农村基层民主治理的转型问题⑤，农地产权改革与乡村治理秩序的生成⑥，以及治理方式或内容方面存在的不足——如基础支撑、文化建设、权责匹配、治理主体等⑦。此外，国家层面也在有目的地提供乡村治理的方

① 陆铭. 超大城市应该降低落户的门槛，户籍改革的目标是按常住人口配置资源[EB/OL]. (2022-07-13).https://www.sohu.com/a/566914970_100160903？scm=1002.590044.0.10646-1931.

② 贺雪峰. 新乡土中国（修订版）[M]. 北京：北京大学出版社，2013；贺雪峰，董磊明. 中国乡村治理：结构与类型[J]. 经济社会体制比较，2005（3）：15，42-50；罗必良，耿鹏鹏. 乡村治理及其转型的产权逻辑[J]. 清华大学学报（哲学社会科学版），2022，37（3）：188-204，219-220.

③ 刘守英. 代际革命与乡村振兴路径[EB/OL].(2022-06-28).https://new.qq.com/rain/a/20220628A0AUEP00.

④ 叶兴庆. 深刻把握农业农村的结构性趋势性变化[EB/OL].(2021-09-10).https://www.zgxcfx.com/sannonglunjian/119399.html.

⑤ 王海娟. 乡村振兴背景下农村基层民主治理转型：制度空间、实现路径与当代价值[J]. 求实，2021（5）：85-96，112.

⑥ 罗必良，耿鹏鹏. 乡村治理及其转型的产权逻辑[J]. 清华大学学报（哲学社会科学版），2022，37（3）：188-204，219-220.

⑦ 陈东辉. 乡村治理面临的现实问题及破解对策[N]. 农民日报，2022-01-22.

式方法，以期引导各地乡村治理效能的优化提升①。

第二节　城乡经济融合的对策主张

实现城乡经济融合不仅缩小城乡差距，还影响我国实现全面小康和共同富裕的现代化进程。促使城乡经济融合可从以下两个思路进行分析：一是如何有效改善城乡经济不平衡状况？二是如何才能让农村实现更充分的经济发展？

对此，学界主要关注城镇化与乡村振兴两个路径。从城镇化的现代意义来看，应当是尽可能消除经济和社会层面的不平等，促使区域、阶层之间的一体化与整合②。方创琳、赵文杰指出，城乡经济不平衡是实现中国式现代化的重点和难点，城乡规划与发展必须充分考虑城市现代化与农村现代化建设的目标、重点和任务，走城乡融合城乡共荣的现代化之路③。罗必良、洪炜杰认为，构建多样化等级秩序城镇布局，有利于促使形成大中小均衡发展的城镇化格局，增强城乡之间和不同城市之间的人口流动性，赋予农村居民就业和迁移的空间更大，提高农村居民福利水平，增强其公平感与幸福感④。

除一般意义上的城镇化外，县域城镇化也是有效缩小城乡居民收入和公共品获取差距的途径之一。一些地区的县域城镇化形式比较特殊，表现为以留守儿童与老年人为主的进城人群，目的在于更好地获取教育医疗等公共品。与之相对应的是，家庭收入主要来自外地打工的青壮年劳动力，区域公共品主要依托于中央财政转移支付，形成劳务返还和政

---

① 农业农村部. 农业农村部办公厅 国家乡村振兴局综合司关于印发乡村治理典型方式工作指南的通知［EB/OL］.（2021-12-21）. http://www.moa.gov.cn/nybgb/2021/202111/202112/t20211221_6385229.htm.

② GREATER LONDON AUTHORITY. London city resilience strategy 2020［J/OL］.（2020-02-01）. https://www.london.gov.uk/what-we-do/fire-and-resilience/london-city-resilience-strategy.

③ 方创琳，赵文杰. 新型城镇化及城乡融合发展促进中国式现代化建设［J］. 经济地理，2023，43（1）：10-16.

④ 罗必良，洪炜杰. 城镇化路径选择：福利维度的考察［J］. 农业经济问题，2021（9）：5-17.

府财政双向支撑的生活型城镇化模式，也被称为"异地工业化带动的本地城镇化"①。仅凭城镇化的自然过程，可能难以短时间内消弭城乡收入差距，也可能对城乡土地利用结构造成破坏②，故而也需要一定的政策干预。对非农就业的农村劳动力而言，从事的是劳动报酬相对偏低的工作，导致非农收入落后于城镇居民，政府有必要为兼业化或全职农民提供职业技能培训，这需要完备的职业培训和教育体系设计③。

从乡村振兴的战略目的来看，就是要将城市和农村经济发展放置于城乡融合的统一框架下，构建中国时代背景下新的工农城乡关系④。辛贤认为，就现有城乡居民收入增速来看，城乡收入差距短时期内难以消除⑤。农村居民收入水平偏低，以及其中低收入人群的收入过低，是城乡收入差距和农村内部差距分化的主要原因，乡村振兴是缩小城乡收入差距，促进城乡居民乃至全社会共同富裕的重大战略举措。相比工资性收入来看，农村居民家庭经营性收入占比从 2010 年的 48% 降至 2020 年的 35%，主要是农村居民财产性积累不足和人力资本存量较低所致。强化农村基层党支部建设，通过新的治理方式和壮大集体经济组织实力，是发挥集体所有制优势和提高农村经济内生动力的有效途径。

值得强调的是，新型城镇化与乡村振兴战略并非相互对立的割裂的存在，农村对于城市的发展具有支撑作用，城市则发挥其推动经济社会发展的强大引擎作用。不少学者从发展经济学、区域经济学等不同理论出发，创立了"以城带乡""以乡促城""城乡联动"等城乡发展模型，探讨了城乡间的良性互动模式⑥。要实现完整意义上的城乡协调发展，

---

① 肖磊，潘劼. 人口流出地区城镇化路径机制再认识：以四川省县域单元为例 [J]. 地理科学进展，2020，39（3）：402-409.

② CHEN W，ZENG J，LI N. Change in land-use structure due to urbanisation in China [J]. Journal of Cleaner Production，2021，321（8）：128986.

③ 陶源. 城镇化与城乡劳动收入差距：基于中国省级面板数据的实证研究 [J]. 经济问题探索，2020（8）：87-96.

④ 周立. 城乡中国背景下工农关系的历史演进与发展趋势 [J]. 国家治理周刊，2021（10）：15-20.

⑤ 辛贤. 实现共同富裕最大的难点在农村根本出路在发挥农村集体所有制优势 [J]. 农村工作通讯，2021（18）：24-26.

⑥ 白雪秋，聂志红，黄俊立，等. 乡村振兴与中国特色城乡融合发展 [M]. 北京：国家行政学院出版社，2018：24-29.

必须着力于新型城镇化与乡村振兴战略的统筹推进，充分结合城市经济引擎和农村资源与生态方面的功能特质，以城乡两种区域两种优势充分释放功能互补效应①。城乡融合互动发展的必要条件，是要以产权制度的不断完善、要素市场化配置，以及城乡间自由交换的要素市场体系为基本目标，塑造双轮驱动为基础动力、互促共生为主要形态、城乡融合为目标导向的城镇化与乡村振兴战略②。

城乡居民收入差距也是城乡经济不平衡的突出表现，背后是分配关系的不合理，而从生产关系这一维度来看，不合理的分配关系的症结在于所有制结构。一种思路是大力发展公有制经济，扩大其对劳动力的吸纳能力，相应减少非公有制企业的劳动力供给，避免因劳动力充裕而被人为压低工资水平，这就有利于改变劳动者工资过低的状况；另一种思路是利用民营经济的城镇化效应与资源再配置效应，吸引农村劳动力进入城市，将提高农村人均收入水平，城市部门所占比重增加也将提升城乡整体人均产出水平，同时民营经济比重的上升将提高城市人均产出③。这两种思路都强调实现公共服务均等化、加强政府监督与规范企业行为等措施。

除此之外，温铁军指出，印度城乡经济出现"两个印度"的失衡状况，体现了西方制度体系与印度自身传统的经济基础不对应的矛盾，致使所采取的城乡协调发展之策，只有局部性、短期性的效果，而不能从根本上解决城乡失衡问题。进一步看，上述问题其实也是一些发展中国家步入"发展陷阱"的原因。结论在于，要认清经济基础与上层建筑之间的决定作用与反作用的关系，虽然在特定阶段出现一定繁荣，比如印度大力发展科技金融服务业，但不代表矛盾的主要方面发生改变④。

---

① 魏后凯. 全面打造城乡协调发展的引领区［EB/OL］.（2021-08-05）. http：//politics. people.com.cn/n1/2021/0805/c1001-32181850. html.

② 史育龙."十四五"协同推进新型城镇化和乡村振兴融合发展的挑战、思路和建议［EB/OL］.（2020-08-26）. https：//www. ndrc. gov. cn/xxgk/jd/wsdwhfz/202008/t20200826_1236869. html？code=&state=123.

③ 侯永志，张志生，刘培林. 新时代关于区域协调发展的再思考［M］. 北京：中国发展出版社，2019：89.

④ 温铁军. 全球化与国家竞争：新兴七国比较研究［M］. 北京：东方出版社，2021.

　　一些研究指出，法美两国在城乡关系起点、城乡关系形态等方面与中日韩为代表的东亚模式相区别，主要体现在没有形成突出的城乡二元结构①。法美两国在城乡关系演进中，其制度设定的差别在于以市场为主导、政府参与调控②。政府的调控主要表现在：对农业发展的支持与保护，以及对城乡社会公共服务事业的调节；完善的基础设施和公共服务构成城乡一体化发展的推动力量，具有较强的关联效应、乘数效应、溢出效应、成本效应及结构效应；将空间结构优化作为城乡一体化发展的重要内容，使其迅速实现城乡一体化；制度一体化是城乡一体化的必要保障，通过健全的法制来加以引导、调整、规范和保障。

　　而东亚国家和地区在市场经济条件下会受到"国家引导和控制"③，尤其是发展中国家不会因经济发展到了"成熟阶段"而自动转化，而是需要政府进行干预④。政府充分发挥引导作用，完善乡村基础与公共服务设施建设，提升农村居民生活水平；注重精准施策，推进各类乡村走地域性的差异化、特色化振兴路径；注重乡村产业融合发展，形成多元复合的农村产业体系，激发乡村内生发展动力；合理制订乡村发展目标，采取与之相对应的政策干预与调控手段，完善立法保障各项政策的有效实施。日本依靠发掘乡村地区的多元价值，将精品农业与产业相融合，不断拓展乡村多重功能，延伸农村产业链，以特色产业振兴乡村。

---

　　① 吴国庆. 法国的社会治理与城乡一体化转型 [J]. 国家治理，2014 (3)：35-44；薛晴，任左菲. 美国城乡一体化发展经验及借鉴 [J]. 世界农业，2014 (1)：13-16；佘斌，罗静，新军. 城市化与城乡发展：世界不同类型国家比较与启示 [J]. 地域研究与开发，2005 (5)：17-20.

　　② 茶洪旺，明崧磊. 缩小城乡居民收入差距的国际经验比较与启示 [J]. 中州学刊，2012 (6)：30-35.

　　③ MCGEE T G. Managing the rural-urban transformation in East Asia in the 21st century [J]. Sustainability Science, 2008 (1)：155-167.

　　④ DOUGLASS M. A regional network strategy for reciprocal rural-urban linkages: an agenda for policy research with reference to Indonesia [J]. Third World Planning Review, 1998, 20 (1)：1-33.

韩国新村运动则是一场从脱贫致富走向环境整治的乡村振兴运动①。

第三节 研究评述

从文献梳理情况来看，有关城乡问题的研究成果颇丰。城乡经济发展是内涵丰富的重要议题，城乡关系协调有利于经济社会稳定和繁荣，而城乡经济不平衡则阻碍高质量发展。对此，国内外学者从多样化视角切入，围绕城乡经济不平衡的影响因素和相关话题展开了丰富的论述，对城乡经济不平衡的理论政策、现实表现和生成逻辑等多有论及，并在研究基础上提出了对策主张。

基于马克思主义理论方法对城乡关系作历史的分析，城乡关系在不同阶段有特定特征，经济社会发展初期城乡分野还不明显，工业化城镇化进行到一定阶段，城乡关系会走向对立冲突，再往后进入更高水平的社会形态后，城乡之间又会进入协调融洽的状态。正如马克思所说，我们可以通过认识经济社会发展的规律来帮助我们更好地发展社会生产力，但我们不能有意识地跳过特定的发展阶段，因此对于城乡经济不平衡内在逻辑的研究，虽不能让城乡直接实现经济乃至其他方面的融合，但有助于我们提出更多有利于缓解城乡经济失衡、加快城乡融合进程的政策措施，以促进经济平衡、增进社会福利。

城乡二元结构是经济社会发展的必然结果。社会分工会逐渐形成城乡差异，城乡差异本身是一种社会向前发展的基本动力，从这一点来说没有必要也不能从根本上消除城乡之间在社会经济结构中的差异性，但城乡对立对于中国经济的可持续发展是不利的，这也是中国城乡经济出现不平衡的原因之一。现有研究也普遍认为，中国城乡经济呈现的是一种体制性二元结构，与计划经济体制及有关战略政策紧密相关，并规制

---

① 叶兴庆. 实现国家现代化不能落下乡村 [J]. 中国发展观察，2017（21）：10-12，27；焦必方. 日本农村城市化进程及其特点：基于日本市町村结构变化的研究与分析 [J]. 复旦学报（社会科学版），2017，59（2）：162-172；徐素. 日本的城乡发展演进、乡村治理状况及借鉴意义 [J]. 上海城市规划，2018（1）：63-71；兰雪峰，袁中金. 以日本、韩国为例探讨城乡关系演进视角下的乡村振兴 [J]. 浙江农业科学，2021，62（1）：182-188.

和生成一系列分割城乡的制度安排，而改革开放后相当长时期城乡经济不平衡的深化有着非常复杂的原因，中国借助渐进式改革的有效路径实现经济体制的全面转轨后，有效推进了工业化城镇化进程，但历史遗留的体制性障碍造成的城乡差距仍在持续且扩大。部分研究认为改革开放时期存在的制度需求和供给问题，是造成城乡经济发展不平衡及农村经济相对落后的重要原因，有利于城市经济发展的政策制度存在供给过剩的问题，而农村经济亟须的各种制度政策却不足甚至缺失。

与此同时，城乡关系工业化城镇化后期也出现了变化，工业反哺农业、城市带动农村逐渐成为经济向前发展的必要条件，缺乏有效的制度变革与制度创新不足也是造成城乡经济发展进一步失衡的间接因素。与此同时，经济社会发展问题同国家治理体系和效能又有着密切联系。这就需要对一定阶段失衡的城乡经济关系进行治理重构。其中，城乡经济关系治理重构又涉及政府与市场关系建构、治理机制的建立健全等问题。除了这些"主干"路径，一些"枝干"问题仍需要进行深入分析，例如户籍制度涉及人口的迁徙、劳动力流动等问题。在中西方比较的视域下，西方国家凸显的是无序的自由迁移和无序的市民化，而我国则是通过户籍制度实现了农民有序进城和市民化转变。进一步延伸的问题是，劳动力自由流动是否真的可以缩小城乡发展失衡？再如"让贫困农民进城，让城市资本下乡"①，是否是缩小城乡差距的对策？还是将缺少城市化能力的农民放入贫民窟？

这些研究旨在基于对城乡经济失衡的内在原因与生成逻辑提出一些有益的政策性建议和制度方案，但尚未形成一个面向未来城乡经济的图景式设计和系统完整的制度分析框架，部分研究存在具体举措建议有余而整体性论证不足的缺憾，较少从整体上把握城乡经济发展中的经济制度演进逻辑与改革思路。这也反映出，现有研究对城乡经济发展水平和政策、制度体系之间矛盾运动的整体性把握尚有不足，对于背后的机理分析还需要在理论模型建构与实证分析上延伸拓展。因此，对于城乡经济不平衡的研究既要放在唯物史观的叙事背景中进行，以深刻透视城乡

---

① 李实，沈扬扬. 中国农村居民收入分配中的机会不平等：2013—2018 年 [J]. 农业经济问题，2022（1）：4-14.

生产力和生产关系动态演进背后的机理，也要通过辩证唯物主义视角去把握城乡关系治理与经济制度安排之间的辩证关系，还需从制度变革与创新角度作进一步探析。

　　总体来看，无论是理论解释还是对策研究，都要结合一般与特殊、历史与现实，立足本土化实践而有所建树。一方面，要认识到城镇化作为纾解城乡经济不平衡的主要途径之一，只有进一步推进城镇化才能最终使城乡经济从不平衡走向平衡。另一方面，应明确我国的城镇化具有的一般性和特殊性。其一般性表现为农村劳动力基于收益比较而流向城市。其特殊性体现在我国的城镇化是在小农户占主体、二元社会体制仍有影响的背景下进行的，土地等生产资料公有制——城市土地的国家所有制和农村土地的集体所有制——构成其重要的制度特征，并且农村劳动力在流向城市时，仍保留退回农村和从事农业经营的权利，农村劳动力在城乡之间可进行就业转化。这到底是通向工业国的无奈之举，还是市场化改革的差序格局，或是城镇化的保底策略，还是中国式现代化的主动选择或治理智慧，也需在理论和实践上加以阐明。

　　当前我国城乡发展的实际在于，既有城乡分割、城中村、市中田等在空间形态上的并存性，又有城乡二元与统筹、一体与融合等不同发展阶段在时间上的继起性，如果不顾及中国农村的多样性和复杂性，没有充分认识到国际经验与我国实际的发展阶段不同，往往会得出有所偏颇的主张。因此，本书既需要定性的内在揭示，也需要定量的趋势变化，以及案例的具体分析，以期深化对城乡经济不平衡的逻辑认知和对策把握。

第三章　城乡经济关系的
演进轨迹与多维表征

本章回顾了我国城乡经济不平衡的发展脉络，分析了各时期我国城乡经济不平衡的具体表现与内在原因。本章根据已有统计数据，采取描述性分析的形式，刻画了当前我国城乡经济失衡的现实特征。对城乡经济发展历史与现实的双线把握，为建立整体性的分析框架提供历史经验和现实依据。

第一节　我国城乡经济关系的历史演进

以往文献较注重对城乡发展的阶段划分和数据解释，从城乡经济关系特征进行理论评析的不算多见。一般而言，城乡关系是生产力发展到一定阶段，人们必须面对和正确处理的一种最基本的经济社会关系，是生产力—生产关系矛盾运动的外在表现。马克思主义的唯物辩证法和唯物史观揭示了城乡关系从"混沌一体—分离对立—对立加剧—对立消灭—城乡融合至差别消失"的一般规律，并指出实现这一历史过程取决于生产力高度发展所创造的物质基础，以及消灭私有制、改变旧的不合理分工所创造的社会条件。

考察当前我国城乡不平衡的来龙去脉，既有历史原因肇始，又伴随改革发展而加深，也应由发展本身予以解决，着力点仍在更新发展理念、转变发展方式、提高发展能力等方面。总体而言，城乡经济关系经历了以城市发展为重点的城乡分割阶段（1949—1978 年之间）、城乡衔接与统筹阶段（1978—2012 年之间），以及城乡全面融合发展（2012年至今）阶段。具体如表 3-1 所示。

表 3-1　我国城乡经济关系的历史演进

时期	1949—1978 年之间			1978—2012 年之间		
	1949—1952 年	1953—1958 年	1959—1978 年	1978—1984 年	1985—2002 年	2003—2012 年
发展目标	经济秩序重构			经济高速增长		
经济战略	重工业优先发展			经济增长主导		
要素互动	城-要素汲取-乡			城-放权让利-乡		城-资源赋予-乡
权力运动	权力下沉			权力回缩		
	政府主导，市场全面管制			政府与市场互动；政治集中，经济分权		
体制特征	计划经济体制			市场化转型		
城乡关系	先互动后分割			衔接与统筹		
	相对融洽	壁垒初成	固定僵化	逐步破冰	曲折推进	统筹推进

一、以城市为重点的城乡分割阶段（1949—1978 年之间）

新中国成立之初，为了尽快摆脱落后的局面，我国确立了重工业优先发展的工业化发展战略，并通过计划经济手段，实施工农业产品不等价交换、统购统销和控制要素流动等一系列政策，从体制上不断固化了城乡二元结构的状态，最终形成了城乡二元分割的发展格局。根据这一时期不同阶段城乡经济关系表现，可进一步细化为相对融洽（1949—1952 年）、壁垒初现（1953—1958 年）和固定僵化（1959—1978 年）三个阶段。

（一）相对融洽阶段（1949—1952 年）

在新中国成立初期，国民经济需要尽快恢复和发展，于是国家采取一系列措施，坚持城乡兼顾、工农并举的发展战略，着力处理好农业、轻工业和重工业间的比例关系。当此阶段，城乡关系在要素和产品交换方面相对开放，国家允许多种经济成分的存在，且不对土地、资本和劳动力等要素的自由流动进行严格限制，通过缩小工农产品比价、允许农村资源要素自主配置，以及城乡人口自由流动等举措，促进了工农之间的相互支持，实现城乡的结合互助。1951—1952 年，我国连续四次降低工业产品价格，而农产品采购价格提高了 21.6%，农村工业品零售价格提高了 9.7%，工农产品比价指数由 1950 年的 100 降低到 1952 年的 90.3①，城乡经济关系基本呈现出工农共进、协调发展态势。

第一，城乡生产要素流动相对自由。1950 年我国颁布了《中华人民共和国土地改革法》，标志着对农村土地产权关系的治理全面展开，其中也包含了对工商业劳动者财产关系的规定。到 1953 年，基本消除以封建地主剥削为基础的农村产权关系，推行农民作为产权所有权人的农地制度，而对工商业劳动者或地主用于工商经营的土地和财产加以保护，在避免农地产权关系调整对非农产业发展造成的负面影响方面发挥巨大作用。土地改革将生产资料所有权交给农户，增强农业生产的积极性，在产权关系上实现了劳动者和农业生产资料的直接结合，同时允许以雇佣关系为基础的农业生产存在，保护富农和中农的利益，这些措施促进了农村稳定发展，维系着处于自由、开放状态的城乡经济关系。农业部门的剩余劳动力会被城市高收益的非农部门——工业部门所吸引，大量农民涌入城市就业，一方面为城市工业部门带来了大量劳动力，劳动力要素和资本要素的结合推动了国民经济的快速恢复；另一方面增加了农民的可支配收入，形成城市向农村的资金要素回流。此时，城乡经济关系处于相对融洽阶段。

第二，工农产品市场交换相对自由。新中国成立初期，城乡关系表现为开放式的城乡结构，城乡工农产品互换变得相对自由，农业生产剩余能够进入市场进行流通和贸易，既能提高农户的收入水平，又促进家庭经济的发展，拓展了农村居民的生存空间，为城乡关系和经济社会安定起到至关重要的作用。除少数重要的农产品和工业品外，大多数产品价格是由竞争市场的供需所决定的，农村地区为城市提供生活必需品和

① 江俊伟. 新中国成立以来中共城乡关系政策的演变及其经验研究 [J]. 党史研究与教学，2010（6）：29-38.

其他农副产品，城市部门为农村提供火柴、帆布、铁制农具等工业产品，城乡经济关系保持着一种平等互换的状态。

（二）壁垒初现阶段（1953—1958 年）

在苏联经验的指导下，我国实行重工业优先发展的战略，工业积累采取了"以农补工"形式，通过工农产品"剪刀差"大规模转移农业部门的生产剩余，促使城乡关系走向分离。1953 年实行农副产品统购统销政策，切断了农民对农业剩余产品的自由支配权，也限制了可以作为资本的农副产品的自由流动①，即割裂了农民与市场的联系。1958 年实行户口登记条例，限制农村人口向城市流动②，堵住了农民进城的大门，使得城乡关系从开放走向了封闭。

第一，工业化本位的城乡交换体系。该时期，国家利用统购统销这一制度工具，汲取农业生产剩余以实现对工业和城市部门的直接补贴，为城市工业化建设提供资源和资金支持，但农业部门的利益受到很大损失，影响了农民的生产积极性，也造成城乡经济关系的分离。

第二，严格的户籍管理制度和就业政策。重工业资本密集度高，意味着资本相对劳动力要不断追加投入，不可能大量吸收农村部门劳动力，而且会导致其他部门也无法有效吸收，因而通过户籍制度控制城乡人口跨区域流动，可实现相对稳定的劳资比例，避免城市出现大规模失业浪潮。这种城乡二元户籍制度还形成了一种排他性的福利体制，城乡之间从资源要素配置、居民收入、就业、居住和迁徙到社会福利保障等各个方面分隔开来，覆盖面之广，影响之深远，是城乡经济差距不断拉大的重要原因之一。

（三）固定僵化阶段（1959—1978 年）

这一时期，城乡互动接近停滞，"大跃进"和人民公社化运动使城乡关系经历重大波折。虽然在较短时期建立起现代工业体系，但背离了

---

① 武力. 1949—2006 年城乡关系演变的历史分析 [J]. 中国经济史研究，2007（1）：23-31，76.

② 1958 年施行的《中华人民共和国户口登记条例》，以法律形式建立起城乡二元户籍制度，同时建立了与之相配套的粮食分配制度等，以便严格控制城市招收农村劳动力，城乡之间的劳动力流动被压缩到极限，实际形成了城市与乡村、市民和农民两个不同的生活区域和身份群体。

生产关系适应生产力的一般规律，进一步导致工农业发展失衡、城乡发展扭曲和收入结构恶化。此时，国家发展的战略重心仍然在城市工业部门，实施的相关政策也以加快建立工业体系为目标，这决定了社会资源的分配是不利于农业部门的，农业部门的发展必须依靠自身资源的重新组合。建立合作社的初衷，是为了尽可能通过低成本的合作互助方式将农民联合起来，以共同劳动集体经营的方式提高农村劳动力组织化程度，通过发挥集体生产的优越性提高农业劳动生产率，为工业部门提供更多的农业剩余。

二、城乡衔接与统筹阶段（1978—2012 年之间）

改革开放以来，我国实现从计划经济体制到社会主义市场经济体制的转变。随着市场机制的不断引入，传统计划经济体制的弊端逐渐被克服，一些领域内的二元体制较早开始破除并取得实质性进展，推动了城乡关系的不断调整，可以分为逐步破冰（1978—1984 年）、曲折推进（1985—2002 年）和统筹推进（2003—2012 年）三个阶段。

（一）逐步破冰阶段（1978—1984 年）

党的十一届三中全会将经济建设作为中心任务，市场化改革逐步深入，传统计划经济体制转轨发展，而农村和农业是市场化改革的先行领域。在这一阶段，改善城乡分割关系成为经济治理的重要内容。家庭联产承包责任制解放了农村生产力，土地的自主经营权重新赋予农村劳动力，激发了农业生产的积极性，促进了农村经济的复苏，大大缩小了城乡差距。乡镇企业的兴起也发挥了积累资金和吸纳本地农村劳动力的重要作用，实现了离土不离乡的非农化就业形态，促进了农村经济的短期繁荣。总体来看，这一时期城乡差距持续缩小，城乡收入比从 1978 年的 2.57∶1 下降到 1984 年的 1.83∶1，城乡消费比从 1978 年的 2.68∶1 到 1984 年的 2.04∶1，详见图 3-1。

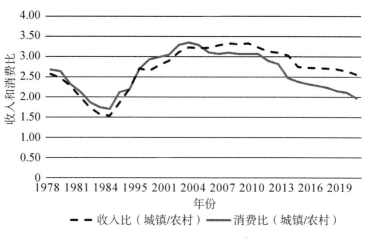

图 3-1 1978—2020 年城乡收入和消费差距

第一，家庭联产承包责任制的实行。安徽凤阳小岗村包产到户的改革试点初见成效后，1982 年中央一号文件将"包产到户、到组""包干到户、到组""联产到劳"等责任制，纳入社会主义集体经济责任制范围，强调了集体计划管理和资产公共提留等集体经济性质，也肯定了以家庭为单位进行分户经营与自负盈亏的积极作用。1984 年中共中央颁发的《关于 1984 年农村工作的通知》，进一步巩固了以家庭联产承包责任制为主的农业生产责任制。家庭联产承包责任制改变了我国传统的资源配置和生产组织方式，国家从农村基层的直接治理中退出，通过治理权力的下沉给予了村集体更大的职能。农村地区集体成员也被赋予了较多的剩余索取权，生产积极性大大提高，农业生产力得到有效解放和发展，农村经济蓬勃发展。据国家统计局数据，1952—1978 年之间农业产出年均增长率为 2.9%，而 1978—1984 年之间农业产出年均增长率达到 7.7%。与此同时，城乡经济差距也逐渐缩小。

第二，放活农产品市场。1979 年中央强调要提高农业生产水平和农副产品流通能力，在坚持和巩固集体所有制经济的同时，允许一定范围内存在家庭副业和自由贸易，着力打通农副产品流通渠道，保证农副产品生产到流通的一体化发展。1985 年中央一号文件改革了农产品流通制度，除少数品种外，取消过去向农民摊派的统购派购，代之以合同定购或市场收购的流通形式。农产品流通领域限制的放开，为城乡要素流动和农产品市场化提供了必备条件，农业生产经营效率得到极大提升。农民对自身的劳动产品和生产计划有了一定的自由支配权，劳动产品得以通过市场机制进行合理定价，产出也能通过价格信号的作用进行适度调节，城市和农村地区经济联系更加密切，市场规模逐步扩大，城乡差距也在逐步缩小。

第三，乡镇企业的兴起。1984 年中央一号文件对社队企业产权结构做出了有关规定，社队拥有企业的所有权、经营决策权和利润提留权，并允许招收企业雇工。同年，中共中央、国务院转发农牧渔业部《关于开创社队企业新局面的报告》，提出乡镇企业的主要目的在于提高农村部门剩余劳动力利用率，促进农村商品经济发展。乡镇企业并非以盈利为主要目的，而是为了实现"以工补农"的根本目标，为农业经营者提供所需的工业品和农业社会化服务。1978—1991 年，乡镇企业年均积累资金达 300 多亿元，年均新增农民就业 621.7 万人，促进了农村工业化进程，带动了乡镇地区的经济发展，也稳定了农村就业和生产，提高了农村地区收入，缓解了大中型城市就业压力，对过去不平衡的城乡经济关系起到了改善的作用。

（二）曲折推进阶段（1985—2002 年）

20 世纪 80 年代中期以后，改革重心转移到城市，政策开始逐步向城市倾斜。1992 年确立了市场化改革目标，强调市场对资源配置的基础性作用，通过发展生产资料市场、深化分配制度等措施，推进城乡经济体制改革，促进城乡要素流动，也增强了农村发展活力。但市场机制的作用，也带来了城乡之间对资源和市场的争夺，使得原本在农村内部消化的资金、土地和劳动力等资源要素流向城市，加上城市偏向的制度安排，导致大量资源和公共产品倾斜到城市，城乡差距不但没有缩小，甚至一度呈现进一步拉大态势。伴随着农村经济体制改革红利释放殆尽以及乡镇企业逐渐式微，城乡经济不平衡问题凸显。城乡收入比从 1985 年的 1.85：1 增加到 2002 年的 3.11：1，城乡消费比从 1985 年的 2.12：1 上升到 2002 年的 3.28：1。

第一，改革重心向城市偏移。市场化改革背景下，城市部门实行承包制赋予地方企业以充分的自由市场参与权利，企业能够在更大范围内实现自我发展和规划决策，其承包内容除税收、贷款和利率外，部分进出口贸易企业还对外汇也加以承包，当政府将下派的税收任务确定在一个合理目标上时，企业大力发展生产经营的积极性就会非常之高。相比农村地区，城市是国家或地区政治、经济、社会和文化的中心，市场化改革强化了城市部门集聚经济资源要素的能力，加上城镇化进程中地方政府通过"经营土地"使城市部门获得大量工商资本。由于政策性因素和市场化因素的双重叠加，城乡间要素呈现出单向度流动的特征。1994年我国进行分税制改革，税种划分为中央税、地方税和中央地方共享税，以此增加了中央参与税收分享的能力，同时弱化了地方政府财权，并承担更多支出责任。由于农业的弱质性，一些地方政府官员更愿意投资城市新兴工业部门，相应的财税政策和发展政策也偏向于城市工业部门，这种政府主导下的社会资源流动，造成了城乡经济关系的进一步失衡。

第二，乡镇企业发展陷入困境。随着市场经济体制的逐步确立，以及买方市场的悄然形成，过去乡镇企业以盈利为主兼顾集体成员就业保障的产权结构难以为继。经历一段时期原始积累的乡镇企业，开始逐步推进企业产权制度改革，实现与行政领导体制的分离，一些乡镇企业所有权结构开始向独资或混合所有制形式转化。在市场竞争环境下，乡镇企业很难与拥有政策支持和规模优势的城市工业部门竞争，大量农村剩余劳动力流向沿海出口加工等劳动密集型产业，"离土又离乡"成为农民用脚投票的现实结果，乡镇企业就业吸纳效应顿减，同时也面临着转型和升级的压力。数据显示，1989年跨区域流动的农民工人数从1983年的200万增加至3 000万，1993年进一步增至6 200万，2000年为7 550万，城市经济通过人口红利获得了快速发展，而农村经济持续低迷，农业生产规模化产业化程度、市场竞争力和农产品商品化率都比较低，进一步拉大了城乡差距。

（三）统筹推进阶段（2003—2012年）

在城乡统筹推进阶段，面对日益难解的二元结构和城乡差距，中央把城乡统筹发展放在"五个统筹"的首要地位，解决城乡收入差距持续扩大以及城乡经济不平衡程度加深的问题。这一时期的城乡治理方略表现为强化城乡间联系，推进城乡公共资源均衡配置和要素平等交换，农村支持和促进城市经济发展，城市经济发挥辐射和扩散效应，形成"以工促农，以城带乡"的机制，并强调促进城镇化和工业化带动下城乡关系的平衡化发展。在政策导向上，进一步加大对农业农村的支持力度，开展社会主义新农村建设，把农业农村发展作为城乡协调发展的重大任务进行部署与安排，深化"确权颁证""长久不变"等农村产权制度改革，涉及要素配置、市场体制机制完善、公共服务等一系列制度化保障，推动城乡经济发展走向新的历史阶段。这一时期，城乡经济差距总体呈现稳中向好的趋势，城乡收入比从 2003 年的 3.23∶1 下降到 2012 年的 3.10∶1，城乡消费比从 2003 年的 3.35∶1 下降至 2012 年的 2.82∶1，具体见图 3-1。

第一，实施"工业反哺农业，城市支持乡村"。随着改革重心的城镇化偏移，城乡经济发展越来越不平衡，由此造成了一系列经济问题和社会矛盾，亟须对已经处于劣势地位的农业农村进行"反哺"。2002 年中央农村工作会议提出对农业"多予、少取、放活"的方针，以农业产业化经营为导向，引导城市工商资本下乡支持农产品现代化生产；增加对农业生产和农村发展的财政投入，试点农业税费改革以减轻农民负担，取消农村劳动力进城务工的种种限制。2004 年国务院开始试点免征或减征农业税，并于 2006 年上升到法律层面，从根本上减轻了农业劳动者税费负担。国家"反哺"政策的实行，改变了过去资源和要素从乡到城的单向流动；向农村倾斜的政策设计和制度安排，使得城乡经济关系不再主要由市场机制主导，单向度城乡关系开始向双向互动城乡关系过渡，农村居民收入增加提速并开始超过城市，城乡经济差距逐渐缩小。

第二，实施城乡一体化政策。2002 年党的十六大提出，我国新时期经济体制改革及经济建设的主要任务为统筹城乡经济社会发展，加快农业农村经济结构调整和产品质量安全体系建设，持续完善农村双层经营体制和发展农业规模经营，促使城乡、区域协调发展。这意味着，我国城乡经济治理重点不再局限于农村或城市单个方面，而是从社会全局角度出发实现城乡共同发展。2012 年党的十八大明确提出城乡一体化发展战略，指出新型城乡工农关系的内核是城乡一体，强调要通过加大城乡统筹力度，促进城乡经济共同繁荣，建立健全城乡要素平等交换体制机制，以及实现公共资源城乡一体化均衡配置。城乡统筹的目标是实现城乡经济社会一体化发展，消除因制度和政策不平衡导致的城乡在发展形态上的二元态势，促使城乡形成平等互动关系，城乡居民得以共享经济发展成果。这些举措有助于实现城乡经济治理结构优化，通过减轻农民负担、提高农业生产率激活农村经济活力，增强城乡互动关系和农村经济的能动性；改革城镇户籍管理制度和放松劳动力流动管制，保障农村劳动力跨区域流动权益，促使城乡劳动力有序流动，增进城乡要素交换效率；加快城乡交通基础设施和基本公共服务平衡，促进了城乡经济的密切联系，有效缩小了城乡经济差距。

第三，建设社会主义新农村。2005 年党的十六届五中全会提出，按照"生产发展、生活富裕、乡风文明、村容整洁、管理民主"，从经济、政治、文化、社会和法制五个方面推进社会主义新农村建设。在经济建设方面，2006 年中央一号文件强调加快各类农村专业合作社的立法进程，通过保障信贷、财税和登记方面的制度供给加大对合作经济组织的扶持力度。2013 年中央一号文件将农民专业合作社提高到农村集体经济新型实体的高度，使得我国农村合作经济组织发展迅速，从 2008 年 11.09 万户发展到 2012 年的 68.9 万户，促进了农村集体经济生产力的发展。在社会建设方面，2010 年我国新农合医保制度覆盖率达到 96.3%，尽管城乡医疗保险双轨制并未彻底消除，但实现了城乡大病统筹的基本目标，抑制了城乡医疗资源持续拉大的趋势。2012 年中央财政有关"三农"的预算支出达到 12 286.6 亿元，同比增长 17.9%。社会主义新农村建设促进了农村的全面发展，也进一步缩小了城乡经济差距。

三、城乡全面融合发展阶段（2012 年至今）

这一时期的城乡治理方略强调建立健全城乡融合发展体制机制。这一阶段将农村和城市系统视为同等重要、相互依存、相互补充的两个部分，利用已改善的城乡关系和发展基础，在经济、政治和社会等领域实现城乡融合的历史样态，通过有关体制机制的不断发展完善实现城乡要素充分涌流、治理资源合理分配以及发展成果的共享，形成城乡两个子系统的耦合协调，打通城乡双向互动的通道。

主要的政策实践包括：一是多维度构建城乡融合发展的政策体系。不仅涵盖城乡资源要素均衡配置合理流动和城乡基本公共服务均等化这些基本内容，而且着力从乡村政治、文化、社会、生态等多个维度，构建起系统性的城乡融合发展的体制机制和政策体系。二是通过推进新型城镇化来拓展城乡融合发展的内涵。党的十八大提出，要更多依靠经济发展方式转型和城乡区域发展协调互动来不断增强长期发展后劲。这表现在国家围绕提升城镇化水平和质量出台了一系列具体政策措施，为推动城乡融合发展提供了支撑。三是实施乡村振兴战略，把乡村放到和城市同等地位，且注重发挥乡村的主动性，激发其发展的潜力，为确立全新的城乡关系提供了指导遵循①。2012—2021 年，我国城乡收入比从3.10：1 降至 2.50：1，城乡消费比从 2.82：1 降至 1.90：1，城乡经济差距呈现出明显持续降低的趋势。具体见图 3-1。

第一，新型城镇化加速实施。新型城镇化既是对我国全面建成小康社会的战略回应，也是巩固拓展脱贫攻坚成果的应有之义，只有摒弃过去单方面支持农村的做法，通过城乡融合发展的体制机制引导农村经济提高自生能力，才能促使城乡关系进入可持续的发展阶段，推动农村贫困地区利用其自身优势融入当地城镇经济体系乃至国际市场。在新发展理念指引下，通过创新能力提升城乡生产效率，推进大中型城市和小城镇以及农村地区不同层次协调发展，促进城乡资源要素绿色循环利用，提高城乡要素和产品国内外市场开放程度，促使城乡不同收入水平群体共享城乡融合发展的经济成果。

第二，全面实施乡村振兴战略。党的十九大提出实施乡村振兴战略，就是为了从全局和战略高度来把握和处理工农关系、城乡关系。生产力方面，实施乡村振兴战略有助于通过农业供给侧结构性改革，提高

---

① 刘俊杰. 我国城乡关系演变的历史脉络：从分割走向融合 [J]. 华中农业大学学报（社会科学版），2020（1）：84-92，166.

农业投入产出效率，增加农产品附加值和市场竞争力，促进农村产业融合与结构升级。生产关系方面，实施乡村振兴战略有助于深化农村产权制度改革，夯实集体所有制经济基础，探索"三权分置""直接入市"，推进农村存量资产入市流转和价值实现，提高城乡资源配置效率和市场开放水平。上层建筑方面，自治、法治和德治相结合的乡村治理体系逐步建立健全，乡村治理结构持续优化，治理有效性日益增强，治理主体日趋多元化。

第二节　城乡经济关系的现实表征

当前，关于城乡经济不平衡的解读主要聚焦于城乡居民生活、要素配置及效率和产业发展等方面[①]。其中，城乡居民生活差距反映的是经济和发展方面的差距，包括城乡居民收入消费的差距与权利的不平等；城乡要素配置则涉及"资本下乡""市民化不足""土地流转""数字鸿沟"等议题；城乡产业发展差距则同三次产业生产率的高低有关。在城乡经济不平衡的具体刻画上，主要包括：一是城乡公共品供给失衡，牺牲了农村居民对公共资源的使用权，增加了其支出成本，相应也削弱了对工业品的购买和消费能力；二是城乡投资失衡，农村集体和个人投资增长远落后于城市；三是资源要素流动失衡，资本密集型部门发展过快而无法吸收足够的农村转移劳动力，城市集聚经济效应使得资本、土地向城市流入，农村却并未享受到对等收益；四是城乡收入失衡，城市居民相对收入不断提高，但边际消费递减的规律使得消费能力不可能持续增加，而农村居民因收入较低而无法释放消费潜力，进而降低经济发展活力；五是城乡经济体制改革失衡，如农村金融保险制度改革滞后，金融可得性薄弱，导致农业生产抗风险能力不足，以及土地征用制度滞

---

① 健全城乡发展一体化体制机制 让广大农民共享改革发展成果 [N]. 人民日报，2015-05-02（001）.

后等①。从整体上看，城镇发展的质量、速度、规模以及支撑城镇发展的诸多要素都与农村不平衡，而且城镇居民的收入、消费、文化教育、医疗卫生以及其他社会公共服务质量均远高于农村居民②。从区际角度看，东中西部地区的城乡发展在收入消费能力、城镇化、市场化等方面，也存在极不平衡的情形。这些解读与刻画相互印证，反映了城乡经济发展不平衡的现实特征。

一、城乡经济发展的总体情况

（一）城乡居民收支不平衡

城乡居民收入均呈现逐年增加的趋势。但是，从二者的收入比来看，从 1985 年的 1.86，上升到 2007 年、2009 年的 3.33 的高值，之后下降到 2020 年的 2.56。详见表 3-2 及图 3-2。

表 3-2　城乡居民收入与消费比较

年份	城镇人均可支配收入/元	农村人均纯收入/元	城乡收入比	城镇人均消费支出/元	农村人均消费支出/元	城乡消费比
1985	739.1	397.6	1.86	673.2	317.4	2.12
1990	1 510.2	686.3	2.20	1 278.9	584.6	2.19
1995	4 283.0	1 577.7	2.71	3 537.6	1 310.4	2.70
1999	5 854.0	2 210.3	2.65	4 615.9	1 577.4	2.93
2000	6 280.0	2 253.4	2.79	4 998.0	1 670.1	2.99
2001	6 859.6	2 366.4	2.90	5 309.0	1 741.1	3.05
2002	7 702.8	2 475.6	3.11	6 029.9	1 834.3	3.29
2003	8 472.2	2 622.2	3.23	6 510.9	1 943.3	3.35
2004	9 421.6	2 936.4	3.21	7 182.1	2 184.7	3.29
2005	10 493.0	3 254.9	3.22	7 942.9	2 555.4	3.11

①　马晓河. 当前统筹城乡发展的重点是解决五大失衡问题 [C] //中国农业经济学会. 统筹城乡经济社会发展研究：中国农业经济学会 2004 年学术年会论文集. 北京：中国农业经济学会，2004：12.

②　杨继瑞，康文峰. 中国经济不平衡不充分发展的表现、原因及对策 [J]. 贵州师范大学学报（社会科学版），2018（3）：71-84.

表3-2(续)

年份	城镇人均可支配收入/元	农村人均纯收入/元	城乡收入比	城镇人均消费支出/元	农村人均消费支出/元	城乡消费比
2006	11 759.5	3 587.0	3.28	8 696.6	2 829.0	3.07
2007	13 785.8	4 140.4	3.33	9 997.5	3 223.9	3.10
2008	15 780.8	4 760.6	3.31	11 242.9	3 660.7	3.07
2009	17 174.7	5 153.2	3.33	12 264.6	3 993.5	3.07
2010	19 109.4	5 919.0	3.23	13 471.5	4 381.8	3.07
2011	21 809.8	6 977.3	3.13	15 160.9	5 221.1	2.90
2012	24 564.7	7 916.6	3.10	16 674.3	5 908.0	2.82
2013	26 955.1	8 895.9	3.03	18 487.5	7 485.1	2.47
2014	28 844.0	10 489.0	2.75	19 968.1	8 382.6	2.38
2015	31 194.8	11 422.0	2.73	21 392.4	9 222.6	2.32
2016	33 616.0	12 363.0	2.72	23 078.9	10 129.8	2.28
2017	36 396.0	13 432.0	2.71	24 445.0	10 954.5	2.23
2018	39 251.0	14 617.0	2.69	26 112.3	12 124.3	2.15
2019	42 359.0	16 021.0	2.64	28 063.4	13 327.7	2.11
2020	43 833.8	17 131.5	2.56	27 007.4	13 713.4	1.97

数据来源：由2000—2021年《中国统计年鉴》整理得出。

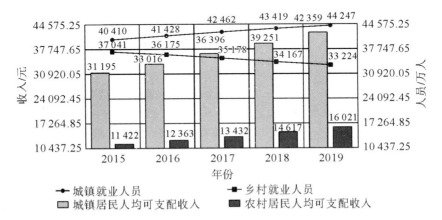

图3-2　中国城乡就业情况与居民人均可支配收入

（数据来源：国家统计局）

通过对城乡居民收入分层的比率趋势分析，可以看出，在城乡各自内部，收入差距也比较大。在城镇居民内部，近些年的收入差距基本维持在 6 倍左右，而在农村内部，基本的收入差距在 9 倍左右①。因此，内部收入的不平衡也影响到总体上城乡收入的不平衡程度。此外，城乡就业量的此消彼长，揭示了劳动力的城—乡转移趋势，在就业—收入的逻辑上也加大了城乡居民的收入差距。再从消费端看，城乡的消费比也经历了"倒 U"形的发展趋势，其中在 2004 年达到最大值 3.35，之后逐年下降。延伸到家庭消费层面（见图 3-3），可以看出城乡居民家庭恩格尔系数是逐年下降，基本达到富裕阶段，这意味着全面建成小康社会的目标基本实现，但城镇家庭的消费质量始终高于农村家庭。

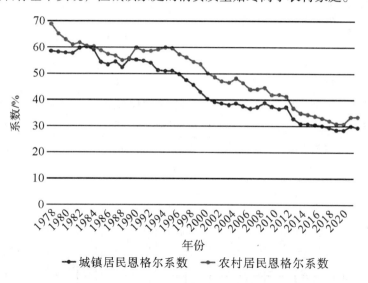

图 3-3　1978—2021 年城乡居民家庭恩格尔系数

（注：恩格尔系数达 59% 以上为贫困，50%～59% 为温饱，40%～49% 为小康，30%～39% 为富裕，低于 30% 为最富裕。2021 年，全国居民恩格尔系数为 29.8%）

---

① 蔡昉. 双循环战略下中国经济如何实现潜在增长率 [J]. 新金融, 2020 (12): 8-12.

（二）城乡资源要素不平衡

1. 城乡劳动力及负担[①]

从城乡的就业层面看，已有的数据显示，2002—2021年的20年间，劳动力流动的"城—乡"趋势明显（见图3-4）。对于城镇来说，劳动力的增加有城镇化的吸引力——城镇的就业机会、基础设施、社会保障等公共服务，但较高的城镇收入消费水平，也会导致进城成本和生活负担增加，这又形成一定程度的阻力。对农村来说，大量的劳动力进城，将使农村生产空心化，经济增长动力缺乏拉力，从而导致发展水平的城乡差距。不过，留在农村的劳动力负担与进城或在城的就业者负担系数相比却相对较低（见图3-5）。

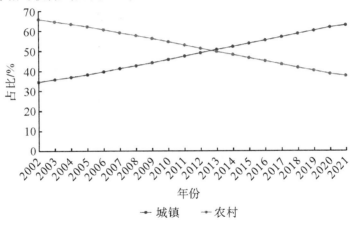

图3-4　2002—2021年城乡就业人口占比

<hr>

①　数据来源：EPS统计数据平台。

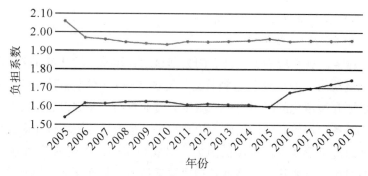

图 3-5　2005—2019 年城乡劳动力负担系数

2. 城乡土地市场化水平①

在土地要素层面，城市土地出让市场化的占比较高（见图 3-6），具有融资效应与配置效应。已有研究表明，土地出让市场化程度的提高，对城市经济长期增长和资源配置效率具有促进作用②。反观农村，土地市场规范化程度不高③，并且农地转用受到严格的约束（见图 3-7）。当前，城乡土地产权问题热度不减，相应政策与实践案例不断出现，城乡经济不平衡在土地要素问题上十分突出。从农地产权自身看，其使用权与城市土地相比受到较多约束，诸如用途受限、转让受限以及行业受限等，导致农村难以通过土地要素获得自身发展。由于地方政府垄断土地一级市场，而农民参与途径受限，相关土地收益形成"土地财政"抑或用于城市的空间拓展、基础设施更新以及新工业园区的建设，而回流至"三农"层面较少，进一步拉大了城乡发展差距。

①　数据来源：由 2011—2017 年《中国国土资源统计年鉴》整理得出，其中农用地转用是指将农用地转为建设用地。

②　土地出让市场化，一方面能增加土地出让金和土地抵押融资额，带来城市融资规模扩张，另一方面也会对土地资源的配置效率产生影响。参见：徐升艳，陈杰，赵刚. 土地出让市场化如何促进经济增长［J］. 中国工业经济，2018（3）：44-61.

③　蔡昉. 双循环战略下中国经济如何实现潜在增长率［J］. 新金融，2020（12）：8-12.

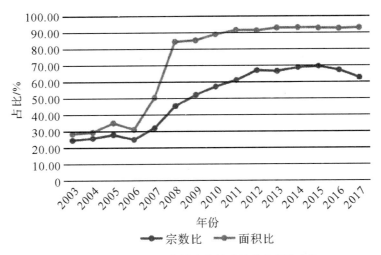

图 3-6 2003—2017 年城市土地出让的市场化占比

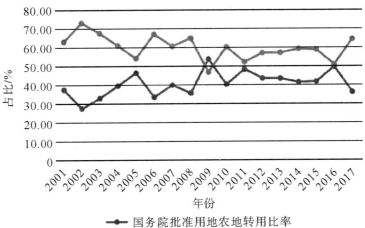

图 3-7 2001—2017 年我国农地转用比率

3. 城乡投资失衡

从资本配置层面，不难看出城镇投资额多于农村投资额（见图 3-8、图 3-9），且差距逐年拉大（见图 3-10）。作为具有高度聚合各方资源能力的要素，资本与土地结合进入"三农"领域，既是资源下乡，提振农村资源活力，也是一种制度下乡，促进市场观念、企业组织与治理机制的嵌入。在生产关系层面，资本通过要素再分配，以重塑农村的要素结构和治理结构，同时要防止过度"非农化""非粮化"，以及大量圈地和排挤农民等现象发生①。但如何平衡资本的逐利性与农村发展的现实性，仍是一个有待解决的问题。

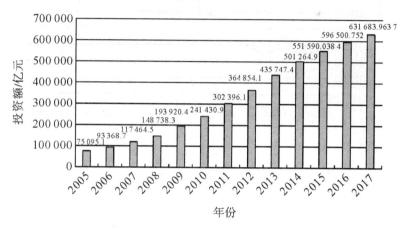

图 3-8　2005—2017 年城镇固定资产投资额

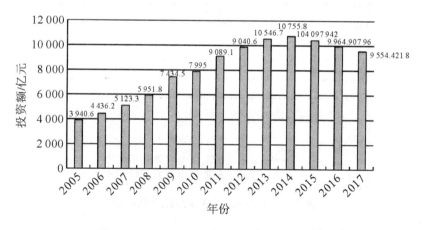

图 3-9　2005—2017 年农村固定资产投资额

①　罗浩轩. 中国农业资本深化对农业经济影响的实证研究 [J]. 农业经济问题，2013，34 (9)：4-14，110.

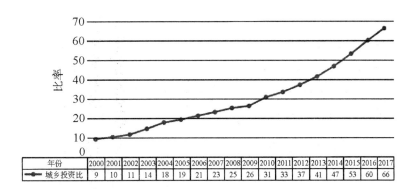

图 3-10 2000—2017 年城乡固定资产投资比率

4. 城乡数字鸿沟（数字化水平）①

在数字经济大发展的背景下，城乡数据鸿沟问题也逐渐凸显。从信息数据资源的角度看，这种不平衡一方面表现在城乡网民规模上，其大致是7：3的格局（见图3-11），另一方面表现在互联网普及上，城乡差距较大（见图3-12、图3-13）。在数字经济时代，经济主体的与时俱进，决定了互联网或者信息资源的使用效率。城乡数字鸿沟不仅构成了城乡经济不平衡的内容，并且在数字化赋能发展的趋势下，生产力与生产关系都在发生变革，城乡经济差距或将区别于传统的逻辑，以更快的速度拉开差距，如何弥合这种数字鸿沟需要在实践中探索总结。

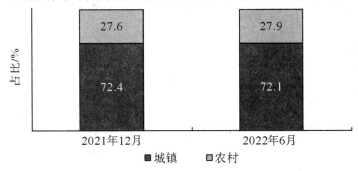

图 3-11 2021 年 12 月和 2022 年 6 月网民城乡结构

———————

① 中国互联网络信息中心. 中国互联网络发展状况统计报告［R］. 北京：中国互联网络信息中心，2022：19.

43

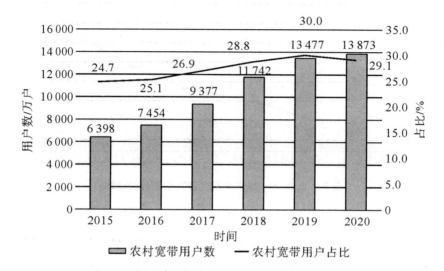

图 3-12　2015 年 1 月至 2020 年 9 月农村宽带用户数及占比

（数据来源：《中国数字乡村发展报告 2020》。注：2020 年数据统计截至 2020 年 9 月）。

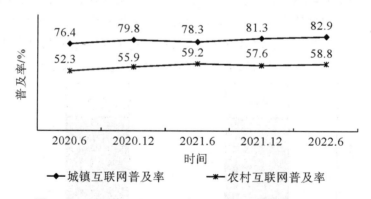

图 3-13　2020 年 6 月至 2022 年 6 月城乡互联网普及率比较

5. 城乡公共服务不平衡

城乡公共服务的数据博杂，涉及诸多方面，故笔者利用已有对农村公共服务效率的研究（见表3-3），从东、中、西部地区①各省份的基本公共服务综合效率进行比较（下文的公共服务区际比较与此相同）。从我国东、中、西部地区来看，纯技术效率在2018年的数值大于2009—2018年的平均水平，这意味着制度、管理和技术进步在基本公共服务供给效率改善方面具有促进作用。但在规模效应层面，2018年数值低于其过去10年的均值，说明在农村基本公共服务供给过程中，供给规模的不经济导致了规模效率的下降。可能的原因是地方政府和财政资金在服务供给中处于垄断地位，以致其他社会主体难以参与进来，出现了类似垄断的非效率。

在我国三大经济板块层面，从综合效率的均值可以看出，中部地区的投资效率（表3-3中的规模效应）超过了东部地区，与经济层面上的东部地区、中部地区、西部地区由强到弱的阶梯趋势不完全一致。因此，较好的经济基础与农村基本公共服务供给的高效率之间并不必然是正向关系，存在农村在医疗、教育以及基础设施等方面供给滞后于经济增长的情况，甚至出现公共服务拥挤、供给效率降低的局面。从效率排名上看，西部地区靠后的原因主要是在地理位置、自然资源和经济发展水平等方面受到诸多限制和约束，表现出基本公共服务供需差距大、碎片化，以及缺乏稳定性等问题②。

---

① 本书中的东部地区包括黑龙江、吉林、辽宁三省。

② 范方志，王晓彦. 中国农村基本公共服务供给效率的评价研究［J］. 宁夏社会科学，2020（5）：83-91.

表 3-3　我国农村基本公共服务供给效率评价①

地域	省份	综合效率		纯技术效率		规模效应	
		2018年	平均值	2018年	平均值	2018年	平均值
东部	北京	1	1	1	1	1	1
	天津	0.912	0.873	1	1	0.873	0.912
	河北	0.825	0.729	0.894	0.806	0.904	0.923
	辽宁	0.986	0.954	0.986	0.954	1	1
	吉林	0.746	0.700	0.875	0.841	0.832	0.852
	黑龙江	0.982	0.976	0.982	0.976	1	1
	上海	1	1	1	1	1	1
	江苏	1	1	1	1	1	1
	浙江	1	1	1	1	1	1
	福建	0.932	0.917	1	1	0.917	0.932
	山东	0.994	0.987	1	1	0.987	0.994
	广东	1	1	1	1	1	1
	海南	0.703	0.619	0.813	0.781	0.792	0.865
	均值	0.929	0.904	0.965	0.951	0.947	0.960
中部	山西	0.916	0.901	0.961	0.952	0.946	0.953
	安徽	0.988	0.965	0.993	0.984	0.981	0.995
	江西	0.936	0.927	0.972	0.969	0.957	0.963
	河南	1	1	1	1	1	1
	湖北	1	1	1	1	1	1
	湖南	1	0.962	1	1	0.962	1
	均值	0.973	0.959	0.988	0.984	0.974	0.985
西部	内蒙古	0.879	0.838	0.903	0.874	0.959	0.973
	广西	1	0.878	1	0.926	0.948	1
	重庆	0.976	0.983	1	1	0.983	0.976
	四川	1	1	1	1	1	1
	贵州	0.876	0.869	1	1	0.869	0.876
	云南	0.824	0.805	0.901	0.892	0.903	0.915
	西藏	0.584	0.565	0.724	0.718	0.787	0.806
	陕西	0.962	0.953	1	1	0.953	0.962
	甘肃	0.834	0.832	0.928	0.919	0.905	0.899
	青海	0.537	0.515	0.714	0.705	0.730	0.752
	宁夏	0.590	0.574	0.756	0.742	0.773	0.781
	新疆	1	0.924	1	1	0.924	1
	均值	0.839	0.811	0.911	0.898	0.895	0.912

注：平均值指 2009—2018 年的平均水平。

---

① 基本公共服务包括七个基本方面，即安全、医疗卫生、教育、文化体育、社会保障、环境保护与基础设施。其中综合效率是业务活动中投入与产出或成本与收益之间的对比关系，是对资源有效配置、市场竞争能力、投入产出能力和可持续发展能力的总称。综合效率主要包括技术效率和规模效率，等于技术效率与规模效率二者的乘积。技术效率测度投入恒定时被评价对象获取最大产出的能力，而规模效率则测度被评价对象是否在最合适的投资规模下进行经营。

二、城乡经济水平的区际差异

区际差异既是城乡经济不平衡的外部环境，也与之密切相连，城乡不平衡、区域不协调也构成不平衡不充分的发展的相互映照。根据数据的可得性，区际的城乡经济不平衡主要从城乡居民收入差距，以及城乡经济发展面临的外部环境两个方面进行反映。

（一）居民生活水平

1. 各区域人均 GDP[①]

人均 GDP 作为衡量人民生活水平的一个标准，从其指标看来，我国各区域总体趋势上呈现逐年递增的情形，但东部地区与中、西部地区差距明显，东、中、西部地区的阶梯状发展格局被打破，西部地区与中部地区逐渐持平。这意味着，中、西部地区的名义水平逐步实现均衡（见图 3-14）。

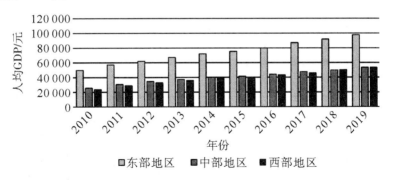

图 3-14　2010—2019 年东、中、西部地区人均 GDP

2. 各区域城乡人均收入

具体到城乡真实的收入水平，东、中、西部地区在城镇居民收入水平上与人均 GDP 的分布趋同，东部地区与中、西部地区差距在拉大，而中、西部地区差距缩小（见图 3-15、图 3-16）。在农村居民收入水平分布上，阶梯状比较明显，呈现"东部地区>中部地区>西部地区"的情形。从城乡比较的层面看（见图 3-17），三大区域的城乡收入差距

---

① 数据来源：国家统计局数据库。

都在逐年提升，但中部地区的城乡收入差距在三者中最小，西部地区反而处在中位。这在一定程度上表明，城乡发展不平衡水平的排序是"东部地区>西部地区>中部地区"。

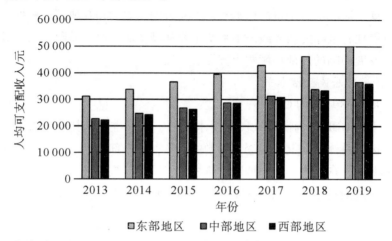

图3-15　2013—2019年东、中、西部地区城镇人均可支配收入

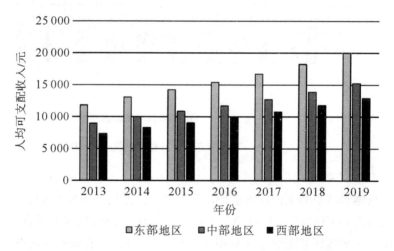

图3-16　2013—2019年东、中、西部地区农村人均可支配收入

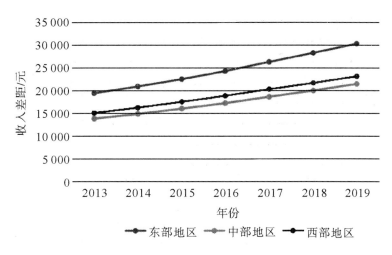

图 3-17　2013—2019 年东、中、西部地区城乡收入差距

（二）城镇化水平

1. 分区域固定资产投资比较①

在非均衡发展战略的历史性影响下，东、中、西部地区的城镇化水平也存在差距；作为城镇化发展重要资源的资本，其区域分布与投资成分也存在区域性差距。从国有经济固定资产的投资占比看，是"西部地区>中部地区>东部地区"，而在民间固定资产的投资占比上，从 2007年开始是"中部地区>东部地区>西部地区"（详见图 3-18、图 3-19）。这不仅说明了区域经济发展的阶梯性，也表明民营经济发展的阶段性及对地区经济的影响力，还暗示了三大区域在基础设施水平、投融资能力、经济要素、金融体系以及市场化程度等方面的差距。

---

① 数据来源：国泰安数据库。

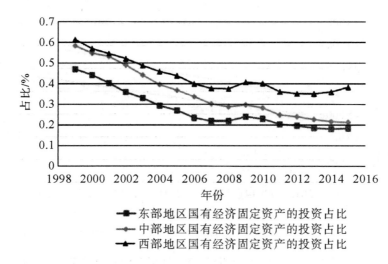

图 3-18　1998—2016 年东、中、西部地区国有经济固定资产的投资占比

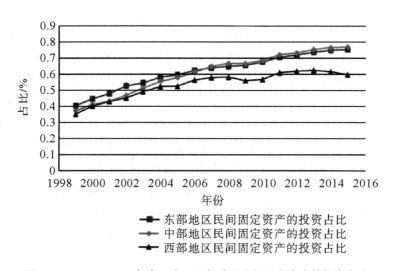

图 3-19　1998—2016 年东、中、西部地区民间固定资产的投资占比

2. 各区域内城镇化率

从三大区域城镇化率的情况看（见表 3-4 至表 3-6），东部各省份城镇化率基本与全国城镇化率持平或更高，而中部地区与西部地区各省份城镇化率基本在全国城镇化率水平以下，只有重庆等居于其上。从区域内部看，东部、西部地区各省份城镇化发展差异较大，中部地区城镇

化发展趋势接近,西部地区(除西藏外)的城镇化发展,总体上呈现疏密得当的态势。这说明在各区域内部存在发展不协调的问题。

表 3-4　东部地区各省份城镇化率　　　　　　　单位:%

地区	年份								
	2011	2012	2013	2014	2015	2016	2017	2018	2019
北京	86.20	86.20	86.30	86.35	86.50	86.50	86.50	86.50	86.60
天津	80.50	81.55	82.01	82.27	82.64	82.93	82.93	83.15	83.48
河北	45.60	46.80	48.12	49.33	51.33	53.32	55.01	56.43	57.62
辽宁	64.05	65.65	66.45	67.05	67.35	67.37	67.49	68.10	68.11
吉林	53.40	53.70	54.20	54.81	55.31	55.97	56.65	57.53	58.27
黑龙江	56.50	56.90	57.40	58.01	58.80	59.20	59.40	60.10	60.90
上海	89.30	89.30	89.60	89.60	87.60	87.90	87.70	88.10	88.30
江苏	61.90	63.00	64.11	65.21	66.52	67.72	68.76	69.61	70.61
浙江	62.30	63.20	64.00	64.87	65.80	67.00	68.00	68.90	70.00
福建	58.10	59.60	60.77	61.80	62.60	63.60	64.80	65.82	66.50
山东	50.95	52.43	53.75	55.01	57.01	59.02	60.58	61.18	61.51
广东	66.50	67.40	67.76	68.00	68.71	69.20	69.85	70.70	71.40
海南	50.50	51.60	52.74	53.76	55.12	56.78	58.04	59.06	59.23

表 3-5　中部地区各省份城镇化率　　　　　　　单位:%

地区	年份								
	2011	2012	2013	2014	2015	2016	2017	2018	2019
山西	49.68	51.26	52.56	53.79	55.03	56.21	57.34	58.41	59.55
安徽	44.80	46.50	47.86	49.15	50.50	51.99	53.49	54.69	55.81
江西	45.70	47.51	48.87	50.22	51.62	53.10	54.60	56.02	57.42
河南	40.57	42.43	43.80	45.20	46.85	48.50	50.16	51.71	53.21
湖北	51.83	53.50	54.51	55.67	56.85	58.10	59.30	60.30	61.00
湖南	45.10	46.65	47.96	49.28	50.89	52.75	54.62	56.02	57.22

表 3-6　西部地区各省份城镇化率　　　　　单位:%

地区	年份								
	2011	2012	2013	2014	2015	2016	2017	2018	2019
内蒙古	56.62	57.74	58.71	59.51	60.30	61.19	62.02	62.71	63.37
广西	41.80	43.53	44.81	46.01	47.06	48.08	49.21	50.22	51.09
重庆	55.02	56.98	58.34	59.60	60.94	62.60	64.08	65.50	66.80
四川	41.83	43.53	44.90	46.30	47.69	49.21	50.79	52.29	53.79
贵州	34.96	36.41	37.83	40.01	42.01	44.15	46.02	47.52	49.02
云南	36.80	39.31	40.48	41.73	43.33	45.03	46.69	47.81	48.91
西藏	22.71	22.75	23.71	25.75	27.74	29.56	30.89	31.14	31.54
陕西	47.30	50.02	51.31	52.57	53.92	55.34	56.79	58.13	59.43
甘肃	37.15	38.75	40.13	41.68	43.19	44.69	46.39	47.69	48.49
青海	46.22	47.44	48.51	49.78	50.30	51.63	53.07	54.47	55.52
宁夏	49.82	50.67	52.01	53.61	55.23	56.29	57.98	58.88	59.86
新疆	43.54	43.98	44.47	46.07	47.23	48.35	49.38	50.91	51.87

（三）分区域各省市场化指数[①]

市场化指数包括政府与市场的关系、非国有经济的发展、产品市场的发育程度、要素市场的发育程度、市场中介组织的发育和法治环境五个方面。从区域内部的分布情况看，在东部地区 13 个省份中居前三位的分别是浙江、上海与广东，后三位是辽宁、河北与海南（见表 3-7）；中部地区 6 个省份中居前两位是湖北与安徽，后两位是江西与山西（见表 3-8）；西部地区 12 个省份中居前三位分别是重庆、四川和陕西，后三位是新疆、青海与西藏（见表 3-9）。从总体的市场化指数均值看，东、中、西部地区阶梯性明显（见表 3-10）。这是不平衡不充分发展在区域层面的集中体现，也意味着区域间市场存在对接困难，甚至存在市

---

① 王小鲁，樊纲，胡李鹏. 中国分省份市场化指数报告 [M]. 北京：社会科学文献出版社，2019.

52

场分割情况，会导致各种经济资源要素流动不畅，影响区域内与区域间的经济循环。

表 3-7 2008—2019 年东部地区各省份市场化指数

省份	年份											
	2008	2009	2010	2011	2012	2013	2014	2015	2016	2017	2018	2019
北京	7.24	7.36	7.94	8.1	8.75	9.12	9.37	8.89	9.14	9.13	9.05	9.11
天津	6.59	6.64	7.06	7.43	9.02	9.42	9.29	9.44	9.78	9.50	9.57	9.62
河北	5.5	5.64	4.98	5.18	5.44	5.61	6.03	6.32	6.42	6.26	6.33	6.34
辽宁	6.32	6.51	6.24	6.32	6.53	6.57	6.88	6.66	6.75	6.76	6.72	6.75
吉林	5.72	5.80	5.42	5.55	6.06	6.11	6.27	6.47	6.70	6.48	6.55	6.58
黑龙江	4.84	4.88	4.78	4.94	5.94	6.12	6.16	6.00	6.14	6.10	6.08	6.11
上海	8.14	8.41	8.79	8.89	8.70	8.94	9.77	9.73	9.93	9.81	9.82	9.85
江苏	7.84	8.21	8.59	9.18	9.94	9.86	9.64	9.3	9.26	9.40	9.32	9.33
浙江	7.78	8.03	8.18	8.31	9.28	9.37	9.73	10.00	9.97	9.90	9.96	9.94
福建	6.79	6.89	6.72	6.91	7.33	7.47	8.09	8.96	9.15	8.73	8.95	8.94
山东	6.89	6.94	6.75	6.85	7.24	7.39	7.76	7.85	7.94	7.85	7.88	7.89
广东	7.52	7.62	7.73	7.88	8.33	8.64	9.30	9.68	9.86	9.61	9.72	9.73
海南	4.43	4.31	4.68	4.76	5.46	5.68	5.87	5.21	5.28	5.45	5.31	5.35

表 3-8 2008—2019 年中部地区各省份市场化指数

省份	年份											
	2008	2009	2010	2011	2012	2013	2014	2015	2016	2017	2018	2019
山西	4.29	4.12	4.51	4.59	4.79	4.97	5.15	5.48	5.66	5.43	5.52	5.54
安徽	5.92	6.04	6.12	6.42	6.25	6.50	7.40	6.98	7.09	7.16	7.08	7.11
江西	5.45	5.48	5.61	5.8	5.68	5.83	6.74	6.82	7.04	6.87	6.91	6.94
河南	5.89	5.99	6.08	6.19	6.34	6.51	6.85	7.05	7.10	7.00	7.05	7.05
湖北	5.40	5.57	5.50	5.70	6.21	6.58	7.16	7.35	7.47	7.33	7.38	7.39
湖南	5.35	5.33	5.47	5.68	5.70	5.84	6.78	7.09	7.07	6.98	7.05	7.03

表3-9　2008—2019年西部地区各省份市场化指数

省份	年份											
	2008	2009	2010	2011	2012	2013	2014	2015	2016	2017	2018	2019
内蒙古	4.66	4.74	4.46	4.53	5.19	5.19	4.96	4.84	4.80	4.87	4.84	4.83
广西	5.68	5.69	5.13	5.31	6.19	6.31	6.48	6.26	6.43	6.39	6.36	6.39
重庆	6.04	6.10	6.22	6.32	6.94	7.22	7.80	7.69	8.15	7.88	7.91	7.98
四川	5.78	5.79	5.75	5.81	6.03	6.18	6.52	7.01	7.08	6.87	6.99	6.98
贵州	4.44	4.35	3.53	3.59	4.33	4.49	4.81	4.52	4.85	4.73	4.70	4.76
云南	4.49	4.46	4.94	5.08	4.39	4.45	4.81	4.43	4.55	4.60	4.53	4.56
西藏	1.27	1.06	0.39	0.01	0.02	-0.23	0.71	1.00	1.02	0.91	0.98	0.97
陕西	4.33	4.25	3.92	4.31	5.11	5.62	6.29	6.21	6.57	6.36	6.38	6.44
甘肃	3.72	3.67	3.28	3.37	3.26	3.49	3.86	4.5	4.54	4.30	4.45	4.43
青海	2.95	2.79	2.37	2.33	2.55	2.76	2.53	3.13	3.37	3.01	3.17	3.18
宁夏	4.14	4.29	3.83	3.91	4.28	4.38	5.15	4.95	5.14	5.08	5.06	5.09
新疆	3.51	3.47	2.81	2.88	2.87	2.92	3.45	4.15	4.10	3.90	4.05	4.02

表3-10　2011—2019年三大区域市场化指数均值

地区	年份								
	2011	2012	2013	2014	2015	2016	2017	2018	2019
东部	65.081 82	66.066 36	66.873 64	67.568 18	68.289 09	69.212 73	69.969 09	70.686 36	71.214 55
中部	48.447 5	49.806 25	50.895	52.016 25	53.231 25	54.477 5	55.695	56.847 5	57.922 5
西部	42.814 17	44.259 22	45.434 22	46.885 06	48.245	49.676 67	51.109 17	52.272 5	53.307 5

（四）区域城市政商关系

从全国各城市政商关系的健康指数看，政府与市场的良性结合多见于沿海城市和一些现代化都市。从整个区域分布看，东部沿海省份整体上城市政商关系较为健康，而一些地区政商关系有待改进。

上述分析表明，以城乡融合的视角来看城乡经济发展问题①：一是城乡发展水平在总体上是有提高的，但在进展方面并不平衡，不同领域、地区的差距较大；二是城镇化质量与水平不高，城乡的连接性不够，这体现在基础设施、数字鸿沟等方面；三是公共资源及服务均衡配置的体制机制不健全，城乡居民公共服务实际水平差距大；四是城乡要

---

① 叶兴庆.走城乡融合发展之路 [M]. 北京：中国发展出版社，2019：25.

素双向流动机制尚未建立起来，要素长期单向流动造成乡村严重"失血"；五是城乡规划和底线设定不够科学①，城乡规划和治理能力还存在较大差距。

三、城乡经济状况的具体刻画

收入是常用的衡量经济状况的指标，城乡收入差距是衡量城乡居民福利相对变化的重要指标，因此考察城乡收入差距是极为必要的。本书通过对 2000 年以来各省份城乡收入差距不平衡的具体测度，以此展现一个较长序列的发展趋势与走向。考虑到城乡人均可支配收入是常用的衡量城乡经济状况差异的指标，因此使用与这一指标有关的宏观经济数据作为代理变量进行相应的测算。2020 年，我国人均意义上的城乡收入绝对差距为 2.670 3 万元，相对收入差距为 1∶2.56，城乡间相对收入差距重新回到了 1978 年的水平。按照经济合作与发展组织（OECD）提出的相对贫困标准，一国或地区全体居民人均收入的 50% 为该地区相对贫困标准。据此标准，2020 年我国共计 12 个省份的农村居民人均收入低于该标准②，绝大多数农民属于 9 亿多低收入人群，也反映了缩小城乡收入差距任务的艰巨性。

第一，测算方法。基尼系数是常用的测算贫富差距的指标，本书也以此对城乡经济不平衡进行测算。Angus（1997）③、Vinod 等（2000）④分别提出了等分组和非等分组基尼系数的测算方法。田卫民（2012）⑤提出了一个两步法测算基尼系数的思路，先对有关收入水平的样本中城镇居民和农村居民群体进行划分，并利用洛伦兹曲线图中部分不平等以

① 魏后凯，叶兴庆，杜志雄，等. 加快构建新发展格局，着力推动农业农村高质量发展——权威专家深度解读党的二十大精神［J］. 中国农村经济，2022，（12）：2-34.

② 张红宇. 中国农业风险管理研究会 2021 学术年会暨中国农业风险管理发展论坛现场实录［EB/OL］.（2021-10-23）. http://www.farmer.com.cn/2021/10/21/99880363.html.

③ ANGUS D. The analysis of household surveys：a mircoeconomic approach to development policy［M］. Baltimore and London：Johns Hopkins University Press，1997：139.

④ VINOD T，WANG Y，FAN X B. Measuring education inequality：gini coefficients of education［R］. Washington D. C.：World Bank，2000：7.

⑤ 田卫民. 省城居民收入基尼系数测算及其变动趋势分析［J］. 经济科学，2012（2）：48-59.

及完全不等部分之比，测算各自群体对应的收入失衡状况。在此基础上，进一步根据 Sundrum（1990）[①] 的分组加权法，得到包含不同分解部分（城镇居民、农村居民和城乡之间的收入加权基尼系数）的总体收入基尼系数。

以上测算方法虽然较为常见，也得到学界广泛采用[②]，但只能测算出总体意义上的基尼系数，且无法分解城乡有关变量值组间和组内的差异。现举例说明如下，将区域经济变量（如收入或消费等）视为一种不能重复的随机现象，该随机现象所有可能的结果之集合构成一个样本空间，记为 $\Omega_{ur} = \{\omega_{u,1}, \cdots, \omega_{u,n}, \omega_{r,1}, \cdots, \omega_{r,m}\}$，其中 n 和 m 均为大于 1 的正整数，样本空间的城市子集为 $C_u = \{\omega_{u,1}, \cdots, \omega_{u,n}\}$，样本空间的农村子集为 $C_r = \{\omega_{r,1}, \cdots, \omega_{r,m}\}$。常规基尼系数测算方法，实际上是将样本空间 Ω_{ur} 的两个子集 M_u 和 N_r 视为测算所需的两组样本点，通过对各组的样本点逐一测算求出总体基尼系数。那么，假设这样一种情形，比如因抽样错误导致子集 C_u 的第 k 个样本点（$k>1$ 且为正整数）开始共有 p 个样本点（$p>0$ 且为正整数）混入了子集 C_r 中，同时子集 C_r 的第 j 个样本点（$j>1$ 且为正整数）开始共有 s 个样本点（$s>0$ 且为正整数）混入了子集 C_u 中，现在两个子集可表示为 $C_u = \{\omega_{u,1}, \cdots, \omega_{u,k-1}, \omega_{u,k+p}, \cdots, \omega_{u,n}, \omega_{r,j}, \cdots, \omega_{r,j+s-1}\}$ 和 $C_r = \{\omega_{r,1}, \cdots, \omega_{r,j-1}, \omega_{r,j+s}, \cdots, \omega_{r,m}, \omega_{u,k}, \cdots, \omega_{u,k+p-1}\}$。如果按照常规基尼系数测算，虽然两个子集的样本点构成已然发生了变动，但只要样本空间中的样本点不发生改变，则不会影响最终测算结果，就不能直接用于城乡经济不平衡问题研究。田卫民（2012）[③] 虽使用分组加权法，对总体城乡基尼系数进行了组内和组间分解，但因为无法识别个体层面的贡献值，从而难以透视城乡经济不平衡的内部结构特征，所以只能简

---

① SUNDRUM R M. Income distribution in less development countries［M］. London and New York：Routledge，1990：50.

② 成金华，陈军，李悦. 中国生态文明发展水平测度与分析［J］. 数量经济技术经济研究，2013，30（7）：36-50；陈工，何鹏飞. 民生财政支出分权与中国城乡收入差距［J］. 财贸研究，2016，27（2）：95-103.

③ 田卫民. 省域居民收入基尼系数测算及其变动趋势分析［J］. 经济科学，2012（2）：48-59.

单识别出分组结构特征，本质上属于总体意义上的不平衡测算与分解。

针对以上问题，本书采用 Tim（2019）[①] 提出的结构基尼系数估计方法，该方法对传统总体基尼系数测算方法进行两次分解，得到个体层面的基尼系数贡献值，从而能够将总体基尼系数分解为个体基尼系数，更好地识别结构差异。结构基尼系数估计方法步骤如下：

$$G = \frac{\sum_{i=1}^{n} \sum_{j=1}^{n} |x_i - x_j|}{2 n^2 \bar{x}} \tag{3-1}$$

我们将总体基尼系数分解为个体基尼系数。式（3-1）中，x_i 和 x_j 分别表示样本中第 i 和第 j 个体的某个指标（如收入），n 为样本容量。对第 i 个体而言，需要同所有样本中的个体（包括自身）进行离差和的计算，因此总体基尼系数可以视为 n 个个体层面基尼系数，或者称作 iGini 系数求和得到

$$G = \sum_{i=1}^{n} g_i = \sum_{i=1}^{n} \frac{\sum_{j=1}^{n} |x_i - x_j|}{2 n^2 \bar{x}} \tag{3-2}$$

式（3-2）为根据总体基尼系数分解得到的 iGini 系数，描述了样本中个体多样性特征，但由于式（3-2）同样是基于总体基尼系数分解，改变样本点位置实际上并不影响各样本点最终计算结果。即便在得到 iGini 系数后，人为将样本中个体划分为不同组别，并按照分组进行加总得到不同组各自的 iGini 系数之和，其所承载的信息仍是不区分组别差异下的代数和结果，因此也并不能用于测算组间差异。为分解出 iGini 系数的组间差异和组内差异，必须在进行 iGini 系数测算前进行相应分组，如此便可将 iGini 系数进行分解，这样分解过程本身就包含了分组信息，最后得到的 iGini 系数便可用于描述组内差异和组间差异。遵循这一思路，建立如下一般化的 iGini 系数测算公式：

$$g_{ik} = \frac{\sum_{h=1}^{K} \sum_{i=1}^{n_k} \sum_{j=1}^{n_h} |x_{ik} - x_{jh}|}{2 n^2 \bar{x}} + \frac{\sum_{i=1}^{n_k} \sum_{j=1}^{n_k} |x_{ik} - x_{jk}|}{2 n^2 \bar{x}}$$
$$= g_{bik} + g_{wik} \tag{3-3}$$

---

① LIAO T F. Individual components of three inequality measures for analyzing shapes of inequality [J]. Sociological Methods & Research, 2022, 51 (3): 1325-1356.

式（3-3）中，g_{ik} 表示 iGini 系数，K 代表样本被划分为 K 组，n_k 为第 k 组样本容量，n_h 为第 h 组样本容量，x_{ik} 为第 k 组样本第 i 个个体指标，x_{jh} 为第 h 组样本第 j 个指标，g_{bik} 为第 k 组组间 iGini 系数，g_{wik} 为第 k 组组内 iGini 系数。应注意的是，第 h 组是区别于第 k 组的组别，但无须在代数表达式中体现，即便当 $h = k$ 时，由于 $|\, x_{ik} - x_{jh}\,| = 0$，也并不影响最终测算结果。为得到第 k 组结构基尼系数，对式（3-3）简单求和可得

$$G = \frac{\sum_{k=1}^{K}\sum_{h=1}^{K}\sum_{i=1}^{n_k}\sum_{j=1}^{n_h} |\, x_{ik} - x_{jh}\,|}{2\,n^2 \bar{x}} +$$

$$\frac{\sum_{k=1}^{K}\sum_{i=1}^{n_k}\sum_{j=1}^{n_k} |\, x_{ik} - x_{jk}\,|}{2\,n^2 \bar{x}} = G_{bk} + G_{wk} \qquad (3\text{-}4)$$

式（3-4）中，G 为第 k 组结构基尼系数，G_{bk} 和 G_{wk} 分别为第 k 组的组间基尼系数和组内基尼系数。

结构基尼系数估计方法能够测算出每个个体对组间差异的贡献度，特别是在面板数据分析中，使用该方法不仅可以透视每个个体有关指标时间序列的变化，还可以观察历年组间或组内差异的分布变动情况，从而识别出各组样本内部和组间不平衡变动状况。因此，本书采用结构基尼系数估计方法对城乡经济不平衡发展状况进行研究。

研究城乡经济不平衡程度的时间趋势，有助于把握其随着时间推移的具体变动过程，更好地认识经济发展不同阶段城乡经济关系是如何发展演变的。对此，本书在结构基尼系数基础上，使用核密度估计这一非参数估计方法进行研究。核密度估计方法不需要基于有关数据分布的先验知识便可展开分析，对一个样本而言，可以使用核密度估计也就是某个峰值函数来拟合样本点对应的数据，通过将每个样本点数据作为参数传递给核函数，再对若干个所得进行线性求和，进行归一化处理即可得到核密度估计的概率密度函数。求解概率密度函数的具体形式并绘制相应图像，可以直观地认识样本有关随机变量取值的分布状况。为了波形合成的方便，本书使用高斯核进行核密度估计，也就是用标准正态分布的概率密度函数替换一般形式的核密度函数，于是核密度估计公式如下：

$$\widehat{f_h}(x) = \frac{1}{n} \sum_{i=1}^{n} K_h(x - x_i)$$

$$= \frac{1}{nh} \sum_{i=1}^{n} K\left(\frac{x - x_i}{h}\right) = \frac{1}{nh} \sum_{i=1}^{n} \frac{1}{\sqrt{2\pi}} e^{-\frac{\left(\frac{x - x_i}{h}\right)^2}{2}} \qquad (3-5)$$

根据前述方法测算出结构基尼系数以及核密度函数后，便可进行图形绘制；为观察不同区域之间的差异，将样本按三大经济区划分为东部地区、中部地区和西部地区三个子样本①进行图形绘制。为方便起见，只绘制各个区域共五年②的核密度曲线③。

第二，城乡收入不平衡发展状况。承接本章的描述性分析，本节是进一步延展。一般认为，衡量城乡收入不平衡发展状况的指标为人均意义上的收入水平④，数据整理自历年《中国统计年鉴》。首先，根据不同省域结构基尼系数⑤绘制出相应地区的核密度曲线，考察地区总体经济不平衡状况。

图3-20为东部地区13个省域人均收入水平结构基尼系数核密度估计的可视化结果。由图3-20可知，2001—2019年，东部地区人均收入水平结构基尼系数密度函数均值总体上不断向右移动，峰值由小变大，

---

① 本书所使用样本数据为省级面板数据，除去港、澳、台地区共有31个省、自治区和直辖市。其中，东部地区包括：北京、天津、河北、辽宁、吉林、黑龙江、上海、江苏、浙江、福建、山东、广东和海南。中部地区包括：山西、安徽、江西、河南、湖北和湖南。西部地区包括：内蒙古、广西、重庆、四川、贵州、云南、西藏、陕西、甘肃、青海、宁夏和新疆。

② 为使得各地不同年份之间的核密度曲线更具有可比性，笔者尽可能地保持不同年份之间的跨度接近或一致，同时结合数据可得性，使用2001年、2005年、2010年、2015年和2019年共五年数据进行曲线绘制。

③ 这里是将每个省份划分为城市和农村两个单位，再利用核密度函数估计公式进行测算，测算过程和图形绘制不再区分城市和农村单位，这样做的好处在于一方面对地区城乡结构进行了划分，另一方面识别了所在地区有关年份经济不平衡动态变化的总体特征。

④ 梳理历年《中国统计年鉴》可知，2014年不同地区居民人均收入有关指标口径调整为"城镇居民分地区人均可支配收入"和"农村居民分地区人均可支配收入"，而在此之前该类指标为"分地区城镇居民人均可支配收入"和"分地区农村居民人均纯收入"。此外，部分年份统计年鉴也有"各地区城镇居民平均每人全年家庭收入来源"等类似统计指标名称，但根据统计局有关说明，这些指标的统计口径均保持一致。

⑤ 由于本书关注的是城乡经济不平衡问题，这里仅使用组间结构基尼系数数据进行分析。

分布区间总体由大变小。2001—2010 年，核密度曲线呈现出低峰长尾的特征，说明在此期间东部地区各省域城乡收入不平衡状况差异较大。2015 年和 2019 年核密度曲线呈现出双峰特征，且尾部有所收窄，说明随着时间推移，东部地区省域城乡收入不平衡状况有所缓解。从双峰分布来看，曲线低峰分布于较高区间意味着部分省域还存在较高的收入不平衡状况，但数量不多。曲线高峰分布于较低区间且较以往年份来看大幅收窄，表明东部地区大部分省域城乡收入不平衡状况均有所改善。2019 年高峰相对于 2015 年高峰而言左移，2019 年低峰相对于 2015 年低峰右移，说明东部地区城乡收入失衡状况有两极分化的迹象，收入不平衡程度较低的大部分省域进一步改善了城乡收入不平衡状况，收入不平衡程度较高的少部分省域有所加剧，但后者数量上较少，因此总体而言东部地区城乡收入不平衡现象有所改善。

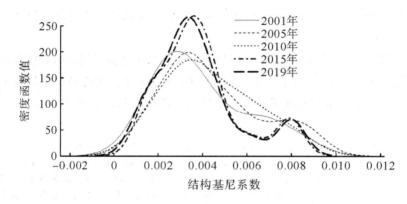

图 3-20　东部地区人均收入水平结构基尼系数分布状况

图 3-21 为中部地区 6 个省域人均收入水平结构基尼系数核密度估计的可视化结果。除 2019 年外，其余年份核密度曲线均呈双峰特征，说明这些年份省域城乡收入不平衡状况存在向两个区间聚集的现象。从2001—2010 年曲线形状和移动方向来看，2001—2005 年中部地区省域城乡收入不平衡状况呈加剧态势，2005—2010 年峰值增加且尾部收窄，说明在此期间城乡收入不平衡的分化趋势有所减缓，但总体而言并未改善城乡收入失衡状况。2010 年以后，根据 2015 年和 2019 年核密度曲线变化可以看出，其间城乡收入不平衡状况开始改善。2019 年双峰特征开始变得不明显，曲线处于低值区间的尾部加宽，且高峰相比 2015 年

而言向左移动，意味着部分省域城乡收入分布开始朝向均衡化发展。

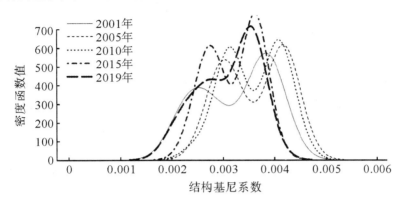

图3-21　中部地区人均收入水平结构基尼系数分布状况

图3-22为西部地区12个省域人均收入水平结构基尼系数核密度估计的可视化结果。可以看出，五个年份核密度曲线都呈现双峰特征，说明存在两极分化的状态。相比2001年而言，2005年西部地区城乡收入不平衡状况加剧。2005年以后，核密度曲线开始向较低区间移动，说明城乡收入不平衡状况逐渐改善。2001—2010年，核密度曲线双峰特征表现为左低右高，2015年和2019年核密度曲线的左边单峰有所提升，说明尽管存在两极分化现象，但有相当多的省域城乡收入不平衡状况得到改善。

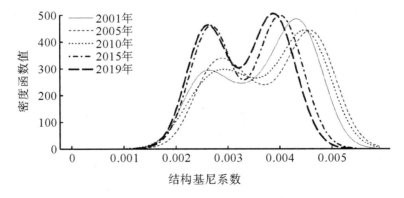

图3-22　西部地区人均收入水平结构基尼系数分布状况

为进一步分析不同地区省域城乡区域内部结构基尼系数动态变化特征，根据不同地区省域组间结构基尼系数绘制时间趋势图进行比较，并将各省域分为城乡两部分进行对比分析，以观察区域收入不平衡状况演化过程中的城乡结构特征。

根据 iGini 系数的定义，图 3-23 刻画的是东部地区各城市区域对全国城乡人均收入不平衡的贡献。可以看出，除北京市以外，其余各城市区域结构基尼系数基本上在 2013 年之后开始逐渐下降，北京市结构基尼系数在 2014 年跃变到一个较高的位置，之后趋于平稳，但有小幅度上升。总体而言，大部分城市区域结构基尼系数经历了先上升后下降的过程，这说明我国东部地区城市区域对全国城乡人均收入不平衡的影响近年有所减弱。

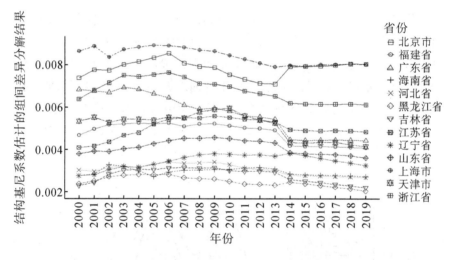

图 3-23　东部地区城市区域结构基尼系数动态特征

从图 3-24 可以看出，所有年份中海南省和河北省农村区域结构基尼系数较大，说明这两个区域农村居民人均收入相对于城市区域而言还处于较低水平，但在 2013 年后这种情况有所改善，两个区域人均收入不平衡贡献度开始逐年下降，趋近于辽宁省的人均收入水平状况。从总体趋势来看，除北京市以外，其余各农村区域对全国城乡人均收入不平衡的贡献 2011 年后均有所下降。尽管北京市农村区域结构基尼系数降幅不大，但从历年看，其对全国城乡人均收入不平衡的贡献并不大，说明在促进城乡经济融合的过程中，北京市农村区域并不存在"拖后效应"。浙江省农村区域对全国城乡人均收入不平衡的贡献降幅最大，从2013年降至2014年的一个较低水平后，其整体贡献已不如北京市，说明其间浙江省农村区域人均收入水平相对北京而言有所增加。

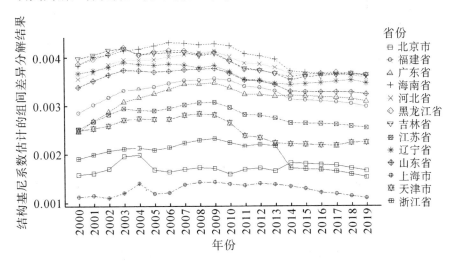

图3-24 东部地区农村区域结构基尼系数动态特征

图3-25表明，大多数年份里中部地区城市区域结构基尼系数动态变化趋势是较为接近的，例外的是湖南省城市区域。湖南省城市区域对全国城乡人均收入不平衡的贡献历年都高于其他中部城市区域，在2009年后有所下降，但在2013年后有所回升，说明其间中部地区里湖南省城市区域对全国城乡人均收入不平衡的贡献是最高的。此外，其他各省城市区域结构基尼系数动态变化在2014年前趋同，但2014年后，河南省、山西省城市区域结构基尼系数开始大幅度下降，说明在此期间其对全国城乡人均收入不平衡的贡献开始显著降低，且这种趋势一直持续到了2019年样本末期。

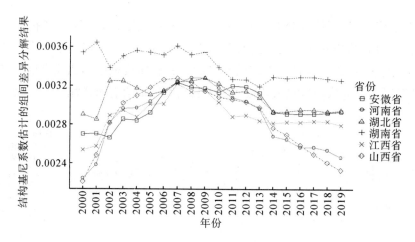

图 3-25　中部地区城市区域结构基尼系数动态特征

由图 3-26 可知，中部地区农村区域对全国城乡人均收入不平衡贡献的变动趋势是非常接近的，2015 年以前结构基尼系数曲线呈现出"倒 U"形特征，表明在此期间，中部地区农村区域对全国城乡人均收入不平衡贡献的变动经历了"先升后降"的过程，这意味着农村区域人均收入水平相对提高了。2014 年以后这种变动趋势呈现出厚尾特征，说明农村区域人均收入状况的改善空间在当前一个时期内已不大了，特别是湖北省农村区域结构基尼系数已接近 0，其对全国城乡人均收入不平衡的贡献，相比其他区域来说已接近极低的水平了。

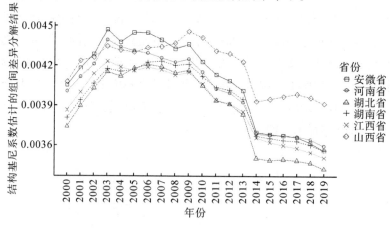

图 3-26　中部地区农村区域结构基尼系数动态特征

图 3-27 显示，样本期间西部地区各城市区域结构基尼系数普遍较低，且除内蒙古自治区和甘肃省外，其余区域结构基尼系数 2013 年后开始集中在一个区间内，呈现出趋同特征。这可能是因为，西部地区经济发展水平总体不如中东部地区，因此其城市区域对全国城乡人均收入不平衡的贡献也相对较低。

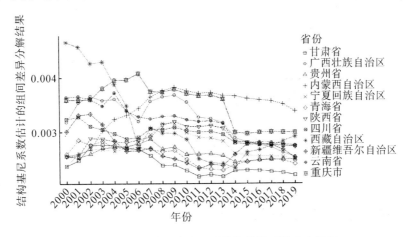

图 3-27 西部地区城市区域结构基尼系数动态特征

由图 3-28 可知，西部地区农村区域结构基尼系数变动趋势表现为明显的"倒 U"形特征，且这种特征存在于整个样本期内，说明西部地区农村区域对全国城乡人均收入不平衡的贡献，经历了先上升后下降的过程，得益于西部大开发战略的实施以及社会主义新农村建设，西部地区各农村区域人均收入水平总体上得到了明显提高。

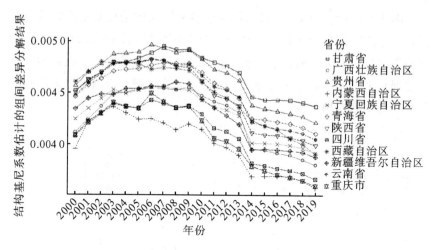

图 3-28　西部地区农村区域结构基尼系数动态特征

第三节　政府责任的回归

回顾新中国成立以来城乡经济关系的演进史，在城乡由相对融洽走向二元对立再到融合发展的历史进程中，虽然事件极为丰富而复杂，但也不难看出，社会主义的制度性逻辑，要素积累与配置的生产性逻辑，经济转轨与分化的市场性逻辑，工业国战略与政策的治理性逻辑，以及相互交织而成的体制性逻辑等，都是始终在场的重要角色，而根本性的内在逻辑也必然贯穿其中，都为后文的系统分析提供了绝好的素材。

从新中国成立至改革开放前，城乡要素互动从最初的劳动力、土地等城乡要素放活，到城乡之间要素汲取关系的确立，主要是基于当时面临的世情、国情以及对苏联的社会主义建设经验，走了一条"以农补工"的自我积累型的工业化发展道路①。然而这样的发展路径背后，必须依靠政府的强制性制度变迁才能实现，比如通过统购统销、户籍制度以及人民公社等制度安排，实现了国家权力的下沉，将所有社会成员固

---

① 任路. 新中国成立以来工农城乡关系的变迁 [J]. 西北农林科技大学学报（社会科学版），2019，19（6）：10-18.

定在特定的社会位置上，把社会化资源的配置权集中于政府进行计划性配置，进而实现了对农村社会资源的控制与整合①。这也就造成了改革开放前工农产品不能平等交易，城乡之间要素不能自由流动，城镇居民与农民权利和发展机会不平等的境况②。

改革开放初期，农村先行改革改变了以往工业导向和城市偏向的城乡治理格局，城乡分割的二元体制出现了久违的松动。从要素互动的角度看，我国通过农村土地包产到户、两权分离、户口松动③、粮食流通体制改革，以及乡镇企业发展，促使各类生产要素在工农城乡之间流动起来。然而，以城市为重点的市场化改革，以城市为中心的经济发展、土地财政和城镇化进程，又重新导致了城乡经济不平衡，且治理性因素、制度性因素与市场性因素交织得更为复杂。党的十六大以后，城乡间的要素关系进一步转为资源赋予的形式，国家针对"三农"问题采取了倾斜性的措施，涉及废除农业税、直接补贴农业、建立新型农村社会保障制度，以及推进城乡基本公共服务均等化等措施。在放权让利与多予少取的过程中，国家的权力也在回缩，政府与市场间的互动也逐渐显现。这种互动的结果表现在：工农业产品市场化交换程度的增加，农业富余劳动力向城镇的大量转移，乡镇企业异军突起，促进城乡间经济日趋紧密，对城乡分隔产生了巨大冲击；小城镇的大量涌现和迅速发展，也弱化了城乡分隔，形成了城镇化发展的格局；强农惠农政策体系不断完善，初步建立了促进城乡经济社会一体化发展的制度框架。但是，在"权力收缩—市场扩张—差距扩大"的逻辑下，国家权力让渡于市场机制，又把城乡原先的体制性二元推向了市场性二元，城乡不平衡仍有待于新的治理改进和制度变迁。

面对土地、资金和劳动力等生产要素在城乡之间的不平衡，我国在全面深化改革的背景下，试图从农村土地、资金和劳动力等要素维度，

---

① 郭星华，刘朔. 中国城乡关系七十年回望：国家权力的下沉、回缩与再进入：有关城乡关系变迁的社会学思考 [J]. 社会科学，2019（4）：81-90.

② 韩俊. 中国城乡关系演变 60 年：回顾与展望 [J]. 改革，2009（11）：5-14.

③ 1997 年 6 月、1998 年 7 月、2001 年 3 月，国务院先后批转了公安部《小城镇户籍管理制度改革试点方案和关于完善农村户籍管理制度的意见》《关于解决当前户口管理工作中几个突出问题的意见》和《关于推进小城镇户籍管理制度改革的意见》。

构建城乡公共资源合理配置和要素平等交换的体制机制和政策体系。这些举措旨在促进工农城乡生产要素的市场化，赋予农民更多的财产所有权，推动城乡要素的流动，在乡村振兴战略引导下实现城乡融合发展。这一时期，城乡间的要素互动形式逐渐变为"还权赋能""双向流动"，突出了以激活农村土地要素为核心目标。从"两权分离"到"三权分置""资本下乡"，从发展新型农业经营主体到健全农村生产社会化服务体系，种种深化改革的举措体现了国家权力在乡村的回归，并且这种回归的逻辑不同于以往的体制性分治，而是政府责任与市场机制的互动。

通过城乡经济不平衡发展演进的梳理，上述历史过程虽然众所能见，但内在的逻辑却极不易得。无论是身处历史丛林的曲折往复不可得见，还是心怀立场的理性计算不可得见，以及手中标尺的效力范围不可得见，总之在城乡经济不平衡的研究中，确有存在实证分析有余，而理论解释力与对策建议的适用性不足的问题[①]。这需要以马克思主义基本原理为指导，分析城乡经济不平衡的现实表征与基本方面，在诸多成因中概括出关键因素，进一步解析其相互关系与内在机理。

第四节　推动城乡融合的政府与市场合力

市场化改革是一次深刻的体制转型、制度变迁和治理变革，也是推动城乡经济关系变迁的重要动力，也自然能为城乡经济不平衡提供解释。相对于计划式体制，市场化改革减少了政府的过多干预，由此带来的效率提升获得了巨大的经济效益[②]。市场化改革推动了"双重转型"，即发展转型和体制转型[③]，前者指从传统农业社会向现代工业社会转

---

① 白永秀. 城乡二元结构的中国视角：形成、拓展、路径 [J]. 学术月刊，2012，44 (5)：67-76.

② MULLEN J D. Domestic grain market reform in China：the contribution of economic policy research funded by ACIAR [J]. Journal of Chinese Economic and Business Studies, 2009, 3 (1)：75-94.

③ 厉以宁. 中国经济双重转型之路 [J]. 中国人民大学学报，2014，28 (1)：157.

型，后者指从计划经济体制向市场经济体制转型；发展转型是体制转型、生产力进步和财富积累的结果，而体制转型的绩效与速率，决定了经济发展转型的质量高低。在市场化改革的作用下，政府、企业和居民的关系也悄然改变，城乡经济转型也开始由市场机制与政府力量共同驱动。本节分析市场化改革下的城乡经济状况，通过计量实证方法分析市场化改革的经济效应，从结构角度讨论市场化改革对城乡经济的具体绩效。

一、透视市场化改革的五个维度

市场化改革对体制结构、资源配置和生产发展等多个方面产生影响，但改革步伐在不同领域并非整齐划一，改革不同维度的影响也存在区别。城乡经济不平衡与市场配置资源的城镇化偏向有关，后者源自城市部门产业结构与交易成本方面的优势，由此形成城市的集聚效应和农村的分散效应。但单凭市场机制并不总能实现社会资源配置和生产的效率提升[①]，政府行为也可能加剧城乡经济不平衡，地方政府出于快速发展经济的目的，以及对城乡之间市场缺失、价格扭曲、资本节制及劳动者权益保护的治理不足[②]，都可能促使城乡经济不平衡的形成。本书基于对市场化改革因素的分解，分析对城乡经济不平衡影响的结构特征，并讨论政府行为和市场机制在其中的作用。

（一）数据说明

选取样本为 2000—2019 年共计 30 个省、自治区和直辖市的区域经济数据。数据源自历年《中国统计年鉴》、CEIC 中国经济数据库以及北京国民经济研究所 CMID 数据库，经手工整理得到面板数据。市场化改革有关数据通过 CMID 数据库整理得到，包括"政府与市场关系""非国有经济的发展""产品市场的发育程度""要素市场的发育程度""市场中介组织的发育和法律制度环境"五个维度共计 16 个指标。

---

① BOWLES P, WHITE G. The dilemmas of market socialism: capital market reform in China [J]. The Journal of Development Studies, 1992, 28 (3): 363-385.

② LI S, ZHAO R W. Market reform and the widening of the income gap, social sciences in China [J]. 2011, 32 (2): 140-158.

（二）变量说明

对于市场化改革数据的处理，遵循最大限度减少测量误差的原则，并不直接采用数据库提供的算术平均计算得到的各维度综合指数进行分析，而是采取基于各维度子指标构建潜变量并构建结构模型的做法。经初步检验发现，"政府与市场关系""非国有经济的发展""产品市场的发育程度"三个维度的测量模型拟合较差，说明这三个维度对应的子指标难以共同刻画所属维度的发展变化情况，因此作为显变量纳入模型分析。"要素市场的发育程度""市场中介组织的发育和法律制度环境"两个维度测量模型拟合情况较好，其子指标可用于构造潜变量用于分析。类似地，城乡经济有关的四个指标用于构造城乡经济不平衡潜变量。

城乡经济不平衡通常涵盖城乡经济关系在各个层面的相对差距，故应从多个维度衡量城乡经济不平衡程度，即关注多维视角下的城乡经济不平衡。周佳宁等（2020）① 认为，城乡经济不平衡发展是二元城乡结构向城乡等值化转变过程中产生的一种结构性失衡，借鉴其做法选取城乡人均可支配收入比、城乡人均消费比和城乡恩格尔系数比，作为衡量城乡经济不平衡发展程度的经济变量②。考虑到固定资产投资是区域资本积累与生产活动开展的重要来源，利用全社会固定资产投资数据与城乡常住人口数据，分别测算出城乡人均社会固定资产投资比。以上显变量作为测量指标，测度出一个与之高度相关的潜变量，并作为衡量城乡经济不平衡的代理变量。

（三）模型设定

主要模型由测量模型和结构模型组成。测量模型由潜变量对应的显变量构成，选择"要素市场的发育程度""市场中介组织的发育和法律

---

① 周佳宁，邹伟，秦富仓. 等值化理念下中国城乡融合多维审视及影响因素 [J]. 地理研究，2020，39（8）：1836-1851。

② 这里构造人均意义的变量，实际上是区隔了经济发展中区域平均化与平衡化发展两个不同层面。以各国现代化发展历程的事实来看，从集聚中走向平衡是区域经济差距缩小的重要前提，在政府凭借行政性力量将资源配置到与市场机制所配置的资源相反方向时，就会出现资源的空间错配，只可能实现短期意义上的资源要素平均分配，但无法实现长期的区域性平衡发展态势。参见：新浪财经. 陆铭谈中国经济新格局：在集聚中走向平衡[EB/OL].（2021-08-06）.https://baijiahao.baidu.com/s？id=1707256905581092399&wfr=spider&for=pc.

制度环境""城乡经济不平衡"三个潜变量构建结构方程模型，不进入测量模型的有关显变量也一并纳入结构方程模型。

$$\eta = A\eta + B\varphi + \epsilon \qquad (3-6)$$

$$X = M\eta + \delta \qquad (3-7)$$

式（3-6）为结构模型，$\eta' = [\eta_a, \eta_b, \eta_c]$ 代表结构模型中各潜变量，η_a 代表城乡经济不平衡潜变量，η_b 代表要素市场的发育程度潜变量，η_c 代表市场中介组织的发育和法律制度环境潜变量。$\varphi' = [\varphi_1, \varphi_2, \varphi_3, \varphi_4, \varphi_5, \varphi_6, \varphi_7, \varphi_8]$ 为模型中的显变量，包括市场分配经济资源的比重 φ_1，减少政府对企业的干预 φ_2，缩小政府规模 φ_3，非国有经济在工业企业主营业务收入中所占比例 φ_4，非国有经济在全社会固定资产总投资中所占比例 φ_5，非国有经济占城镇就业人数的比例 φ_6，价格由市场决定的程度 φ_7，减少商品市场上的地方保护 φ_8。$A = [0, a_2, a_3; 0, 0, 0; 0, 0, 0]$ 指代解释潜变量与被解释潜变量之间的关系矩阵，$B = [b_1, b_2, b_3, b_4, b_5, b_6, b_7, b_8; b_9, b_{10}, b_{11}, 0, 0, 0, 0, 0; b_{12}, b_{13}, b_{14}, 0, 0, 0, 0, 0]$ 指代被解释潜变量与显变量之间的关系矩阵，$\epsilon' = [\epsilon_1, \epsilon_2, \epsilon_3]$ 为结构模型扰动项。式（3-7）为测量模型，$M = [m_1, 0, 0; m_2, 0, 0; m_3, 0, 0; m_4, 0, 0; 0, m_5, 0; 0, m_6, 0; 0, m_7, 0; 0, m_8, 0; 0, 0, m_9; 0, 0, m_{10}; 0, 0, m_{11}; 0, 0, m_{12}]$ 代表潜变量与显变量之间的载荷矩阵；$X = [x_1, x_2, x_3, x_4, x_5, x_6, x_7, x_8, x_9, x_{10}, x_{11}, x_{12}]$ 为显变量；$\delta' = [\delta_1, \delta_2, \delta_3, \delta_4, \delta_5, \delta_6, \delta_7, \delta_8, \delta_9, \delta_{10}, \delta_{11}, \delta_{12}]$ 为潜变量测量误差。

测量模型中，对三个潜变量各使用四个显变量进行测度。其中，使用以下显变量测度潜变量城乡经济不平衡：城乡人均可支配收入比 x_1，城乡人均消费比 x_2，城乡家庭恩格尔系数比 x_3，城乡人均社会固定资产比 x_4。使用以下显变量测度潜变量要素市场发育：金融业的竞争 x_5，信贷资金分配的市场化 x_6，人力资源供应条件 x_7，技术成果市场化 x_8。使用以下显变量测度潜变量产权保护和市场机制完善程度：律师、会计师、技术服务等市场中介组织服务条件 x_9，行业协会对企业的帮助程度 x_{10}，维护市场的法治环境 x_{11}，知识产权保护 x_{12}。

（四）基本思路

围绕城乡经济不平衡潜变量，使用"要素市场发育""市场中介组织的发育和法律制度环境"两个潜变量，以及"政府与市场关系""非国有经济的发展""产品市场的发育程度"三个方面有关的显变量，分析其对于城乡经济不平衡的影响作用。构建潜变量测量模型前，分别进行探索性因子分析和验证性因子分析，进一步确证模型有关设定的正确性。根据显变量和潜变量构建结构模型，探讨被解释潜变量城乡经济不平衡的影响因素，并对其标准化后的估计系数进行对比分析，识别市场化改革中政府和市场各自体现的经济效应。如果地方政府行为变化导致了城乡经济不平衡的发生，则表明城乡经济关系演进中出现了"政府失灵"；如果结果表明市场机制运行导致了城乡经济不平衡，则表明城乡经济关系演进中出现了"市场失灵"。"政府失灵""市场失灵"往往共同存在，随着政府经济治理水平的提升和治理体系的不断完善，政府与市场的矛盾运动将更多趋于协同化发展。政府可以利用市场发育政策、公共财政与产业政策引导市场化改革的基本方向，构建城乡一体的要素与产品对流体系。当政府行为趋于更符合区域平衡发展目标时，市场能够较好发挥价格和供求机制对城乡两部门资本、人才和技术等要素的配置效应，促进城乡人力资本和物质资本的优化配置，以及产业结构变迁的合理进行，由此促进城乡和区域经济协调发展。多维度变量的设定，有助于识别政府与市场各自影响的作用方向与大小，并基于结构方程模型进行城乡经济影响因素的多维识别。

二、维度测量：产权、市场与失衡

（一）探索性因子分析

探索性因子分析用于检验所选测量指标是否能测度一个共同的公因子，为确保结果的稳健性，采取主成分因子法等三种不同的方法进行验证，表 3-11 至表 3-13 的结果呈现了三个潜变量探索性因子分析结果。

表 3-11 中，主成分因子法（PCF）和迭代主轴因子法（PF）提取所得因子中，因子 1 特征值分别为 1.777 和 1.264。尽管主成分因子法中因子 2 特征值大于 1，但其对各指标共同方差解释力仅为因子 1 的 57%。三种估计方法均表明，因子 1 特征值大于 1，且对指标共同方差的解释力最强，故而 4 个测量指标只能测度唯一公因子（要素市场发

育）。表3-12中，主成分因子法（PCF）和迭代主轴因子法（PF）提取所得因子中，因子1特征值分别为2.583和2.216，且因子1对指标共同方差的解释力最强。三种估计方法均表明，因子1特征值大于2，且对指标共同方差的解释力最强，4个测量指标只能测度唯一公因子（产权保护和市场机制完善程度）。表3-13中，主成分因子法（PCF）和迭代主轴因子法（PF）提取所得因子中，因子1特征值分别为2.142和1.766，且因子1对指标共同方差的解释力最强。三种估计方法均表明，因子1特征值大于1，4个测量指标只能测度唯一公因子——城乡经济不平衡。

表3-11 要素市场发育的探索性因子分析结果（N=508）

因子	指标	主成分因子法（PCF）		迭代主轴因子法（PF）		极大似然因子法（MLF）	
		特征值	载荷	特征值	载荷	特征值	载荷
因子1	—	1.777	—	1.264	—	1.224	—
	指标1	—	0.807	—	0.742	—	0.867
	指标2	—	0.632	—	0.559	—	0.441
	指标3	—	0.683	—	0.486	—	0.391
	指标4	—	0.509	—	0.406	—	0.354
因子2	—	1.013	—	0.487	—	—	—
因子3	—	0.724	—	0.096	—	—	—
因子4	—	0.486	—	-0.000	—	—	—

注：信度系数 α=0.571。PCF法中各因子对指标共同方差解释力分别为44.42%（因子1）、25.32%（因子2）、18.11%（因子3）、12.14%（因子4）。PF法中各因子对指标共同方差解释力分别为68.45%（因子1）、26.36%（因子2）、5.2%（因子3）、-0.01%（因子4）。

表 3-12　产权保护和市场机制完善程度的探索性因子分析结果（N = 509）

因子	指标	主成分因子法（PCF）		迭代主轴因子法（PF）		极大似然因子法（MLF）	
		特征值	载荷	特征值	载荷	特征值	载荷
因子 1		2.583	—	2.216	—	2.132	—
	指标 1	—	0.844	—	0.817	—	0.828
	指标 2	—	0.838	—	0.801	—	0.813
	指标 3	—	0.727	—	0.620	—	0.575
	指标 4	—	0.800	—	0.724	—	0.676
因子 2		—	0.645	—	0.227	—	—
因子 3		—	0.467	—	0.028	—	—
因子 4		—	0.305	—	-0.000	—	—

注：信度系数 α = 0.816。PCF 法中各因子对指标共同方差解释力分别为 64.56%（因子 1）、16.13%（因子 2）、11.67%（因子 3）、7.64%（因子 4）。PF 法中各因子对指标共同方差解释力分别为 89.68%（因子 1）、9.19%（因子 2）、1.14%（因子 3）、-0.01%（因子 4）。

表 3-13　城乡经济不平衡的探索性因子分析结果（N = 510）

因子	指标	主成分因子法（PCF）		迭代主轴因子法（PF）		极大似然因子法（MLF）	
		特征值	载荷	特征值	载荷	特征值	载荷
因子 1		2.142	—	1.766	—	1.747	—
	指标 1	—	0.756	—	0.611	—	0.584
	指标 2	—	-0.364	—	-0.246	—	-0.260
	指标 3	—	0.889	—	0.915	—	0.945
	指标 4	—	0.804	—	0.703	—	0.668
因子 2		—	0.940	—	0.148	—	—
因子 3		—	0.593	—	0.065	—	—
因子 4		—	0.325	—	-0.000	—	—

注：信度系数 α = 0.682。PCF 法中各因子对指标共同方差解释力分别为 53.55%（因子 1）、23.5%（因子 2）、14.82%（因子 3）、8.12%（因子 4）。PF 法中各因子对指标共同方差解释力分别为 89.26%（因子 1）、7.48%（因子 2）、3.27%（因子 3）、-0.01%（因子 4）。

（二）验证性因子分析

探索性因子分析主要作用在于，确保特定维度的测量指标能测度出唯一的公因子，便于进一步识别测量指标载荷系数大小及其显著性。对此，采取验证性因子分析（CFA）探讨测量指标的合理性。考虑到样本中部分省份存在经济数据缺失情况，使用缺失值极大似然估计方法（MLMV），以充分利用所有观测值信息，同时使用稳健估计获取稳健标准误。图3-29至图3-31为三个潜变量的验证性因子分析结果，估计结果给出了三个CFA模型的拟合指标。SPMR和RMSE拟合指标刻画了模型不拟合的程度，三个CFA估计模型的对应拟合指标均小于0.1。CFI拟合指标刻画了独立模型和假设模型之间的对比关系，三个CFA估计模型的对应拟合指标均大于0.8，说明拟合情况良好。各指标载荷系数均在1%统计水平上显著，说明指标与所测度潜变量高度相关。结合前文验证性因子分析的结果，这里基于各潜变量构建的因子测量模型是可靠的。

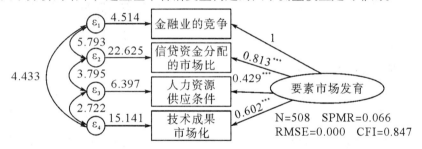

图3-29　要素市场发育的验证性因子分析

（估计方法：MLMV，非标准化系数）

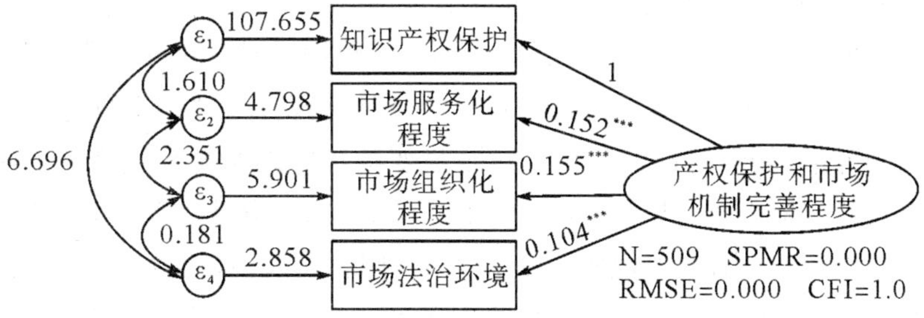

图3-30　产权保护和市场机制完善程度的验证性因子分析

（估计方法：MLMV，非标准化系数）

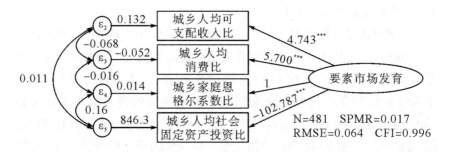

图 3-31　城乡经济不平衡的验证性因子分析

（估计方法：MLMV，非标准化系数）

（三）结构关系识别

在潜变量测度的基础上，加入"政府与市场关系""非国有经济的发展""产品市场的发育程度"三个维度共 8 个指标作为显变量，并基于三个潜变量之间的路径关系考察市场化改革对城乡经济不平衡的影响渠道。

三、结构性特征探索

（一）基准效应分析

表 3-14 中呈现的是测量模型和结构模型。测量模型主要展示结构方程中各潜变量测度的结果，从结果可知 12 个测量指标均在 1% 统计水平上具有显著性，间接印证了 EFA[①] 和 CFA 模型结果的稳健性。结构模型主要展示有关变量对城乡经济不平衡影响作用的回归估计系数。除"减少政府对企业的干预"显变量估计系数不显著外，其余变量均至少在 5% 统计水平上拒绝了原假设，说明市场化改革总体上显著影响着城乡经济关系走向。从估计结果来看，"要素市场发育""缩小政府规模""减少商品市场上的地方保护"三个显变量正向影响城乡经济不平衡。由此可知，缩小政府规模一定程度上加剧了城乡经济不平衡，扩大了城乡经济差距。地方政府规模一般用政府部门就业人员和地方财政支出水平衡量，反映政府介入经济社会的程度和能力。自改革以来，政府更加

---

① EFA 指探索性因子分析。

注重对市场机制的运用，中央与地方政府、政府与居民之间的治理结构经历了从管制、放权再到互动的特征事实。产权与所有制改革，以及社会主义市场经济体制的建立，促使地方政府不再对经济活动进行全方位控制，而是逐渐转向以政策引导的方式介入经济活动，与市场机制共同决定着城乡两部门间资源和利益的分配方式。地方政府根据自身治理能力对城乡两部门经济发展发挥调节作用，其中财政支出作为政府部门消费体现，对地方经济社会影响颇深，如有关基本公共设施建设拨款，农林事务的财政支持，以及科教文卫事业的支出等。地方政府财政支出的影响不仅反映在总量上，也对财政支出结构带来影响。比如，地方政府在经济建设中城镇化偏向的"筑巢引凤"行为，可能会进一步拉大城乡差距；而兼顾乡镇和农村地区的公共财政政策与产业扶持机制，则有利于城乡经济协调发展。地方政府规模缩小意味着经济治理能力的相对弱化，经济政策的干预能力有所降低。在缺乏替代性治理工具的情形下，地方政府规模缩小可能会因降低支农力度，而导致城乡经济不平衡程度加深。据此，不应过于强调政府权力的简单退出，而应更好发挥政府在治理中的作用。

从"减少商品市场上的地方保护""要素市场发育"两个变量系数估计结果看，要素市场的发育程度和地方市场进一步开放，均能加剧城乡经济不平衡。"减少商品市场上的地方保护"指标，主要用地方保护性措施和市场准入限制情况来衡量地方市场壁垒，反映各区域市场竞争程度。短期来看，地方性保护举措如限制性准入政策或差别化市场监管等，抑制了外来企业进入数量，提高了市场流通准入门槛，有利于保护本地竞争力不强的低端行业，给予其充足的发展时间与空间。但长此以往，政府干预会使本地保护性行业缺乏竞争压力，生产和流通能力难以得到市场检验，不利于自身能力的发展。减少地方政府对本地企业的保护性手段，从优化企业经营管理结构与战略意识角度调整激励与约束机制，能有效激发本地行业的内生动力，促使其使用先进的技术与管理知识，实现区域产业结构高级化。伴随产业结构高级化带来的生产部门重组，城市经济规模开始扩大，产业结构变动的就业效应凸显，劳动力需求结构发生相应变化，且变化率快于劳动者人力资本的提升速度。由于大量的农村劳动者很难短时间提高知识技能水平和管理能力，这部分群体跨部门流动性较弱，而非农部门就业又是城市经济带动农村劳动力增收的重要渠道，因此产业结构的高级化，一定程度上可能拉大城乡收入差距。

表 3-14　结构方程模型参数估计结果

模型	潜变量/因变量	显变量/自变量	估计系数	标准误	Z 值	P>|z|	R^2
测量模型	要素市场发育	金融业的竞争	1.000	—	—	—	0.283
		信贷资金分配的市场化	2.343	0.211	11.090	0.000 ***	0.543
		人力资源供应条件	0.856	0.095	9.025	0.000 ***	0.213
		技术成果市场化	0.668	0.149	4.493	0.000 ***	0.057
测量模型	产权保护和市场机制完善程度	律师、会计师、技术服务等市场中介组织服务条件	1.000	—	—	—	0.622
		行业协会对企业的帮助程度	1.107	0.055	20.306	0.000 ***	0.657
		维护市场的法治环境	0.588	0.058	10.079	0.000 ***	0.415
		知识产权保护	5.249	0.539	9.735	0.000 ***	0.534
	城乡经济不平衡	城乡家庭恩格尔系数比	1.000	—	—	—	0.410
		城乡人均可支配收入比	5.479	0.358	15.285	0.000 ***	0.768
		城乡人均消费比	5.919	0.761	7.779	0.000 ***	0.704
		城乡人均社会固定资产投资比	-102.908	13.090	-7.861	0.000 ***	0.095
结构模型	城乡经济不平衡	要素市场发育	0.052	0.009	5.555	0.000 ***	0.382
		产权保护和市场机制完善程度	-0.018	0.004	-4.467	0.000 ***	0.480
		市场分配经济资源的比重	-0.008	0.003	-2.556	0.011 **	—
		减少政府对企业的干预	-0.003	0.003	-1.087	0.277	—
		缩小政府规模	0.004	0.002	2.320	0.020 **	—
		非国有经济在工业企业主营业务收入中所占比例	-0.009	0.002	-3.943	0.000 ***	—
		非国有经济在全社会固定资产总投资中所占比例	-0.006	0.001	-4.714	0.000 ***	—
		非国有经济占城镇就业人数的比例	-0.008	0.001	-5.795	0.000 ***	—
		价格由市场决定的程度	-0.005	0.002	-3.083	0.002 ***	—
		减少商品市场上的地方保护	0.003	0.002	1.723	0.085 *	—

表3-14(续)

模型	潜变量/因变量	显变量/自变量	估计系数	标准误	Z值	P>|z|	R^2
结构模型	要素市场发育	市场分配经济资源的比重	-0.067	0.055	-1.214	0.225	—
		减少政府对企业的干预	0.332	0.034	9.669	0.000 ***	—
		缩小政府规模	0.013	0.057	0.230	0.818	—
	产权保护和市场机制完善程度	市场分配经济资源的比重	-0.251	0.035	-7.104	0.000	
		减少政府对企业的干预	0.577	0.047	12.271	0.000 ***	
		缩小政府规模	-0.115	0.056	-2.047	0.041 **	
拟合指标		LR：χ_{st}^2（137）= 3 790.704，p=0.000，χ_{ro}^2（137）= 1 622.247，p=0.000 RMSEA=0.230；CFI=0.404；NFI=0.398；IFI=0.407					

注：1. N=502，估计方法：MLMV，非标准化系数。

2. 表中各变量估计系数为非标准化系数，估计系数取值为1表明该测量指标因子载荷被默认设定为1。P值上角标 ***、**、* 分别表示在1%、5%和10%显著水平上具有统计意义。χ_{st}^2表示标准估计卡方检验，χ_{ro}^2表示稳健估计卡方检验。

潜变量"要素市场发育"回归估计系数为正，说明要素市场发育程度提升对城乡经济不平衡具有促进作用。"要素市场发育"综合指数，由"金融业的市场化""人力资源供应条件""技术成果市场化"三个正向分项指标测度得到，可见以上指标对应的金融市场、人力资源市场和技术交易市场发展，对城乡经济不平衡均存在显著正向影响。

首先，金融市场发展表现出来的城乡不平衡效应，可能同农村地区存在的金融抑制有关。城乡信贷市场发展的不平衡，以及农村正规信贷渠道的利用率低，是农村信贷约束的重要诱因。正规信贷在贷款规模和风险等方面，优于依靠熟人社会实现的非正规信贷，但在审批手续履行、利息缴付以及担保方式等方面更为严格，因此农村居民信贷需求的实际满足面临更多困难。信贷约束使得农村居民无论在个体生产经营，还是住房、医疗等消费领域，均可能面临资金短缺，进而影响个体或家庭福祉，也加重城乡经济关系的不平衡发展。

其次，人力资源市场的发育和完善，对劳动力供给状况具有直接影响。人力资源供应条件对技术、管理和熟练工人供应情况进行衡量，反映的是具有较高人力资本的劳动力供给水平。它对城乡经济不平衡的促进作用，可能是由于城乡在就业机会、公共品供给等方面存在较大差距①，高技能劳动者会在城乡之间进行选择性迁移②，城市部门人才集聚效应明显，而农村技能人才缺乏，进而降低农村人均产出水平。只有当城乡公共基础设施等实现基本均等，产业布局基本合理，农村人才引进机制得以优化时，才可能使城乡就业机会成本趋同③，弱化城乡人力资源供应条件的差别化特征。

最后，技术成果市场化程度提高对城乡经济不平衡具有促进作用，这可能是因为技术成果市场发展内在的城镇偏向特征使然。城市部门以工商业为主，商品和服务种类繁多且更新较快，专利申请类别由发明专利、实用新型专利和外观设计专利构成，从规模和效率上更容易实现商业价值。农村部门以农业为主，农业专利以发明专利和植物新品种权为主，不仅种类较少，而且新品种培育、新技术研发周期长，模仿成本低，农业生产的田间公示性也使保密难度增大。此外，分散式小农经营也给农业专利使用、推广和保护带来困难。这些原因造成农业技术产权实施转化率相对较低，故而技术市场发展对农村经济拉动作用不大。

进一步可知，在城乡经济治理中"政府失灵""市场失灵"也可能存在。一方面，"政府失灵"可能源自地方政府改革和调整中，财政机制与制度供给的有效性不足，或者单方面追求政府干预的退出，而忽视了配套机制的完善，同样可能对城乡收入分配形成负面影响。比如，削弱地方企业保护壁垒，能够为形成区域间统一市场提供良好环境，但如果忽视劳动力供求平衡与就业结构升级等问题，也会对农村人力资本和收入水平提升形成阻碍。另一方面，城乡失衡在市场化条件下总体趋势呈现扩大化。究其原因，城乡经济差距在改革初期本已存在，市场体制下经济活动与要素配置更多集中于城市，这与规模经济和要素相对报酬有关，工商业集聚在城镇化中创造了巨大价值，还抬高了发展农业的机

---

① 林锦鸿. 免费义务教育政策与城乡教育差距 [J]. 中国农村观察，2021（3）：128-144.

② 邢春冰. 教育扩展、迁移与城乡教育差距：以大学扩招为例 [J]. 经济学（季刊），2014，13（1）：207-232.

③ 黄小明. 收入差距、农村人力资本深化与城乡融合 [J]. 经济学家，2014（1）：84-91.

会成本，市场的自发机制在缩小城乡差距上是近乎失灵的。

表 3-14 的其余结果显示，市场化改革在产权保护和市场机制完善程度等七个方面，并不存在"政府失灵"或"市场失灵"现象，这说明市场化改革对缩小城乡差距发挥了积极作用。"减少政府对企业的干预"一项影响系数为负，这可能是因为减少政府干预后企业的发展，特别是农村地区民营企业的发展，对农村地区财政收入、经济增长以及居民就业有着正向影响。统计结果显示其并未通过至少 10% 的显著性检验，可能是因为政府减少企业干预对城乡经济的影响表现为间接作用，因而加入其他市场化改革有关变量后不再显著。由于表 3-14 中呈现的是非标准化系数，以上促进城乡经济平衡化发展的市场化改革因素无法进行横向比较，为更好地识别市场化改革影响作用的内部结构特征，这里引入标准化系数对各因素影响效应大小进行简单对比。

（二）市场化改革治理效应相对差异识别

图 3-32 展示了使用标准化系数估计的影响作用，在市场化改革的各因素中，要素市场发育带来的影响作用最大。变量"要素市场发育"增加 1 个标准单位，"城乡经济不平衡"增加 0.854 个标准单位。与要素市场发育相比，缩小政府规模和减少商品市场上的地方保护，对城乡经济不平衡的影响作用相对较小。变量"缩小政府规模"增加 1 个标准单位，"城乡经济不平衡"增加 0.103 个标准单位。变量"减少商品市场上的地方保护"增加 1 个标准单位，"城乡经济不平衡"增加 0.066 个标准单位。简单对比影响系数可发现，要素市场发育对城乡经济不平衡的影响作用远大于另外两类市场化改革因素，其影响作用约为缩小政府规模影响作用的 8.29 倍，约为减少商品市场上地方保护影响作用的 12.94 倍。

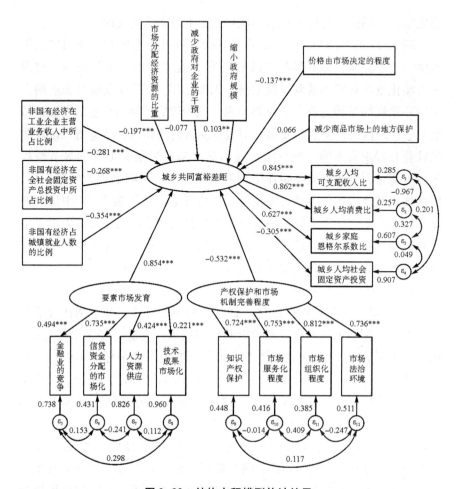

图 3-32　结构方程模型估计结果

（注：估计方法为 MLMV；估计系数为标准化系数；

*** 、** 分别表示在 1%、5% 水平上显著）

　　这进一步说明，城乡经济不平衡更多是要素市场发育过程中"市场失灵"所致，包括金融信贷市场、人力资源市场以及技术成果交易市场发展提高了城乡不平衡程度，政府治理的缺位与监管机制不完善也是可能的原因。①缩小政府规模和减少商品市场上的地方保护两者的影响作用较为接近，前者约为后者的 1.56 倍，说明政府经济干预的能力下降，可能更为直接地导致了农村经济发展的相对滞后。根据城乡发展的一般规律可知，工业化城镇化中后期城市部门应更多支持农村的生产发展。②资源配置、收入分配与社会福利保障方面，政府同样发挥着极为重要的作用，也可与市场机制互相补充，因此需引进配套的改革政策，确保农村部门在生产、分配与政策等方面获取治理支持。商品市场上的地方保护影响作用最小，且回归系数不显著，说明尽管地方政府采取竞争性产业发展政策，可能因劳动力市场摩擦而影响城乡劳动者收入分配，但其主要体现也为间接作用。③改革开放时期，区域间劳动力流动相对过去更为自由，且公共交通基础设施的大规模建设，也为部分有条件的农村劳动力提供了"用脚投票"的现实基础，那些不适应就业结构调整的农村劳动力，能够通过跨区域流动实现就业的供求匹配，从而在部分地区出现长距离的劳动者"候鸟式"迁移现象。

第四章　显微镜下的城乡：
一个"三位一体"的视角

唯物辩证法认为，不平衡与平衡是对立的统一，是事物矛盾运动的两种状态。在平衡中存在着不平衡的因素，在不平衡中存在着平衡的因素，二者在一定条件下又相互转化。并且，不平衡是绝对的，而平衡是相对的。就不平衡而言，在学科语境中一般表述为"非均衡""非稳态""不平等"等，它体现在经济、政治、文化以及社会等诸多领域，诸如宏观上的比例关系不合理、包容性不足、可持续性不够，以及微观上人与人在社会关系中的不平等等方面。显而易见，经济不平衡是不平衡的重要方面，各方面的不平衡也离不开经济不平衡的揭示。

本章基于马克思主义社会基本矛盾理论，论述城乡经济在生产力、生产关系和上层建筑等三个层面上的不平衡，分析城乡要素配置和分布的不平衡、城乡产权与市场交易制度的不平衡、城乡经济体制和治理机制的不平衡，进一步具体构建起"生产要素不平衡—产权制度不平衡—治理机制不平衡"的分析框架，并阐明其中的辩证互动关系，从一个整体性、制度性的视角解析城乡经济不平衡的内在逻辑。

第一节 揭开理论"迷雾"

一、马克思主义社会基本矛盾理论

马克思主义认为，生产力与生产关系、经济基础与上层建筑的辩证关系，是推动人类社会发展的"自然历史过程"的两对基本矛盾。其中，生产力是人类社会存在和发展的基础，生产力与生产关系的矛盾运动在基本矛盾中具有主导地位。

具体言之，生产力和生产关系是对立统一的矛盾体，生产力决定了一定社会的发展阶段或具体技术组织形态，而特定社会阶段或者说"共同活动方式"本身就是一种"生产力"①。也就是说，生产力的发展往往通过人们的"共同活动方式"表现出来，绝不可能独立地存在。同时，生产发展和经济交换的历史又决定着"人类的历史"的走向，即生产力水平高低对社会发展状况起决定作用。作为最活跃和革命性的因素，生产力对生产关系有着重要影响作用，是生产力和生产关系这对矛盾的主要方面。具体来看：一方面，生产力发展水平的高低直接决定了社会生产关系以怎样的形式呈现，同时也决定了其性质和特征属性。马克思形象地指出了，以"手推磨"生产工具为代表的生产力，生出的是以"封建主"为代表的封建社会关系，而以"蒸汽机"生产工具为代表的生产力，生出的则是以"工业资本家"为代表的资本主义社会关系②。生产力的发展要求也决定着生产关系变革的需要。当逐渐出现生产关系已无法同生产力相适应的情形时，生产关系将进行部分调整以更好地适应当时生产力的发展状况。一旦生产力水平得到更进一步的提高，就有可能导致生产关系发生彻底的变革，从而形成一种更为先进的生产关系，形成新旧生产关系的更迭。另一方面，生产力和生产关系两者的辩证关系同样也表现为生产关系对生产力的能动作用。与生产力相

① 马克思，恩格斯. 马克思恩格斯选集：第 1 卷 [M]. 北京：人民出版社，2012：160.
② 马克思，恩格斯. 马克思恩格斯选集：第 1 卷 [M]. 北京：人民出版社，2012：222.

适应的生产关系，能够调动生产组织中人与物结合的积极因素，释放出潜在的生产力，为生产力进一步发展提供空间，反之则对生产力发展起阻碍的作用。

根据物质第一性的唯物主义原理，经济基础对上层建筑的作用是决定性的，上层建筑中一切的思想、政治和法律等因素都能在经济基础上追寻根源。经济基础决定了上层建筑的性质和发展变化趋势，而上层建筑对经济基础具有反作用。上层建筑总是服务于有利于自身发展的经济基础，消除与自身不相适应的旧的经济基础、意识形态和习俗制度。类似地，上层建筑和经济基础之间的矛盾运动，蕴含了上层建筑必须适应经济基础性质、水平和进一步发展需要的客观规律。只有与经济基础相适应的上层建筑才能继续存在和巩固，否则就会失去存在必要性和动力来源，历史发展终将把不能与经济基础适应的上层建筑淘汰。

与此同时，生产力和生产关系、经济基础和上层建筑这一对矛盾运动本身有着内在联系，如果上层建筑为之服务的经济基础是不适应于生产力发展状况的，生产力发展水平则可以通过对经济基础的决定性作用，间接影响政治思想的形成和法律制度的建构等上层建筑内容。把握两对矛盾运动各自的规律以及相互联系，有利于更好地进行解放和发展生产力。

从社会基本矛盾理论的研究与实践上看，社会基本矛盾与社会主要矛盾之间是矛盾的普遍性与特殊性的关系。社会矛盾的普遍性即社会基本矛盾贯穿整个社会发展历史进程；特殊性即不同社会形态中社会矛盾，总是表现为在这个社会形态占主导地位的主要矛盾，指影响或规定其他各矛盾关系的存在与发展的矛盾[1]。社会基本矛盾是社会主要矛盾之所以产生的根源，后者则是社会基本矛盾的具体表现形式，社会主要矛盾是社会基本矛盾的特殊化。

由于社会基本矛盾与社会主要矛盾的辩证关系，可以把马克思主义社会基本矛盾理论运用于对特定的具体的社会主要矛盾的分析。党的二十大报告指出，我国社会主要矛盾是人民日益增长的美好生活需要和不平衡不充分的发展之间的矛盾。这个社会主要矛盾正是社会基本矛盾在

---

[1]　毛泽东. 毛泽东选集：第 1 卷 [M]. 北京：人民出版社，1991：320.

我国现阶段的具体表现，同时，城乡经济不平衡作为社会主要矛盾中不平衡不充分的发展的突出方面，毋庸置疑也是根源于社会基本矛盾之中的。但对社会基本矛盾与社会主要矛盾辩证性的应用，还必须结合具体的论域进行理论建构。本书正是基于社会基本矛盾的核心范畴，把生产力—生产关系、经济基础—上层建筑具体化到城乡经济不平衡的实际论域，从更具体层面提炼出生产要素—产权制度—治理机制等概念，重点研究城乡经济关系或城乡产权关系，以及与之辩证相关的生产力和上层建筑的矛盾运动，从而把理论分析框架建构在马克思主义社会基本矛盾理论之上，并进一步阐释和运用"要素—产权""制度—治理""产权—治理"等更加具体的分析角度，可以从不同侧面深化对城乡经济不平衡的具体分析，并形成一个具有整体性和辩证性的理论框架。这些概念和理论框架无一例外都是深植于马克思主义社会基本矛盾理论的。

二、城乡关系理论

马克思主义认为，城乡经济关系分离与对立的根源在于社会生产力发展及与之相伴随的分工体系演化，注重对城乡经济关系演变的历史规律与发展趋势的把握。随着社会劳动分化为非农劳动与农业劳动①，而生产和生活场所存在关联，出现非农劳动聚集地与农业劳动聚集地的区隔，最终形成城市与农村两个不同区域。城乡分离与对立的趋势由此形成，并且由于城市是社会发展的主要动力来源，城乡经济发展速度存在差异②，在社会生产力达到能使全体成员经济社会地位平等之前，城乡对立将一直存在③。在工业化时代，城市乡村化不再是城乡结构变动的主要特征，大工业时代背景下乡村城镇化成为经济社会变迁的主旋律④。

在资本主义生产方式下，城乡对于经济社会而言有着深重的灾难，

---

① 马克思，恩格斯. 马克思恩格斯选集：第 1 卷 [M]. 北京：人民出版社，2012：147-148.

② 列宁. 列宁全集：第 19 卷 [M]. 北京：人民出版社，1959：264.

③ 吴学凡. 简论列宁的城乡差别思想 [J]. 理论探索，2008（3）：45-47.

④ 马克思，恩格斯. 马克思恩格斯全集：第 46 卷（上册）[M]. 北京：人民出版社，1979：480.

城市部门成为贫穷和慢性疾病的发源地，农业部门则面临土地持久肥力被破坏的局面①。虽然马克思主义肯定城乡对立有其积极的一面，即城乡对立实际上是野蛮时代向文明时代转变、部落制度朝向国家制度过渡，以及狭隘地域性向民族性蜕变的必然过程②，城乡对立正日益成为社会生产力进一步发展的桎梏。

对此，马克思主义城乡关系理论提出将农业发展与工业发展相结合③，即对落后农业部门进行现代化改造，以及消灭私有制、农业合作化生产、合理布局全国范围内的大工业等，并对未来城乡对立局面消灭后的经济社会状况进行科学展望，如城乡对立彻底消灭后，与之相关的阶级也将随之消亡，不同生产部门劳动者不再有阶级利益对立，从而实现所有劳动者发展成果共享④。

根据马克思主义城乡关系理论，在实践指向上要立足现实，吸收国外先进经验的做法，从我国禀赋结构、文化传统、制度体制等现实状况出发，借鉴其他发达国家过去城镇化的经验，实现城乡一体化到融合。要注重区域和产业间协同发展，形成以工促农、以城带乡、工农互惠和城乡一体的新型工农城乡关系，其中最重要的是把城乡视为一个整体谋篇布局，以提高统筹城乡的效率⑤。

亚当·斯密在《国富论》里论证了城乡关系演进过程，概括梳理了制度、文化与地理等因素对城乡关系的影响，指出城市发展要"按照乡村耕作及改良事业发展比例而增长扩大"⑥。杜能在《孤立国同农业和国民经济的关系》中指出，城乡经济平衡发展需以工农产品互换为基础，即不同产业部门在城乡之间应合理布局⑦。刘易斯在《劳动力无限供给条件下的经济发展》中指出，发展中国家存在着传统农业和现代工商业两种经济部门，由于传统农业部门边际生产率可能为零或负数，劳

① 马克思，恩格斯. 马克思恩格斯选集：第1卷 [M]. 北京：人民出版社，2012：525.
② 马克思，恩格斯. 马克思恩格斯选集：第1卷 [M]. 北京：人民出版社，2012：184.
③ 马克思，恩格斯. 马克思恩格斯选集：第1卷 [M]. 北京：人民出版社，2012：422.
④ 马克思，恩格斯. 马克思恩格斯选集：第3卷 [M]. 北京：人民出版社，2012：684.
⑤ 蒋永穆，赵苏丹，周宇晗. 习近平城乡发展一体化思想探析 [J]. 政治经济学评论，2016，7 (5)：111-125.
⑥ 斯密. 国富论 [M]. 郭大力，王亚南，译. 北京：商务印书馆，2015.
⑦ 杜能. 孤立国同农业和国民经济的关系 [M]. 北京：商务印书馆，2009.

动者在最低工资水平上存在着劳动力的无限供给，农村部门劳动力工资主要由总产量与劳动力数量决定。如果城市部门工资水平稳定在农村部门工资水平之上且不至于发生太大变化，那么农村过剩劳动力将不断向城市转移。而加快城市经济发展，有利于尽快跨越城乡经济不平衡阶段，释放农村部门剩余劳动力，当城乡部门边际生产率持平时，农村部门劳动力将获得相对较高的工资水平，最终提高全体劳动者福祉[1]。拉尼斯和费景汉在刘易斯二元结构模型基础上进一步拓展，提出城乡二元经济结构转化的三个要求：农业部门产品供给必须同工业化步伐一致；非农部门扩张速度必须同农业部门剩余劳动力向外转移的速度相一致；非农部门吸收的剩余劳动力必须具备参与非农部门有关工作任务的基本技能[2]。托达罗模型则从另一个角度分析了城乡二元经济结构的转化过程，与前两个经典模型一致的是，该模型主要也从农业部门劳动力转移的角度阐释城乡二元经济结构转化。不同之处在于，托达罗模型认为，促使农业部门劳动力向外转移的是人们关于城乡部门之间工资收入差异的预期，因为不管是农业部门生产剩余还是非农部门扩张速度，最终都会反映在人口流动的预期上，正是对于城乡两部门的工资水平差异之预期，导致了两部门劳动力迁移或流动的发生。也正因为如此，即便当城市失业率较高，但不足以使得预期部门工资差异为零时，仍然可能存在大量的农业部门人口流入，所以启示在于不应一味进行城镇化发展，应注重农业部门和农村经济社会的发展，由此实现城乡经济平衡[3]。

城乡二元结构是发展经济学关注的经典问题，刘易斯—费景汉—拉尼斯模型以发展中国家存在城乡两部门之间的经济对立作为既定条件，将农村剩余劳动力的非农化转移视为城乡关系转变的核心机制。这对于我国的城乡发展具有一定启示，但需要明确的是，理论分析是基于一定的前提假设，而该模型的部分前提与中国自身特征并不完全一致，即隐

① LEWIS W A. Economic development with unlimited supplies of labour [J]. The Manchester School of Economic and Social Studies 1954, 22 (2): 139-191.

② RANIS G, FEI J C. A theory of economic development. [J]. American Economic Review, 1961, 51 (4): 533-565.

③ HARRIS J R, TODARO M P. Migration, unemployment & development: a two-sector analysis [J]. American Economic Review, 1970, 60 (1): 126-142.

含地假设城乡经济失衡导源于要素禀赋条件、劳动力职业转换和身份同步转换，以及城乡要素市场有效率，这与我国城乡实践状态并不一致①。从我国实际看，当前仍处于市场化改革和经济体制转型进程中，要素的市场化程度还落后于商品的市场化程度，这构成了我国现实的制度环境和条件。阐释中国城乡经济关系，不能照搬西方世界的二元结构理论，特别是要从马克思主义城乡关系理论出发，辩证地、历史地和具体地看待城乡关系的一般规律与现实发展，立足于本土化特征进行批判、借鉴与吸收，形成契合于中国特色的城乡关系分析范式与理论框架。

三、产权与制度变迁理论

关于马克思主义产权理论的基本观点，包括：①在产权的本质问题上，它是生产关系的法律表现。其中，产权自身所体现的"经济关系"是内容，"法律关系"是形式。马克思关于产权的研究，重点关注的是经济关系（生产关系），而不是法律层面（上层建筑）的产权关系。进一步地，马克思认为，"对财产关系的总和，不是从它们的法律表现上即作为意志关系来把握，而是从它们的现实形态上即作为生产关系来把握"②，即产权如果没有经济体现，而仅仅停留在法律归属层面，那是毫无意义的。②在马克思的产权思想中，产权的演进是一个有机的动态过程，演进动力源自社会基本矛盾的推动。马克思运用唯物史观的基本方法，对资本主义以前的财产的历史形态以及资本主义自身的财产形式进行历史分析，揭示了财产和财产权是"具有某种历史，采取各种不同的形式"③。在"生产力—生产关系（经济基础）—上层建筑"的基本矛盾推动下，社会的产权形式是"由原始社会公有产权制度到奴隶社会私有产权制度、封建社会私有产权制度，再到资本主义私有产权制度和社会主义公有产权制度的演进"④。其中包括三个要点，分别是：产权

---

① 高帆. 从割裂到融合 [M]. 上海：复旦大学出版社，2019.

② 马克思，恩格斯. 马克思恩格斯选集：第3卷 [M]. 北京：人民出版社，2012：14.

③ 马克思，恩格斯. 马克思恩格斯选集：第1卷 [M]. 北京：人民出版社，2012：167.

④ 武建奇. 马克思的产权思想 [M]. 北京：中国社会科学出版社，2008：125.

起源是产权得以演进的起点，产权的界定构成了产权演进的内容，以及产权运动的价值论根基是马克思劳动价值论。③产权的统一与分离反映了效率与公平的权衡。在马克思的产权思想中，不仅包含对各个不同社会形态的基本产权的研究，还包含了对特定所有制内部具体产权的权能结构的考察，涉及所有权、占有权、支配权、使用权和经营权等一系列权利。产权不是单一的权利，既有统一的状态（全归同一主体），又有分离的情形（分属不同主体）。

在对资本主义生产力与生产关系矛盾运动的考察中，马克思通过对财产和财产权利的历史分析表明，产权在本质上是讲究效率的，或者说产权自身就表示一种效率产权，对应的产权安排其实就是效率要求的结果。而且，在马克思主义产权理论中，效率与公平具有内在的统一性，这可以从马克思关于计时工资与计件工资的阐述中窥见一斑①。

马克思主义认为，生产关系的总和构成相对于政治和法律等上层建筑和意识形态而言的经济基础，也就是"经济结构"②或"经济制度"③。它是人们在生产中因共同的目标结成的关系之具体呈现，由此制度结构及其发展变化受生产力所决定。制度的价值在于对人们利益的确证，而非控制和约束人们的行为，制度本身包含了对经济和社会正义的认同。马克思主义的制度观侧重于制度内部各元素之间的相互关系与作用机制：经济制度由生产资料所有制、置身于其中的人们的地位高低，以及由此形成的人与人相互关系（产品分配和交换）所组成。经济制度的作用贯穿于生产、分配、交换和消费四个环节④，这四个环节的辩证统一关系即经济制度的外延。在构成上，经济制度主要包括生产资料所有制、分配制度和经济体制等方面内容，党的十九届四中全会关于我国基本经济制度的新概括是对马克思主义制度理论的坚持和发展⑤。

---

① 马克思. 资本论：第1卷［M］. 北京：人民出版社，2004：623-643.
② 马克思，恩格斯. 马克思恩格斯选集：第2卷［M］. 北京：人民出版社，2012：2.
③ 列宁. 列宁选集：第2卷［M］. 北京：人民出版社，1995：311.
④ 马克思，恩格斯. 马克思恩格斯选集：第2卷［M］. 北京：人民出版社，2012：699.
⑤ 党的十九届四中全会指出，公有制为主体、多种所有制经济共同发展，按劳分配为主体、多种分配方式并存，社会主义市场经济体制等是我国社会主义基本经济制度。

　　唯物史观将人类社会制度变迁视为人们之间形成的物质联系，不断以新的进步形式呈现的历史性过程，取决于所处时期的生产方式以及人们的需要。这里所谓"需要"，主要是指人们为了生产自身及其后代的生命，通过一定的生产方式开展生产活动的需要①，包括物质和精神两个方面的需要②。制度变迁的根本动力，一方面是劳动生产的发展，另一方面是人们基于自身利益和与他人的利益所进行的一系列合意行为之结果，其背后也是社会基本矛盾运动的重要体现。

　　新制度经济学认为，从产权的角度看，与一定所有制相联系的产权本质上是一种社会工具，所谓产权就是指一组界定了人们利益如何分配的权利，目的在于确定经济品的使用，通过将社会中人与人的利益按照一定规则分配来实现③。德姆塞茨④提出了一个包含内生与外生两种情形的所有制分析框架来研究产权：在外生情形中，关注所有者特征、所有制残缺以及所有制规范三个方面；在内生情形中，关注个体或集体行动配置资源时所有制是如何发挥作用的，此时所有制不再表现为一种外生力量，其作用的发挥取决于经济活动中的个体或集体如何行动。产权规则通常由一定时期社会的共同体内部道德评价、风俗习惯以及法律制度予以认定，产权的功能在于对利益受损方进行相应补偿，对所获利益超出权利范围的一方进行惩罚，从而引导和激励人们将外部性内部化，即通过权利交易的方式把活动中导致的成本或收益内部化。并且，通常只要允许权利交换的存在，且交易成本为零或可以忽略不计，那么无论产权如何配置的，与权利交换有关的不同群体组合都是有效的，也就是对组合中的每个个体而言都能在权利受损时得到补偿，或者在争取某个权利时补偿他人，因为产权制度允许"产权束交换"。

　　产权制度运行的前提是权利边界的明晰，这有利于实现效率最大化的资源配置及其使用，进而能够减少不确定性。任何产权变动都会影响

---

　　① 马克思，恩格斯. 德意志意识形态（节选本）[M]. 北京：人民出版社，2003：25.

　　② 马克思，恩格斯. 德意志意识形态（节选本）[M]. 北京：人民出版社，2003：27.

　　③ HAROLD D. Towards a theory of property rights [J]. American Economic Review, 1967, 57（2）：347-359.

　　④ HAROLD D. Ownership, control, and the firm [M]. Oxford：Blackwell Ltd, 1988：12-28.

到交换的预期、资产价值以及交易方式，权利的效力可以被预期就意味着产权总是存在一定边界和限制的。产权实际上规定了权利所有者可以从事或不能从事哪方面的活动，对个体权利行使不加限制的制度必然不涉及产权问题，因为他人因所有者对某事物的权利行使而遭受的损失，就等同于行使这种权利带来的成本①。产权的有限性体现在与某个产权相联系的资产或权益的形式、位置或性质，以及让渡的价值等都受到国家法律制度的约束，以至于当一国的政治集团估计产权安排变动的收益，可能会远大于执行和监督机制变动带来的成本时，就可能通过制度供给来进行产权制度的变革②。

从功能主义的划分看，制度变迁分为实施主体、实施对象以及具体的实施手段③。制度变迁的实施主体包括初级行动团体和次级行动团体，前者是新制度建构的直接推动者，后者是协同初级行动团体完成制度变迁并对新制度的维持提供帮助，如果这些行动具有法律效力，那么制度变迁的收益将在两类行动团体中进行分配。制度变迁还必须考虑可能存在的制度关联，或是一系列制度安排构成的制度环境，因为一定时期内经济社会的生产、分配和交换等关系置于不止一个制度安排的影响力中，某个或多个制度变迁必须能和其他尚未变迁的制度安排保持协调一致，否则可能会导致高昂的社会成本。与制度变迁有关的具体实施手段或是制度装置，要么直接地是法律权力的强制性表现，要么是法律权力约束的对象，这取决于具体的法律规则和制度变迁内容。

四、关于治理的理论

过去形成的制度对现实的影响，在矛盾与发展过程中总是面临制度性障碍的潜在约束，而这不能靠制度本身自发地消除，因此相应的治理成为必要。治理是使相互冲突或不同利益得以调和并且采取行动的持续

---

① COASE R. The problem of social cost [J]. Law Econ, 1960 (3): 1-44.

② FURUBOTN E G, PEJOVICH S. Property rights and the behavior of the firm in a socialist state: the example of Yugoslavia [J]. Zeitschrift für Nationalökonomie/Journal of Economics, 1970 (30): 431-454.

③ LANCE D, NORTH D C. Institutional change and american economic growth [J]. Journal of Economic History, 1972, 30 (1): 131-149.

过程，内在地包含了对制度和利益的调整与矫正。

关于治理，春秋战国时期诸子百家已有关于"治国理政"的思想。儒家强调治理应施行"仁政"，《孟子》有言"君施教以治理之"，把实行"德礼教化"作为基本的治理方式。道家强调以"无为而治""道法自然"作为治理的准则，《老子注》中论及"天地任自然，无为无造，万物自相治理"，人为的干预反而有碍于治理。法家的治理原则是以法为本，宣言"依法治国""废私立公"，《韩非子·制分》论及"夫治法之至明者，任数不任人。是以有术之国，不用誉则毋适，境内必治，任数也"等。

现代治理于 20 世纪 90 年代在全球范围逐渐兴起，基本含义主要是政府、市场、社会互动的过程。世界银行针对发展中国家的援建项目无法发挥应有的效益而提出"治理危机"的概念，并于 1992 年对治理做了政治学层面的解释，即"运用权力对国家经济和社会资源进行管理的一种方式，其权力主体不仅有各种政府组织，还包括各种非政府组织以及私人企业和社会公众等各种利益相关者"①。新公共管理理论以现代经济学和治理思想为基础，主张运用市场化机制提供公共产品和服务，核心理念是以市场为取向、重塑政府与公众的关系，在公共部门广泛采用私营部门的管理方法和竞争机制，并由重视效率转而重视服务质量和顾客满意度，从上而下的控制转向争取成员的认同，以及争取对组织使命和工作绩效的认同②。随着公共问题的复杂化，西方发达国家开始了一场从"统治"到"治理"的广泛变革，强调私营机构、非营利组织和各类公民组织的作用。与政府统治相比，治理的内涵更加丰富，它既包括政府机制，也包括非正式的、非政府的机制，如必要的公共权威、管理规则、治理机制和治理方式。在治理的运作中，不同组织与个人之间相互依赖、相互作用并且平等协商，将信任以及合作作为治理组织中的核心机制。

在威廉姆森的交易成本理论中，针对不同的交易关系会形成不同的契约关系，也会形成多样化的契约治理结构。由于交易当事人有限理性

① 沈荣华，金海龙. 地方政府治理 [M]. 北京：社会科学文献出版社，2006：35.
② 亨利. 公共行政与公共事务 [M]. 7 版. 项龙，译. 北京：华夏出版社，2002.

和机会主义的行为特征，为避免不可预测的扰动可能造成的交易风险，需要提供一个足以支持具有成本优势的解决方案的治理结构，或者说设计一个相应的治理机制。这是一个永恒的主题，研究治理所关心的正是对契约风险的全部形式的辨别、阐释与缓解之道①。无论是契约多样性本身，还是这种多样性关系的治理选择，都强调各方的适应性，以充分认识和分析交易潜在冲突产生的因素和对契约关系治理结构的选择，并提供有效的治理方案。

治理也是构成诺思所定义制度的基本要素，治理、激励与社会规范共同构成约束人们互动行为的基础要件，其中治理需要政府强制力来保障实施，这实际上给出了将治理嵌入制度分析的价值所在与实现途径。进一步地，"制度就是治理机制"②。制度的治理是上层建筑的运用，而治理的制度实际是上层建筑的形成与固化，二者是紧密关联的。产权的实质是生产关系，它作为市场经济的基础性制度，本身也是一种社会工具，在对经济的治理中发挥重要作用。它既是治理的工具，也是治理的对象。作为治理对象的产权，实际是作为经济关系和利益关系的载体，本质上反映的是上层建筑对经济基础的反作用。作为治理工具的产权，实际是作为一种经济制度对生产力的解放和发展，以及对上层建筑的决定性影响和作用。

产权制度的结构配置和实施，本身也是治理所选择的工具，意味着治理权力的分配和运行，体现着整体的治理结构的需要。因此，整体治理结构是产权制度的重要基础，而治理是产权结构变动的原因，产权又是实现治理意图的工具③。对于前者，诸如阿姆拜克提出的"强力制造权利"④ 的观点，以及诺斯的"国家悖论"⑤ 等，表明国家既是界定产

---

① 威廉姆森. 治理机制 [M]. 王健，方世建，等译. 北京：中国社会科学出版社，2001.

② 威廉姆森. 治理机制 [M]. 王健，方世建，等译. 北京：中国社会科学出版社，2001.

③ 黄涛，朱悦蕈. 农村产权制度变革与乡村治理研究 [M]. 北京：商务印书馆，2018：46-47.

④ 阿姆拜克美. 实力界定权利：一个关于产权初始分配与形成的理论 [J]. 吕康宁，译. 甘肃行政学院学报，2013（6）：101-112.

⑤ 诺斯，托马斯. 西方世界的兴起 [M]. 北京：华夏出版社，2017.

权的主体也是最大的治理主体。对于后者，作为界定产权的主体，国家并不能追求理想产权形式的一劳永逸；作为治理主体，国家追求的目标是社会的稳定和发展，而社会也不是一成不变的。国家一刻也不会放弃对利益的调整，这是它的职责，通过制定涉及不同群体利益的政策实现治理目标；而产权和治理互动周期的长短，则取决于对解决必要性的认识和共识程度。因此，治理总会依形势而不断变化，治理视角下的产权也必然是不断变动的，这就注定了产权与治理注定始终是在变动中互相作用的。相对稳定的、静态的是法律或契约明确规定的特定产权，而实际中的产权界定只能是一个动态博弈的过程。经济条件总是处于不断变化中，均衡的产权界定也会随之发生变化，因为随着商品各种属性的价值不断变化，随着产权界定的测算成本与保护成本增减，人们会相应地对产权进行重新界定。在城乡经济不平衡的视域中，不难发现这种"治理性改进"的存在，作为治理的产权对农村生产力发展和乡村治理都形成一定制约，而作为产权的治理，它始终反映在农村产权制度变革的需求与进程之中。

第二节　生产力层面的结构表征

生产要素是生产力的关键组成部分。一方面，马克思指出，生产力即"生产能力及其要素的发展"①。从物质生产活动的一般规律来看，一定比例的要素初始投入以及与之相适应的科学组合是社会生产能力发挥的前提，要素配置水平高低、合理与否等都影响着社会生产力变化。另一方面，劳动过程的三要素包括劳动者、劳动资料和劳动对象，若将其进行细分，又对应于劳动力、资本、土地等生产要素，其作用在于决定着生产力的生成基础与发挥方式。从城乡经济不平衡的角度看，城乡在土地要素、资本要素、劳动力要素的生产力布局上是不平衡的，随着社会经济形态不断向前迭代演化，技术、管理、知识和数据等要素也作为重要的变量进入生产函数内部。考察原始社会、奴隶社会、封建社会

---

① 马克思，恩格斯. 马克思恩格斯选集：第2卷［M］. 北京：人民出版社，1995：587.

到早期和当代资本主义社会的发展历程，可以看到城乡经济不平衡的结构矛盾状况，与生产力水平之间有着密切关联。

城市的出现及其与农村之间的矛盾运动，是社会生产发展和制度变迁的规律性使然。具体地看，城乡对立源于城乡差别，这种差别更多来自经济上的不同。城市的起源充分说明了，生产力的发展与产业布局的差异形成了城乡在空间上和功能上的分化。马克思指出："一个民族内部的分工，首先引起工商业劳动同农业劳动的分离，从而也引起城乡的分离和城乡利益的对立。"① 马克思指出第一次社会化分工是畜牧业从农业中独立出来，第二次社会化大分工是农业和工场手工业的分立。在社会化大分工中逐渐形成了城市，也逐渐形成了城市和乡村对立的结果。对于一些作为交通枢纽或者区域中心（首都、名城）的城市，如拜占庭时期的君士坦丁堡、唐朝长安和宋朝汴京②，其陆地或海路贸易网络庞大，商业高度发达，贸易活动和文化交流频繁。以上情形中，城市经济十分繁荣，经济发达程度远超与之对应的农村地区，城乡对立关系主要源自经济水平，由此形成城市相对发达的城乡对立关系。

一般来说，城乡对立的根源在于城市和农村在经济体系分工上的不同，特别是在早期工业化背景下，城市工业部门可以形成以流水线和各司其职的工人为轴线的密集型生产组织样态，生产组织效率远高于农业生产，且具有能够改进生产工艺的工业品，还能够在城市部门内部进行交换，不断提升城市各部门工业化水平，形成产业前后向联动与跨部门分工体系升级。只有随着经济进一步向前发展，城乡之间的交往日益密切，城市部门的先进要素及其组织管理方式才可能向农村经济体系渗透与融合。

工业革命后，资本主义生产方式席卷全球。凭借工业革命率先获得先进工业技术装备的英国等国家，不仅在本国大力推行工业化进程，而且开始进行海外殖民以实现资本快速积累，将资本主义生产方式带到殖

---

① 马克思，恩格斯. 马克思恩格斯文集：第1卷 [M]. 北京：人民出版社，2009：520.
② 长安城人口唐初期（7世纪中期）约有69万人，唐中期（8世纪中期）约有69.9万人，唐后期（9世纪中期）约有70.3万人。参见：王社教. 中国古代农业生产和城乡发展研究 [M]. 北京：中国社会科学出版社，2017：286.

民地掠夺原料和物资，奴役或剥削当地居民。资本原始积累的时期，工业国家城乡对立日益尖锐。资本主义生产方式下社会财富表现为"庞大的商品堆积"①，这里主要指城市工业品，即凭借蒸汽、电力和化石能源驱动的城市部门产品，城市生产技术、设备和生产效率、市场流通能力均优于农村。城市和农村两个空间各自具有不同的生产方式，城乡对立因而愈演愈烈。因此，劳动生产率的空间差异是现代社会城乡关系对立的直接原因②。不难看出，其实践指向在于要重新规划产业分布，以促使工业所对应的那种生产力平衡地分布于各地区。生产力的平衡分布意味着区域经济的协调发展，而不平衡的生产力分布是区域经济失衡的源泉。经济相对发达的部分地区，经济产出和生产效率较高，但城乡矛盾也较为突出；经济相对落后地区，城乡二元对立虽不明显，但创造财富的能力相对低下。因而只有生产力的平衡分布，才能在保证先进生产力存在的同时，从根本上消灭城乡对立的基础，增进社会总体福利。

当前，世界经济已进入信息化全球化时代，城乡关系的走向与城市在其中的作用，由新的交通、信息科学和组织管理技术形塑③，但知识爆炸和科技突飞猛进，并不妨碍我们运用马克思主义经典理论阐述城乡经济发展的基本规律。信息时代同样应注意区域协调发展，合理布局以高端制造业、现代信息产业和高新技术产业为基础的先进生产力，避免出现部分地区经济总体发展较快但城乡差距巨大，以及部分地区因过度依赖自然资源导致产业结构转型缓慢，以及长期处于产业价值链中低端造成的经济增长乏力等现象，这些地区不仅农村贫穷落后，而且城市经济也止步不前。城乡融合特别是产业的融合，是促使城乡之间在经济、社会和生态等各个方面和谐共生的首要条件④。城乡之间的对立直观地表现为工业与农业的对立，其本质是城市居民和农村居民在经济利益上的矛盾呈现，根源是资本主义生产方式下工商业、信贷制度发展造成的

① 马克思，恩格斯. 马克思恩格斯全集：第43卷 [M]. 北京：人民出版社，2016：23.

② 恩格斯. 反杜林论 [M]. 人民出版社，1999：314.

③ SMART, ALAN, JOSEPHINE. Urbanization and the global perspective [J]. Annual Review of Anthropology, 2003 (32)：253-85.

④ 马克思，恩格斯. 马克思恩格斯全集：第20卷 [M]. 北京：人民出版社，1971：321.

城市对农村的剥削①。由此，自第一次社会大分工即城乡分工以来②，城乡经济不平衡第一次表现为城乡之间在生产力水平上的巨大差距，工业革命以来的现代生产方式冲击了传统农业，相反却促进了城市工商业部门的繁荣，赋予了城市强大的创造和积累财富能力，同时城市较高的人均收入水平和较好的营商投资环境，使城市具有相对更强的资源要素集聚能力，进而不断强化城市在政治、经济和文化方面的强势地位。不仅如此，在农业现代化水平较低的时期里，租地农民还要遭受土地所有者的剥削，从附加值本不高的农产品售卖所得利润中分出一部分价值用于交纳地租③。农村相对于城市的落后，只有随着城镇化工业化的进程不断加速才能趋于缓解和改善，即农村城镇化——空间、人口的城镇化过程④。

　　在现实条件下，城市主导下既有的社会分工体系是单向度的，城市产业和要素高度集聚，有着较高的要素生产力，源源不断汲取农村资源为其所用，还导致了传统农村的社会结构松动和社会基础"坍陷"。受分工异化或固化的困扰，农业依然处于产业链的低端，农产品依然处于供应链的末端。现实中农户缺乏组织，依然是"小、散、弱"，基本仍是以家庭为单位向市场购买社会化服务，没有议价能力，加之农业生产的季节性很强，农作时令耽误不得，使得在社会化服务的发展中农民难以享受到更大的利润，没有利益的正向带动反过来会制约农村分工的发展。目前，农村的发展仍是以农为主，所不同的就是机械使用多了，化肥、农药等要素投入多了，并未有本质的变化，这都是分工发展不足所导致农村一二三产业未能实现有效融合的表现，所以在政策和制度设计上应发挥城市在社会分工中的外溢效益，让农村、农民也能共享社会分工的成果，为农业农村的发展注入资源，实现农业的提质增效和农村的强基固本，通过城乡融合发展，实现分工的改善与分工经济的共享机

---

①　斯大林. 斯大林文选（1934—1952）（下册）［M］. 北京：人民出版社，1962：590.

②　马克思，恩格斯. 马克思恩格斯全集：第20卷［M］. 北京：人民出版社，1971：316.

③　马克思. 资本论：第3卷［M］. 北京：人民出版社，2004：707.

④　马克思，恩格斯. 马克思恩格斯全集：第46卷（上册）［M］. 北京：人民出版社，1979：480.

制，在乡村振兴的带动中破解城乡的二元结构，解决城乡发展不平衡和农村发展不充分的问题。

从具体的要素配置上看，城乡失衡表现在两个方面：一是城乡要素价值补偿的不平衡。马克思主义社会再生产理论强调，两大部类积累率的此消彼长，决定着经济体能否顺利进入平衡增长路径①。城市部门可以看作主要生产生产资料的部类，农村部门则可视为主要生产消费资料的部类，倘若城市部门生产的产品与农村部门生产的产品存在比价上的相对优势或劣势，就会导致城乡两部门中的一方出现再生产过程中的价值补偿过多或过少的情况，也就是常说的"价格剪刀差"。"价格剪刀差"通常是行政干预下市场机制有效性受到抑制的结果，不利于价值补偿过少的部类提高生产的质量和效益。二是城乡要素流动的不平衡。不平衡的要素流动将导致城乡间难以形成协调一致的要素对流体系，这主要体现在城市要素无法顺畅地进入农村，无法与"以工促农，以城带乡"的顶层设计相契合。农村要素流入城市也存在障碍，从而影响农村要素深度参与现代化城镇化建设过程，进而降低其获取更高水平报酬的可能性。

虽然如此，但城市的发展离不开农村提供的农产品和原材料，农村的发展离不开城市提供的工业品（如农机、化肥等），而且城市是从乡村的发展演变而来，即便经历过几次社会化大分工，城市与农村依然具有内在紧密的联结机制。因此，推动城乡结构性矛盾的化解是突破国内大循环梗阻的关键，加快建立体制完善、机制有效与结构优化的城乡经济循环体系，不仅有利于壮大国内市场拉动内需，也有助于增强我国经济体在全球价值链中的地位。经济循环的原动力在于，循环内部不同部类以及同一部类的不同类别资本之间的价值补偿与物质补偿关系的持续②，补偿关系意味着资本的交换与重组，最终形成决定经济循环效率和效益的关键结构。经济循环本身具有自发性和非稳定性，离不开国家

① 冯金华. 马克思的再生产理论和经济增长的性质 [J]. 上海行政学院学报，2011 (4)：4-11.

② 李帮喜，赵奕菡，冯志轩，等. 价值循环、经济结构与新发展格局：一个政治经济学的理论框架与国际比较 [J]. 经济研究，2021，56（5）：4-19.

的深度参与，包括一些发达工业国家早期对于工业化城镇化的推动，以
及对现代农业的发展规划，均是国家介入经济循环过程，以解决结构性
矛盾的通例。

第三节　生产关系层面的产权归因

分工的发展程度、水平和形式与生产力的发展水平以及生产资料的
所有制形式（生产关系）有着极大的关系。解决分工的异化或固化问
题，需要与之相匹配的生产组织形式和经营形式，需要与之相适应的生
产资料分配形式，而这些都需要相应的组织形式创新和产权制度的变
革，从而更好地配置要素资源和产品的生产、交换、分配和消费。马克
思指出："分工发展的各个不同阶段，同时也就是所有制的各种不同形
式。这就是说，分工的每一个阶段还决定个人与劳动材料、劳动工具和
劳动产品有关的相互关系。"① 城市部门具有要素集聚和技术先发优势，
随着工业技术在城市各部门广泛应用，生产力的极大进步改变了城市部
门生产劳动工作方式，促使社会分工体系不断深化，衍生出了股份制、
金融制度等新的具有复杂结构的经济制度；而农村由于要素禀赋的不
足，生产力水平相对较低，在经济制度方面的演化相对落后。

马克思认为产权是依存于生产力的发展而不断变化的，实际上指出
了产权的实质是生产关系。合适的产权制度能把受益或受损进行明确的
规定，激励人们有效地利用资源，促进有限资源的有效利用，提高整个
社会的经济效益，这是产权与效率关系的基本结论。在现代经济社会
中，通过产权的界定和保护，产权能够发挥维护产权主体的权能和利
益、调节经济活动的矛盾冲突、减少不确定性、促使外部效应内部化、
约束和激励产权主体的行为等作用。

在城乡经济不平衡的问题上，土地产权制度一直是关注的焦点，相

---

① 马克思，恩格斯. 马克思恩格斯选集：第 1 卷 [M]. 北京：人民出版社，1995：68.

关研究揭示了城乡经济发展与土地产权制度之间的紧密关系①，但对于产权不平衡的实质是生产关系不平衡，以及城乡产权不平衡与城乡经济不平衡之间的内在联系揭示不够，需要进一步阐述说明。

关于产权不平衡问题，结合已有的研究与实践，可以归纳出以下方面②：

一是产权主体条件和关系的不平衡。一般而言，产权的内涵包括产权的主体和主体的权利。一项产权的主体明确或是模糊，以及主体的权利完整或是残缺，决定着产权界定和保护的强弱程度及其相对地位，由此表现出产权的主体与其他人或政府等权益相关者之间的关系。马克思在《资本论》中，阐述在资本主义雇佣劳动制下资本产权对劳动力产权的侵蚀，揭示了在其制度下资本产权的实质始终是资本整体对劳动整体的权利侵蚀，劳动力产权是"形式上的平等和事实上的不平等"③，这也是不同要素之间产权不平衡的经典论述。

二是产权本身的权能结构的不平衡。一般认为，产权包括所有权、占有权、支配权和使用权。所有权（归属权）即明确某一财产归谁所有的权利界定，居于权利束的核心地位，也是财产权利束分化与重组的重要依据和基础；其他权能由其决定，但是狭义所有权也不能取代与包含它们。因此，产权应当形成合理而有效的权能结构，否则会影响产权的运行甚至发生产权的改变。

三是不同形态（范畴）产权间的不平衡。以自然形态切入可分为物质产权与数字产权，这更多地体现在数字经济与工业经济（为主）、农业经济之间发展的不平衡上。从所属范畴上看，产权具有财产关系或是法权关系的双重形态，这使之成为沟通经济学与法学的"桥梁式"

---

① 德姆塞茨. 关于产权的理论［M］//科斯，等. 财产权利与制度变迁：产权学派与新制度学派译文集. 上海：上海三联书店，2005：97.

② 王凯军. 数据要素的产权分析与治理机制［M］. 北京：经济管理出版社，2022：156-161.

③ 马克思. 资本论：第3卷［M］. 北京：人民出版社，2004.

概念，二者的偏离与脱节会对经济运行以及发展起到阻碍作用①，这也会成为一项使产权出现不平衡变动的原因。

四是不同性质的产权不平衡。不同所有制性质的产权，由其相应的产权主体的社会属性所决定。相关的讨论如关于"国退民进""国进民退"的争论，包括国有经济与民营经济（一般包括个体与私有企业）在发展上所谓"进退"选择问题②。实际上，从历史总的趋势来看，我国所有制结构在规模和质量上呈现的是"国进民进"的历时性总体特征③。

五是地域性产权的不平衡问题。在城镇化过程中，城市国有产权与农村集体产权之间的不平衡十分典型，包括农村土地的非农使用的开发权以及开发后权益分配问题④，以及"征地补偿""土地财政""小产权房""宅基地入市""城乡建设用地同地同权"等⑤。

从国际视角看，发达国家与发展中国家之间的产权不平衡问题相对突出，主要表现在知识产权的国际垄断⑥，以及"新型"帝国主义的"掠夺式积累"方面⑦。还有普雷维什论及的"中心—外围"理论，以及以伊曼纽尔·沃勒斯坦和萨米尔·阿明为代表的"依附学派"所阐

---

① 纪坡民. 产权与法 [M]. 北京：生活·读书·新知三联书店，2001；刘守英. 产权，行为与经济绩效 [J]. 经济社会体制比较，1992（2）：12-18；邓大才. 农村土地集体所有权的实践悖论、诠释与出路 [J]. 岭南学刊，2002（3）：38-41.

② 卫兴华. 怎样认识混合所有制经济：兼评"国退民进"论 [J]. 人民论坛，2015（27）：71-73.

③ 盖凯程，周永昇，刘璐. "国进民进"：中国所有制结构演进的历时性特征：兼驳"国进民退"论 [J]. 当代经济研究，2019（10）：2，15-27，113.

④ 华生. 城市化转型与土地陷阱 [M]. 北京：东方出版社，2013.

⑤ 贺雪峰. 地权的逻辑中国农村土地制度向何去处 [M]. 北京：中国政法大学出版社，2010；张曙光. 中国制度变迁的案例研究：第8集 [M]. 北京：中国财政经济出版社，2011；刘守英. 土地制度与中国发展 [M]. 北京：中国人民大学出版社，2018.

⑥ 杨云霞. 资本主义知识产权垄断的新表现及其实质 [J]. 马克思主义研究，2019（3）：57-66，159-160.

⑦ 哈维. 新帝国主义 [M]. 付克新，译. 北京：中国人民大学出版社，2009：83，94.

述的"中心—半边缘—边缘"的层级结构分析框架等①，也是比较广泛的不平衡现象。

较长时期以来，农村集体产权残缺特别是所有权残缺引致的制度非均衡是重要的现实特征②。从外部看，集体土地所有权和国家土地所有权不平衡。我国法律对集体土地产权的具体内容未作概括性规定，但对集体土地实体权利的运用则进行了诸多限制。农民集体享有土地所有权，但在很大程度上不能自己支配物权，且所有权主体的权利和义务没有明确界定。除"发包"和签订承包合同的形式权利外，农村集体组织无法更多行使集体土地的支配权。在农村集体产权改革的过程中，出现过集体所有权弱化、集体产权界定模糊、交易性不足和资产专用性较强等情况。新的土地管理法修正后，这种情形开始出现改观。

农村集体产权内部同样存在不平衡。集体产权本来是集体所有制的具体化或者说实现形式，但集体产权内部所有权和承包经营权不平衡。承包经营权根植于集体所有权，集体所有权虚化会阻碍承包经营权权能和利益的实现。在"三权分置"改革中分离出去的经营权和承包经营权有所不同，外来主体权利和拥有承包经营权的主体权利不尽对等。"三权分置"的承包权、所有权的明确也还有个过程。尽管有政策引导，但农村土地的流转、承包经营权的退出也面临政策和市场的制约，以及农民意愿的减退等，实践中没有出现广泛的放活景象，这和集体所有权的弱化虚化有一定关系。

为了防止长期形成的"计划体制""公社体制"的惯性影响，当时的倾向是防止集体所有权侵犯土地承包经营权。2007 年《中华人民共和国物权法》将土地承包经营权界定为用益物权，集体所有权侵犯承包经营权的问题进一步从法律上得以解决。但实践中一度"淡化所有权、强化使用权"，以至于出现集体所有权相对虚置倾向。无论从经济学的角度还是法律的角度看，这样都不能形成均衡协调的权利结构和产权关

---

① 普雷维什. 外国资本主义危机与改造 [M]. 苏振兴，袁兴昌，译. 北京：商务印书馆，2015；沃勒斯坦. 现代世界体系 [M]. 郭方，刘新成，张文刚，译. 北京：社会科学文献出版社，2013；阿明；世界规模的积累：欠发达理论批判 [M]. 杨明柱，等译. 北京：社会科学文献出版社，2017.

② 黄韬. 中国农地集体产权制度研究 [M]. 成都：西南财经大学出版社，2010：99.

系。集体的"统"和家庭的"分"是辩证统一的。集体是双层经营的主体，家庭承包经营是基础，离开其中任何一方，联产承包责任制就不能成立。离开"统"的功能发挥，家庭经营实质上就成为个体小农经济，偏离农业的社会主义方向；如果离开承包家庭的分散经营，农民的生产积极性就不能充分发挥，集体经济就失去活力，集体经济的优越性也就不能发挥；如果二者不能辩证统一，就不能在集体所有制基础上形成合理而有效的集体产权实现形式。

与此同时，家庭联产承包制实行40余年，也出现了土地细碎化不利于规模生产，以及在城镇化时期，进城务工造成的粗耕、撂荒等生产不足，或者有效利用不足的"反公地悲剧"等情况。2000年农业税费改革取消农业税和"三提五统"，集体变得缺乏经济来源，集体和集体经济逐步出现空壳化现象，村庄公共事业无力做，小农户与大市场缺乏联接，市场经济下现代小农的困境日益显现，与农村现代化也不相适应。事实上，集体产权契合以公有制为主体、多种所有制经济共同发展的社会主义基本经济制度，并且依然有稳定农村生产、承载乡愁、保障社会的重要功能。

除了关注到产权制度本身的不平衡，还应看到它所带来的其他方面的不平衡：一方面产权制度的失衡影响了要素的配置分布，如阻碍了资本下乡、市民化不足等，另一方面决定了户籍等方面的治理，以及城乡实行的不同的经济政策。从城乡对比看，城市土地主要是国有产权，而农村土地主要是集体产权，虽在所有制性质上都是公有制，但具体的产权形式、产权主体和产权运行却有很大不同。随着工业与城市的结合，乡村落后于城市，并在进一步的市场化改革中边缘起来，因为集体产权与市场经济的结合似乎太难了。所以，集体产权在市场经济条件下的适应性改造，一开始就没有做好系统设计的准备，市场大抵成为城市的专利，而改革到了乡村不免"游客止步"，乡村日渐成为市场经济的孤岛，只有到了城市才能感受市场，包括高水平的商品市场，以及资本市场、土地市场、劳动力市场等其他市场。

城市的产权制度规范健全，产权的界定和保护清晰有效，与市场环境和法律环境结合较好，而农村产权制度的主体和权能构造比较复杂，界定与保护的程度较弱，主要靠政策或相应政策的立法化来支撑，农村很长一段时间都缺乏市场环境与相应的法律服务体系，这正是城乡经济不平衡的产权根源。因此，既不能充分发挥出要素与产权的作用，又因不能轻动而保持着相对封闭和固化状态。这样，产权制度的不平衡构成了城乡经济不平衡的实质内容，也是解开城乡经济不平衡困境的关键所在。

第四节　上层建筑层面的深层动因

上层建筑要对经济基础或生产关系构成影响，必须通过一定的治理机制进行。治理本身就具有丰富的含义，在总体上属于上层建筑的范畴，是实践中政治、法律等方面的治理制度和治理工具发挥作用的表现，同时也带有政治的、思想的上层建筑对于经济基础和自身进行调整优化的意蕴，体现了国家、社会和家庭在更高层次上分配资源和调整经济关系的能动性。城乡治理不平衡的直接表现是城乡分治，这主要体现在户籍、土地、社会保障和公共服务等方面，包括农村集体经济组织法、集体产权法等法律的滞后。

新中国成立初期，出于破解国内经济落后以及国外资本主义国家封锁的困局，我国城乡治理采取了农村支持城市、农业支撑工业的基本思路，迅速建立起能够保家卫国的重型工业体系是当务之急。然而，仅依靠治理思想、理念与有关顶层设计，难以改变落后农业短期内无法支持落后工业的基本状况。对此，城乡治理以计划经济体制为出发点，辅以统购统销、人民公社与户籍制度三大制度安排，加上城乡金融体系，形成了最初的城乡分治格局。其中，计划经济体制是城乡治理得以严格按照顶层设计予以开展的核心体制。通过计划经济体制，政府能够集中统一进行城乡有关的制度设计、调整与创新，使之与治理框架相契合，进而得以对城乡人口、资源配置，以及产业部门设置进行计划指令式的管理；统购统销、人民公社与户籍制度等制度安排，则是重工业优先发展战略的制度支撑。

统购统销对应着政府对工农业产品流通环节的治理，目的是要获取更多农业部门创造的价值，并转移到工业部门支持生产。工农业产品交换朝着有利于工业部门的方向不断行进，形成城乡不对等的价值交换体系，城乡产品市场带有明显的城乡分治色彩。城乡产品市场治理的不平衡，进而又会使得城乡两部门在生产积累方面的差距不断扩大，城市得以获取越来越多的农村剩余，用以支持工业体系建设向纵深推进，而农村不仅无法获得足够的积累，还需要用额外的生产性剩余去补充城市部门生产。

人民公社是当时乡村治理的组织形式，作用是以低水平的农业生产支撑工业部门发展。城乡两部门交换上的失衡导致了以下两个方面问题：一方面，城市在要素形成、积累与组合上占有绝对优势，农村则因为要素组合方式难以升级，也无法通过技术革新形成现代化要素，只得以低水平的生产效率进行农业生产。人民公社将农业劳动力要素进行统一组织调配以种地供粮，通过规模化和组织化的集体劳动，来弥补要素生产力与组合上的不足。另一方面，城市部门因为产业类型的不同，只需要较少工人在车间集中进行设备操作便能实现相对高效生产，劳动力要素及其与其他要素组合效能更大。简而言之，农村生产要素的简单集中组合与城市生产要素的优化高效组合，是这一时期城乡分治在要素管理上的体现。

户籍制度的功用是保证短缺物资条件下对城市的供应，在限制农村劳动力向城市流动的同时，也锁定了农村要素生产结构。户籍制度的治理效应，维持了农村生产要素投入和组合状态的长期不变，使长期处于依靠人畜力状态的农业生产路径得以维持，避免出现农业机械等现代化要素需求缺口，也能让农村继续扮演支持城市的角色。城乡有别的户籍制度主要对城乡居民居住和就业进行规范，防止农村劳动力涌入城市并造成就业压力，实际上重工业优先发展的城市吸纳农村劳动者的能力也极为有限，这对城乡人口与就业产生了深远影响。时至今日，尽管我国也出现农业占比和农业就业人口占比"两个下降"，但据有关数据，我国第一产业占比由 1978 年的 27.7% 降至 2020 年的 7.7%，而同期的农业就业人口占比由 70.5% 降至 23.6%①。对比美国农业发展，我国农业就业人口仍处于高位，且农业没有实现大规模现代化。2018 年，美国农业与农业就业人口占比分别为 1% 和 1.42%，同时其能够保持农业在国内外市场较强的竞争力②，这是因为其已较早实现农业剩余人口的转移，以及农业生产的现代化技术革新。

偏向城市的城乡金融体系，形成了农村资金要素向城市部门单向流动的格局。基于以农村信用社为主的金融资源配置工具，1953—1979 年间，我国存入农村信用社资金有 1 941 亿元，但贷存比仅为 0.27，向城市工业部门净流出的农村资金要素约有 1 412 亿元③。资金要素的交换价值的内涵，是能够换取相应比例的其他生产要素，使各类生产要素进一步结合并提前释放生产力。城乡资金要素不平衡流动，是城乡分治在金融领域的体现，农村信用社一类的机构设置是全社会资源禀赋水平较低与赶超型发展战略等多种因素共同促成的结果，只有形成单向的城乡资金要素流动机制，才能够以农村生产的部分价值换取城市部门增长的工业产出。

城乡分治对我国综合国力增长的促进作用是明显的，通过特定的要素配置与生产关系建构，形成了一套"自我输血"式的经济增长路径，提升了我国重工业实力。但城乡分治的长期存在，造就了日趋明显的结构性矛盾，导致城乡经济持续向不平衡方向发展。改革开放初期，对农村限制的松动活化了城乡要素流动状态，乡镇企业丰富了农村地区经济结构，城乡劳动力要素也悄然流动，为一些小城镇发展带来了生机，颇具乡土气息的温州模式、苏南模式等便是鲜活的例子。然而，我国城乡经济不平衡并未就此破题，对外开放与沿海地区经济快速增长，地方政府为追求发展效应开始推动大范围的城镇化建设，城乡劳动力要素流动限制的松动与之结合，形成了大规模跨省城乡劳动力要素流动。逐渐

---

① 财经杂志.农民就业与增收是共同富裕的关键[EB/OL].(2021-12-22).https://www.sohu.com/a/510763438_115571.

② 刘守英，龙婷玉.城乡转型的政治经济学[J].政治经济学评论，2020，11（1）：97-115.

③ 王雪磊，郭兴平，张亮.建国以来农村金融的发展历程及其评述[J].农村金融研究，2012（7）：66-70.

地，城乡分治获得了新的表现形式：城乡经济不平衡由起初的城乡产品交换不平衡、农村资金要素投入的不充分，以及城乡要素有机构成的不平衡，开始转为城乡要素交换、配置与报酬等的不平衡。更为重要的是，城乡要素在各个方面的不平衡必然导致两者在社会发展中的差距继续扩大，且城市经济在工业部门的优势开始扩大至其他产业部门，通过集聚效应持续深化并形成城市在政治、经济、社会与文化多领域的显著优势。反观农村，除城郊或城区扩张方向的少数地区外，其余地区的农村自身价值则被深藏，农村依附性地位未有改变。

在市场化改革作用的推动下，城乡互动的经济效应也开始显现。市场化改革代表着不同类型市场内部制度安排发生变迁，即基础设施、金融与能源等上游市场仍处于政府权威体制管控之下①，但其他消费品和投资品的下游市场则通过要素产权细分与组合提高市场竞争性。由此也引发出城乡经济的一些变化，如农业生产组织形式开始发生改变，以家庭为基础的农业劳动得以大范围推广；农村劳动力要素可以进入城镇地区就业，与城市部门资本、技术和管理等要素相结合；农产品市场化程度的提高等。此外，农村土地要素所有权、承包权和经营权能够分别由集体、农民与经营方各自获得，集体发挥对土地要素配置的监督功能，农民与经营方则在新的土地要素权利结构中获得相应的经济效益。这些变化，本质上是城乡分治在原有基础上的松动效应，因为行政分治并未退出，而市场分化却接踵而至。

城乡分治的强大惯性，即使在市场化条件下，也能把生产要素软性锁定起来。主要表现在：一是城乡劳动力要素不平衡。农村劳动力要素在城市非农部门的使用过程并不必然伴随着身份转换，从这个意义上讲，农村劳动力要素长期处于"软性锁定"的状态，在经济参与上拥有自由流动的权利，但无法真正完成向城市劳动者的户籍身份转变，在生命周期的某个阶段会选择回到农村养老。大部分农民工远离家乡打工多年，但自始至终都未能进入城市社会保障体系。二是城乡土地要素不平衡。土地是农业生产重要的生产要素，同时也可作为非农产业的载体

---

① 高帆. 新时代我国城乡差距的内涵转换及其政治经济学阐释［J］. 西北大学学报（哲学社会科学版），2018，48（4）：5-16.

空间。地方政府出于快速推进城镇建设的需要，通过征购农村土地以及垄断土地一级市场的做法，形成地价"剪刀差"，为城区建设与产业引进提供巨额资金积累。而农村土地要素则大抵原地不动，或者"沉睡"起来；家庭承包制改革的壮举，在市场化背景的衬托下，映射出细碎化的小农经济图景。三是城乡资本要素不平衡。城乡资本要素不平衡的一个突出特点，是城乡投资与财政支出的不平衡，我国城乡全社会固定资产投资差距在1985—2002年扩大了17.32倍，对农业的财政支出占比从1978年的13.43%降至2002年的7.17%。如果算上农村担负的农业税费等，1978—2002年我国农村资金净流入城市规模约有53 888亿元①。城乡要素关系从行政式汲取转向市场式自取，而且似乎很自然。

因此，城乡互动在城乡要素市场运行中发挥的作用极为有限，城乡之间在要素交换、流动和配置过程中仍然存在较多堵点。比如，城乡公共产品与服务的严重不对称供给，使得农村缺乏足够的基础设施与教育、医疗等，营商氛围、预期回报与人居环境等都与城市差距甚大，对城市工商资本缺乏足够的吸引力。诸如知识、管理和技术等要素或集成在人才等特殊劳动力要素中，或以专利知识产权的形式存在，但都因城乡分治的藩篱，无法实现与农村其他要素的大规模组合与配置。相对于工农两部门二元结构来说，市场化条件下二元分治还有逐渐强化的趋势，并由于城乡差别和乡村弱质，分治进而"获得"一定的合理性。事实上，不仅工农之间要素对流存在二元分治特征，城乡经济的诸多方面乃至公共品领域也演化出了新的分治状况。

在一个不平衡的治理体系中，弱势一方的产权和市场结构容易受到影响。特别是在农村地区，由于农民的产权保护程度相对较低，他们可能面临土地、水资源、种子、农药等要素的流失，无法享受到完全的市场竞争优势。这可能导致农村资源的浪费和社会经济的不平衡。另外，城市和乡村在市场结构上的不平衡也会使农村无法享受到市场经济发展的优势，这也可能会导致农村地区的落后。因此，要加强城乡治理机制的协调，加强产权保护和市场监管，实现城乡要素产权与市场交易制度的平衡和协调。

---

① 武小龙. 新中国城乡治理70年的演进逻辑 [J]. 农业经济问题, 2020 (2)：77-86.

长期的城乡分治使得城乡区域差距愈加明显，由此造成的结构性矛盾，限制了城乡要素双向循环流动，不利于扩大商品市场容量、提升总体消费水平，也不利于农村向现代化生产生活迈进。从城乡分治转为更多支持农业农村发展，实质上是我国城乡治理体系的自我革新。根据2021年农业农村部对于开展农业生产发展等项目实施工作的指导意见①，对于农村发展的支持，已由单纯的财政补贴支持，转向运用政策与资金工具进行引导，以增强农村的自生发展能力，促进其与城市经济体系进一步融合。通过城乡统筹、政策引导和战略推动等治理机制，促进了包括财政支农体系、承包地和宅基地"三权分置"、乡村振兴法、集体经济组织法等在内的一系列改革创新，进而塑造有利于城乡一体化和城乡融合发展的制度结构。在协调的新发展理念引导下，特别是数字时代治理技术的提升，城乡治理有可能获得革命性的改进，包括数字乡村、市场建设、产权运行、社会管理和公共服务等方面，从而推动农业农村现代化的实质进程，使得农村产业与生态得到充分发展，各类要素得以有效配置与组合。

第五节　城乡经济"三位一体"的辩证关系

根据马克思主义基本原理可知，生产关系与生产力、经济基础与上层建筑之间的矛盾，仍是社会主义社会的基本矛盾，城乡经济不平衡是基本矛盾的具体形式，也是当前社会主要矛盾的具体表现，并主要呈现为城乡在空间、产业、收入和消费结构等方面的结构性矛盾。如前所述，这些结构性矛盾有其经济根源、制度基础和治理动因，需要从生产力发展和制度—治理变迁的角度去考察。一个农业国向现代工业国转型中出现这种局面，虽非意料之中，但不在意料之外，因为社会发展矛盾变化的规律如此，而且转型取得的巨大绩效也无可比拟。当前问题需要

---

① 农业农村部，财政部. 关于做好2021年农业生产发展等项目实施工作的通知（农计财发）[EB/OL].（2021-04-30）.http://www.gov.cn/zhengce/zhengceku/2021-05/14/content_5606462.htm.

在未来制度变迁中克服，而其关键在于揭示城乡经济不平衡背后社会矛盾演进的内在逻辑和相互作用。

如前所述，我国城乡经济在发展水平、经济结构以及体制机制等方面存在的二元特征，引发了生产要素不平衡、产权制度不平衡和治理机制不平衡。在本章分析框架中，"生产要素—产权制度—治理机制"指城乡之间在生产力发展状况、生产关系形式和上层建筑层面的差异化特征。其中，"生产要素"指城乡之间的要素配置状况；"产权制度"指城乡之间在产权关系和市场交易层面的政策安排和制度环境，即经济制度；"治理"指与城乡经济社会发展有关的体制机制，以及政治的、思想的上层建筑对经济基础的反作用。

任何一项经济活动，均需要有生产要素的投入，才有对应的产品的产出。按照政治经济学两部类的分析法来分析，城市和乡村可以作为两个经济部类，即生产生产资料的部类与生产产品的部类，两个经济部类之间应相互均衡、协调发展，才能保证整个经济基本面的可持续发展。改革开放以来，受城乡二元体制的制约，农村生产要素除了劳动力可以相对自由地供给城市，其他生产要素则被由多种政策考量而成的制度门槛固定在农村，形成要素及要素主体地位的不对等，不仅难以参与到市场的各个环节，也难以分享到平等的发展红利。进城务工人员虽为城市的发展作出了贡献，但城市还未全面提供均等的公共服务，在生产要素与产品层面上，存在着要素与要素主体间的不平衡，以及制度门槛的限制等问题。

生产要素不平衡背后是要素产权制度的不平衡，即生产要素产权在主体地位与主体权能上的不平衡，这种不平衡导致了同样的生产要素在城乡面临不同的境况，即城乡要素在市场经济中地位和权益不对等的问题，这同样也是由城乡二元结构所既定的。除劳动力要素外，还包括土地要素、资本要素背后的产权不平衡。就土地要素而言，在城市地区，土地产权相对明确，可以流转和交易，具备市场交易性质。而在农村地区，土地产权相对模糊，以集体所有和农户承包经营为主，土地流转面临较大的政策和法律限制。这使得农村土地无法充分参与市场交易，限制了通过土地流转获取更多收益的能力。就资本要素而言，在城市的资本产权相对清晰，可以通过股权、股票等形式进行流动和交易；而在农村，资本产权主要以农民个人和家庭的形式存在，流动性不足，农村资本无法充分参与市场交易和投资，限制了农村资本的积累和利用。

由于政府对城乡发展的不同目标和政策考虑，延伸出了政府对城乡产权有所不同的治理机制，即城乡治理机制的不平衡。一是出于对农村土地产权保护的目标而延伸出的土地产权治理机制不平衡。农村土地承载着农民的生计和农业生产，对国家和农民都具有重要的意义。由于农村土地的特殊性，政府通过农村土地制度改革，加强土地产权的保护，限制土地非农化和大规模的跨界开发，防止工商资本对农村土地的过度占用和侵害。二是出于工商资本进入农村的审慎态度而延伸出的资本产权治理机制不平衡。政府对工商资本进入农村持审慎的态度，主要考虑到农村社会稳定和农民的利益保护。农村经济相对脆弱，农民的经济地位相对较弱，政府担心大规模的工商资本进入，可能导致农村资源流失、土地流转不平等、农民权益受损等问题。因此，政府采取一系列措施，加强对工商资本进入农村的监管和规范，确保农民的合法权益得到保护。三是出于对劳动力管理和农民利益保障的目的而延伸出的农村劳动力产权治理机制不平衡。由于农村劳动力向城市的流动，对于农村经济和农民收入具有重要意义，因此政府在管理上相对宽松。在改革开放初期，政府逐步放宽了农民工进城务工的限制，允许农民工自由流动，并推出相关政策和措施，如农民工就业市场的建设、农民工工资支付保障等，以促进劳动要素的流动和城乡之间的互动。政府在城市户籍制度改革方面也采取了一系列措施，以更好处理城乡劳动力的流动和就业问题。

政府在城乡不同要素产权治理上的差异，反映了政府对城乡发展的不同关切和考虑，也导致了城乡经济发展的不平衡。当前，我们需要在城乡治理机制上进行改革，使农村更多的生产要素可以参与到经济社会发展中，并在市场中获得平等的地位和对待。比如，对于下乡的资本做好甄别，对乡村的发展做好规划，用好城市的资本解决农村发展中资本投入不足的问题。

综合上述，城乡生产要素不平衡、产权制度不平衡和治理机制不平衡是彼此关联、相互影响的，使城乡经济不平衡展现出复杂的内在结构和辩证关系。

第一，城乡生产要素不平衡对城乡产权制度不平衡的形成具有决定性作用。这种由生产要素不平衡带来的生产力水平不平衡状况，会促使有利于城市的产权制度得以维持，而不利于城市的产权制度发生改变，总之产权制度的变迁会向着有利于城市的方向进行，而农村则不得不面对相对低效产权制度的现实。

第二，城乡产权制度不平衡会导致城乡生产要素不平衡。产权特别是要素产权对生产要素的配置有着直接的影响。相比城市而言，农村地区不仅整体产权制度建设滞后，而且土地、资本和劳动力等要素产权存在不同程度的弱质性，农村产权主体及权能的保护程度不足，都会影响要素产权功能的发挥，阻碍农村通过要素再配置获得对等报酬以及较高的要素配置效率和发展能力。

第三，城乡之间要素产权与市场交易制度的不平衡，会引致城乡治理机制的不平衡。产权与市场制度是市场经济的基本制度。倘若城乡要素产权与市场交易制度长期处于不平衡状态，这种不平衡的经济关系不仅必然要求与之相适应的上层建筑，也会使社会治理机制自动服务于优势一方，而且会对弱势农村参与治理机制的能力造成影响。

第四，城乡治理机制不平衡对城乡产权制度存在影响。城乡治理机制不平衡不仅会影响城乡产权和市场结构的建构，还会使治理机制能动地顺应产权和市场制度的不平衡，形成城乡经济不平衡的自我强化机制，这也可以解释为什么农村产权相对封闭和低效的状况可以长期维持。

在上述辩证关系中，"制度—治理"是比较能动的方面，体现的是经济制度与治理体系的矛盾运动。从治理意义上讲，制度既是治理的基础，也是治理的结果。治理表达的是一种能动的积极行为，治理体系的建构和治理机制的实施需要治理主体予以驾驭和运用，因此，"制度—治理"的矛盾表现形式必然是由治理主体的行为方式来塑造。治理主体基于自身利益与社会公共利益进行某种决策或政策选择，以影响实际经济生活中的规则范式。

　　正如城乡分治在社会主义条件下既可以成为工业化的路径，也可以成为市场化大潮中保护乡村的港湾一样；政府干预既可能造成市场效率损失，也可以成为更好的政府作用，给付的政府也可以实现有效的控权，也可以弥补政府的不足；集体产权既可以是一种非典型的产权形式，也可以成为乡村工业的经济基础，以及可以成为乡村建设的主体力量，新型集体经济也可以成为乡村振兴的主要形态；那么，通过社会主义制度和治理的共同作用，集体产权也可以进行市场经济条件下的适应性改造，城乡分治也可以创造出各具特色的善治模式，政府作用也可以指向有为政府，小农经济也可以通向现代农业。

第五章　城乡要素配置的经验证据

本章在前述"生产要素—产权制度—治理机制不平衡"的理论框架基础上，主要围绕城乡资本、土地与劳动力要素的不平衡展开讨论，兼及技术、管理、知识和数据等其他要素配置失衡对城乡经济发展带来的影响①。

第一节　土地价格"剪刀差"

城乡土地要素不平衡是导致我国城乡经济不平衡的重要因素。城乡土地要素的不平衡，主要表现在城乡之间土地要素使用上的不平衡以及交易上的不平衡②。城乡土地使用上的不平衡，主要指农村土地市场化程度较低，以及土地使用权流转、抵押等制度的不完善，导致的农村土地要素市场参与度不高，从而影响现代农业发展中土地要素参与组合以及报酬分配。城乡土地要素市场化交易，理论上能够通过规整农村土地进行土地要素的再配置，提高资源要素利用率，减少闲置或低效使用的土地数量。但是，如果城乡土地要素存在交易的不平衡，则在实现资源最优配置的同时，可能损害农村集体经济组织的利益。城乡土地要素交易不平衡，也被形象地称为土地价格"剪刀差"，指农村土地所有权出

---

① 囿于数据获取困难，部分数据未更新至最新年份。
② 土地权利或产权的不平衡将置于第六章集中论述。

让价格远低于城市土地使用权价格①，抑制了农村分享土地增值收益的能力，本质上是农村土地的被动流转与不合理补偿方式所致。城市通过廉价获取农村土地，既可以用于低价引入工业企业，也可以转为商住用地获取高额土地使用权转让金，支持城市扩建与发展。一定时期之后，当城市利用廉价土地要素加速推动工商业发展时，因土地要素交易不平衡带来的城乡经济差距将被进一步放大，城市产业转型升级持续加快，城市居民将相对获得更多收入与资产，而农村则缺乏分享城镇化经济效应的相应渠道。

城乡土地要素在使用与交易上的不平衡，在引起城乡经济不平衡的作用途径上存在差异。一是城乡土地要素使用上的不平衡，主要是通过影响农村土地要素市场化能力，间接影响农村对土地要素进行配置与组合的方式。二是城乡土地要素交易的不平衡，是通过直接性降低土地要素数量来影响农村要素禀赋条件。由于产权属性发生了根本变化，通过征收或征用的农村土地不再属于集体所有，城乡土地要素数量发生了相对变化。2004年《中华人民共和国土地管理法》规定，对于农村土地可以依法征收或征用予以补偿。如果补偿方案设计不到位，也可能使农村在土地要素数量减少的同时难以获得相应的补偿款项；同时，城市还通过低价征地、高价出让等方式，形成城乡土地要素交易的价格优势，在利用农村土地加快城镇发展的同时，却无形中将农村排除在外。

一、城乡土地要素使用不平衡

土地要素的使用包括土地要素投入条件和用途，城乡之间在土地要素使用上的不平衡是影响城乡土地利用效率、组合方式与增值收益的重要因素，进而决定城乡之间生产条件与实际产出总量和效率方面的差异。城乡土地要素使用不平衡主要表现在，城市土地要素的使用有较为成熟的"招拍挂"市场体系，能够更便捷地进入市场参与要素交易。

---

① 罗楚湘. 我国农村集体所有土地征收制度之检视：以土地价格"剪刀差"为视角 [J]. 社会科学家，2012（6）：92-96.

城市土地要素使用中面临的各类限制较少，凡是用于工业生产[①]、商品住宅、旅游、商务商贸和休闲娱乐等的经营性土地，均需要通过"招拍挂"程序履行出让，并且随着"招拍挂"出让程序的持续优化，城镇地区土地要素利用范围、总量和效率都在进一步提升。也就是说，由于土地所有制基础的不同，城市土地要素不涉及与社区居民之间的利益协调问题，可直接在中央政府的土地总体利用规划框架之内，由地方政府与开发商在意思上达成一致并进行土地出让与开发，城市土地要素因此能够直接进入一级市场进行交易，要素配置周期较短，更有利于快速实现城镇化开发与建设。与城镇地区土地要素配置不同，农村地区土地要素使用与配置存在诸多限制：

一是耕地使用存在限制。"耕地红线"与耕地担负的社保、生态等基本功能的重要性，是促使政府在配置耕地要素过程中始终保持审慎态度的原因。过去，我国采取了在集体所有基础之上赋予农户以相应使用权的方式，目的在于激励家户制的农业生产发展。把耕地要素的使用权利与义务分配到家庭单位，其结果是促进了农村土地要素在更大范围内与农村劳动力、集体资产的有机结合，改善了单纯通过耕地和劳动力等要素的集中进行组合使用的方式，扩大了农村耕地要素使用领域，提高了其利用水平，是改革开放后一段时间农村经济得以充分发展、城乡差距有所减小的原因之一。但是，随着我国劳动力成本不断上升，耕地资源存量存在有限性，以及化肥和农机设备大量使用（见表5-1），我国实则已形成了扩大耕地要素适用范围、提高其利用效率与改善配置方式的经济条件。此种情况下，城镇化带来的城市经济飞速发展，使得农村耕地要素面临再配置的问题，家户形式的耕地要素的使用已难以进一步提高农业生产率。

---

① 参见《招标拍卖挂牌出让国有建设用地使用权规定》（国土资源部2007年39号令），该文件所指工业用地不包括采矿用地，但包含仓储用地。

表 5-1　2004 年和 2017 年我国三种农作物化肥施用量对比

年份	作物化肥施用量/（公斤·亩）		
	小麦	玉米	花生
2004	19.11	18.81	19.63
2017	26.67	24.88	20.57

数据来源：刘守英，王宝锦，程果. 农业要素组合与农业供给侧结构性改革［J］. 社会科学战线，2021（10）：56-63.

　　农村耕地要素配置的相对停滞，与我国经济社会总体上有所发展带来的劳动和机械成本等上升产生矛盾，土地撂荒、机械化效率偏低和过剩劳动力等问题逐渐显露。"两权分置"的农村耕地要素使用方式带来的红利逐渐释放殆尽，农村耕地要素的使用效率相对低下，这一定意义上便开始助推城乡经济差距的扩大，从而加剧了城乡经济不平衡局面。对此，我国对农村耕地的使用与配置进行了二次设计，形成了"三权分置"式的农村耕地使用方式。以家庭承包经营的耕地使用方式为例，"三权分置"的农地使用方式，使得家庭可将承包经营的耕地通过互换、入股、转让、转包和出租等途径，将承包地流转至受让方进行生产经营，实现耕地要素的再配置。从耕地要素利用角度来看，"三权分置"的含义就是将耕地进行分层使用，对农户而言由于其并不放弃承包耕地的基本权利，因此仍有集体成员资格权，依然能够享受耕地承载的社会保障作用；对于流入方来说，有利于借助农地流转方式依法获得耕地要素，进而与资金、劳动力等其他要素进行组合开展生产经营活动。实践中，"三权分置"的农村耕地要素配置仍受到一定限制，特别是农村耕地使用权抵押融资使用受限，使得农业规模经营户无法以耕地使用权换取信贷资金，导致耕地使用权信贷功能弱化。又比如，农村耕地权入股只能以合作社等松散形式进行，公司制下的入股难以实现，也就是说农村耕地要素与其他要素组合在一定条件下还受到约束。

　　二是农村集体经营性建设用地使用存在限制。自党的十七届三中全会以来，我国就提出要建立城乡统一的建设用地市场，主要的改革举措就是推动集体经营性建设用地入市（见表 5-2），促进城乡建设用地要素市场的同权同价，打破农村集体经营性建设用地使用上的限制，提高农村集体经营性建设用地的配置效率。

表 5-2　2014—2021 年我国集体经营性建设用地入市的相关文件

年份	相关文件
2014	《关于农村土地征收、集体经营性建设用地入市、宅基地制度改革试点工作的意见》
2015	《全国人民代表大会常务委员会关于授权国务院在北京市大兴区等三十三个试点县（市、区）行政区域暂时调整实施有关法律规定的决定》
2015	《农村土地征收、集体经营性建设用地入市和宅基地制度改革试点实施细则》
2016	《农村集体经营性建设用地土地增值收益调节金征收使用管理暂行办法》
2017	《国土资源部关于深化统筹农村土地制度改革三项试点工作的通知》
2018	《中华人民共和国土地管理法修正案（草案）》
2019	《中华人民共和国土地管理法修正案》
2021	《中华人民共和国土地管理法实施条例》

农村集体经营性建设用地入市的经济意义在于，扩大了农村建设用地要素的配给范围，使得城乡建设用地要素在使用上的约束减弱，同时建设用地要素的供求双方为农村集体和土地使用者，地方政府仅提供市场化服务与政策引导等作用，在符合规划与用途管制前提下，不直接对要素交易和使用本身进行过多限制。各地试点过程中，农村集体经营性建设用地使用的限制主要集中在要素投入建设的用途方面。农村集体经营性建设用地范围局限在工矿仓储和商业服务业设施建设，用于商品房开发则在实践中予以排斥，但利用集体经营性建设用地进行商品房开发本质上也属于经营性使用，应当纳入城乡建设用地使用交易的基本框架之内。因此，对农村集体经营性建设用地进行严格监管的前提下，可以考虑适度拓展其要素投入使用的领域，增加总量水平的同时也有利于优化城乡土地要素的结构。总量上讲，对农村集体经营性建设用地进行开发与使用，能够满足城镇化进程中的用地需求，充分利用农村闲置土地要素存量，提高城乡土地要素利用率。结构上讲，将农村集体经营性建

设用地配置到商品住宅类开发领域，有助于优化当前住房结构，纠正"小产权房"等现象。同时，允许集体建设用地上建设商品房，实际上是推动了城乡土地、资金等要素向二、三产业配置，有助于完善吸引城市人才下乡的住房配套体系。

农村集体经营性建设用地使用过程中，如何确定存量土地与增量土地的使用很受关注。据研究估计，我国集体经营性建设用地存量约3 000万亩①，且多数缺少土地管理部门有关的审批手续，不少村落也并无或者只有较少的存量集体经营性建设用地。实践中，可用于经济开发的农村集体经营性建设用地更多被局限在存量要素上，但增量要素使用规则与实施条例还亟待完善。倘若只是将使用农村集体经营性建设用地使用的重点放在现有存量要素，那么等于无形中强化了该类土地要素资产专用性，不利于不同类型土地要素的转化与市场化交易，长期来看也并不利于盘活农村土地要素存量。况且，党的十八届三中全会有关决议并未明确禁止使用农村集体经营性建设的增量部分。对此，不断规范我国农村集体经营性建设用地的使用，能够充分利用"潜在的"集体建设类用地，如实践中将宅基地节余部分转化为集体建设类用地，从而提高土地要素供给水平。

三是农村宅基地使用存在限制。农村宅基地使用上的限制，造成了农村地区宅基地低效使用与不规范使用并存的局面。首先，使用农村宅基地进行开发建设存在限制。由于城乡住宅用地以及住房建造方式有本质区别，城镇地区居民居住用地通常只能用于社区公共设施建设以及住房使用，使用上不存在过多限制。农村宅基地使用则较为复杂一些，尽管用途上同样也将农村宅基地定义为住宅用地，但也不局限于此，比如实践中通常发现，农村居民为获得一定收入也可能在宅基地之上开展各类商业活动。总的来说，农村宅基地在用途上不存在太大限制，甚至某种程度上讲，农村居民使用宅基地--类的住宅用地还有着更大的方便。但农村宅基地的分配使用上具有无偿性，造成了农村宅基地可能存在积极的申请使用，但无法实现相应的自愿有偿退出的情况。随着城镇化进程的加快，大量的进城务工或

---

① 陆剑，陈振涛. 集体经营性建设用地入市改革试点的困境与出路 [J]. 南京农业大学学报（社会科学版），2019，19（2）：112-122，159.

迁居至城镇地区农村家庭留下的宅基地出现闲置，其后果就是部分农村宅基地存在低效使用的情况。宅基地作为农村土地要素的一部分，其低效使用既不利于新型城镇化的推进，也无法通过存量盘活来实现农村居民增收，宅基地的经济功能因为闲置而得不到充分发挥。

其次，农村宅基地租赁或销售存在限制。过去农村宅基地由于缺乏规范的流转机制，存在隐形使用的现象，即没有合乎法规的交易行为，但有使用主体上的变更。比如，城郊农村居民将宅基地进行出租，或自己经营服务业，或交由亲朋好友无偿使用等。表面上看，这些不符合规范的宅基地使用，在短期内带给农村居民以一定的收入或维持人情关系，但长期则不利于城乡土地要素使用上的合理化与高效化。原因在于，以上所述及的缺乏规范的宅基地使用，可能给使用各方带来要素产权上的纠纷，特别是宅基地过度扩建出租或销售存在的安全隐患。不仅如此，那些城镇地区扩张路径上的宅基地可能有更好的被使用方式，但因为农村居民或集体私下转交给他人使用，从而给地方政府城乡规划推进带来较大障碍，进而使得城乡土地要素在使用上偏离最优路径。

二、城乡土地要素交易不平衡

2001—2018 年，我国城市建设在空间扩张中对城郊和农村土地均进行了征收或征用。除个别年份外，耕地面积占总征用面积的比率大致保持在 40% 上下（见图 5-1）。

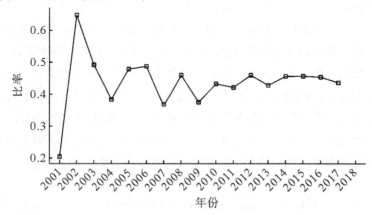

图 5-1　2001—2018 年全国城市征用耕地占总征用面积的比率

对于一些经济发达地区而言，城市通过将农村土地转为可交易的国有土地，能够获得巨大的"剪刀差"收益，农村土地在地方政府征用、出让和后期市场交易中的比例曾一度达到过 1∶10∶50[①]。地方政府对土地一级市场的垄断，形成了由农村土地向城市建设用地转化过程中的套利空间，而地方政府基于套利空间获取的土地要素在交易过程中会产生相应差额。简而言之，农村土地要素与城市资金交换过程中，必须经过政府这一中间环节进行产权性质变更，进而通过权利分解转让使用权，农村土地要素所有权的补偿通常大大低于土地使用权购买额，地方政府捕获了两者之间的差额款项。地方政府如何使用和分配差额收益，将直接影响城乡经济发展。事实上，过去各地城镇化建设融资很大程度上依赖于土地财政收益，且更多用于当地推进城镇化建设。同时，由于征地补偿中地方政府并非营利的市场主体，而是将土地出让金用于经济建设，因此，农村土地要素所有权产权性质变更不可能采取完全意义的市场化手段。

地方政府过度介入农村土地与城市资金交换的过程，破坏了土地要素市场深层构造，使得农村集体所有权"虚化"为下位的使用权，从而不满足公平交易所需的两个具有平等所有权主体之条件[②]，是征地补偿可能出现有失公平的潜在因素之一。针对此种情况，一种设想是征地补偿中地方政府服务化转型，不再主导补偿标准和实施，而是扮演协调农村集体经济组织和社会资本间的角色，但需要有相对完善和发展的农村集体经济组织，否则可能因博弈双方力量不对等，出现集体利益受损的情况。

要实现城乡土地要素交易的趋于平衡，保障农村集体经济利益，一个相对完善的土地征地补偿机制尤为重要。2020 年《中华人民共和国土地管理法》施行前，我国绝大部分地区征地补偿的标准，参照的是按土地年产值倍数计算征地补偿的方法。该方法要综合考虑被征土地种

① 葛丰. 农民利益严重受损，土地价格剪刀差理应消除 [EB/OL]. (2006 - 03 - 21). https://business.sohu.com/20060321/n242385627.shtml.

② 折晓叶，艾云. 城乡关系演变的制度逻辑和实践过程 [M]. 北京：中国社会科学出版社，2014：170.

类、肥力和农作物价值，同时基于土地征收前三年的平均产值拟定具体标准。也就是说，以土地年产值倍数计算征地补偿的方法，是按照土地原用途来得到的结果，并不涉及对城镇地区经济社会发展状况的考虑，因此城乡差距越大的区域，越可能出现征地补偿与农地未来增值收益之间存在巨大差额的情况。

相比家庭承包制时期的农地制度，现有农地制度允许原承包方在保留承包身份不变的情况下将农地经营权流转给要素需求方，增强了承包方流出土地的积极性，也使农地流入方对农地流转和经营形成理性预期，推动了农地流转的进行。市场是交易存在并得以进行的基础，农地收益和供求双方意愿固然会影响交易是否达成，但没有合理的产权制度和市场运行制度，不可能形成真正意义上的市场，更谈不上市场如何运行和发展。制度因素是否发挥作用是判断农地流转市场形成的要件之一，以此可将农地流转市场形成和个别地方流转行为的发生区别开来。

案例 5-1　云南省砚山县农地流转市场

云南省砚山县农地流转市场的形成，很大程度上就是依托于一系列目标导向性较强的制度安排。砚山县是云南省推进农村土地承包经营权确权登记颁证的试点县之一，2016 年全县实现流转土地 139 648 亩，占承包耕地的 26.6%，流转金额 5 268 万元，共计 31 031 户农户参与，农地流转呈现跨区域成片发展趋势。2016 年 12 月 30 日砚山县印发了《砚山县农村土地流转经营权登记管理暂行办法》[1]，就登记颁证和权证管理两方面作了初步规定，明确流转双方主体资格，基本确立农地流转市场的运行规则，构建了"村委会—县确权办—县仲裁委员会"的多层调解制度。为做好土地的界定与评估，引入具有甲级测绘资质公司进行地籍测绘，测绘结果由发包方代表审核签字和农户签字确认后，制成地籍图张榜公示。设立的 12 个县乡级的农村产权交易中心，为农地产权赋能创造了有利条件，尤其在提升土地融资能力方面，实现了土地承

---

① 砚山县人民政府网. 砚山县人民政府办公室印发《砚山县农村土地流转经营权登记管理暂行办法的通知》[EB/OL].（2016-12-30）.http://www.yanshan.gov.cn/xxgk/gfxwj/2017/01/03/14582928072.html.

包经营权的抵押贷款。当地形成了稼依镇"支部+公司+合作社+基地+农户+市场"的运作模式，既确立农地流转中所有权主体地位，以入股分红的方式给农户带来实惠，又能解决当地农民就业问题，大多数农户对此比较支持。

流转农地能够给流转双方带来收益，农户能够参与市场价格形成，市场机制能够发挥作用，但市场运管组织还不够成熟，目前主要是采取政府宣传、村干部负责的传统模式。总体来说，有关确权颁证、纠纷解决等方面的制度提供了流转市场的稳定性，新型农业经营模式提高了承包方和经营方的预期收益，为当地农地流转市场的构建创造了基本条件。因此，农地流转市场的形成虽与预期收益有关，但关键还是合理的制度安排在市场形成中发挥了规范和推动作用，而产权的可分割性，也决定了可能存在多种类型的流转市场。

在新的地权结构下，农户在土地使用方面有了更多自主权利，其决策在市场形成中的作用不可忽视，并因土地权属在农户主观认知上的差异，不同程度地影响着农地流转市场形成。显然，绝对意义的孤立个体决策行为并不存在，个体决策仍是建立在对周围环境的理性认识之上，对市场主体行为的分析离不开主体所处的决策环境。事实上，影响农地经营权流转市场的因素众多，既有制度因素也有非制度因素，市场主体正是围绕着制度安排所提供的可能性而展开，具体来看：

第一，制度环境。这主要涉及农地产权制度、"三权分置"政策及城乡二元体制之间的对接问题。在市场化和城镇化的同时，农地承包经营权日趋固化，土地不仅是生产资料还逐渐演变成一种"准社会保障资产"。土地流转和农村劳动力转移是同一个过程的两个方面，都是农业生产要素流动及配置的有机组成部分，需要对户籍制度和社会保障制度进行相应改革。

第二，农村土地集体产权强度。农村土地集体产权"三权分置"的制度设计，为集体组织成员提供了经营权流转的基础，但实际流转中也会受到集体产权强度的影响。从外部看，农村土地集体产权主体及其相应权利的界定不够清晰，在实践中还需要获得足够有效的保护；从内部看，集体产权衍生出的"三权"，还存在一致与冲突的整合性难题，承包权、经营权与所有权在经济运作中还会相互牵扯。

第三，经营权自主流转的可操作性。根据我国《农村土地承包经营权流转管理办法》（以下简称《办法》），农地流转方式有转让、转包、出租和入股等方式，实践中还有抵押、担保和土地信托等新形式。现有制度在规制农地流转方式时，实际上是以受让方身份资格对整个农地流转市场进行分类，这种"分类"限定了农地权利受让方范围，也隐含着对市场的分割和限定。"三权"分置初衷在于放活，通过将身份属性从经营权中剥离出来，赋予经营权以更纯粹的物权属性。农地转包客体实为经营权转换，在"三权分置"下承包权实际上是流转不出去的，限定其转包、出租范围意义不大，可以适当扩大接包方范围，弱化市场划分特征，促进农地以不同方式扩大流转。

第四，交易成本。农户间口头协定式的流转缺乏保障，难以解决可能的利益纠纷，并不能对农地流转产生显著的推动作用。在很多情况下，流入方是集体经济组织以外的新型农业经营主体，往往涉及与多家农户进行谈判，这时就需要整合分散交易中产生的个别交易成本和信息不对称等问题。

总的来说，我国征地补偿的理念和标准设计日趋改进。近年实践表明，我国征地补偿已较多考虑到了农村土地承包经营权的潜在产出、所处区位和当地的经济发展条件。具体而言，补偿项目更加细化，补偿范围逐渐扩大，补偿方式呈现多样化。征地补偿制度的完善与否，直接关系到农村集体经济组织及其成员与开发商、地方政府之间的矛盾能否更好地化解，合理的补偿额度与方式有利于城乡土地要素交换，充分保障城乡居民权利公平性与合法性。2020 年 1 月 1 日，修正后的《中华人民共和国土地管理法》开始施行，强调使用片区综合地价作为土地征收补偿的参考依据。采用片区综合地价进行征地补偿标准的设计，全面考虑了城乡经济社会发展，且规定 3~5 年需更新一次，明确了征地补偿标准应遵循有利于被征地农民长久生计保障的原则。相比旧的征地补偿标准，按照片区综合地价进行城乡土地要素交易有关设计，更契合城乡融合发展的内涵，既避免了城市倾向的经济发展思维，又不存在过度倾向集体利益而制造出新的"食利者阶层"。

城乡土地要素交易过程中，交易方式同样影响城乡要素报酬以及权利结构。除按照自然资源部每年下放指标开发农村土地外，近年实践中产生的"增减挂钩"政策，同样对城乡土地要素交易产生了显著影响，是部分地方进行城乡土地要素配置的政策工具之一。传统征地模式下，城乡土地要素交易主要表现为使用资金去置换农村土地要素，而采取"增减挂钩"政策进行土地要素配置，在本质上与传统征地模式有所不同。所谓"增减挂钩"政策，是指地方政府根据我国土地利用总体规划基本精神，将若干拟用于城镇化建设的农村地块，与若干拟复垦的农村建设用地打包组成"增减挂钩"项目区，农村建设用地复垦即"拆旧"，用于开发的农村地块则属于"建新"，"拆旧"和"建新"两种方式对应的土地面积变化量必须大致保持相等，这就是"增减挂钩"政策中"挂钩"的含义。因此，"增减挂钩"政策本质上就是将城镇化开发的土地增量，与农村建设用地的减少量进行关联，目的在于使得"增减挂钩"项目区内的耕地总面积和质量均不发生较大变化。实践中的实际效果，则是地方将土地发展权进行了区域间分配，原因在于地方政府选择性地将复垦所得的建设用地指标，分配至较好的地段进行土地开发，使得被复垦的土地向相对低强度利用的形态转变，而获得开发机会的地段则会因城市工商经济发展而进入高强度利用状态，从而形成更大的增值空间。

由此可见，"增减挂钩"政策所产生的城乡土地交易过程更加复杂，其交易过程中既涉及项目资金投入，也有土地要素的置换，但本质上是一种城乡土地要素之间的直接交换，同时城市还需要投入工商资本进行土地整理，因此实际上是农村土地要素与城市资金及其土地整理项目的交换，后者的实际形式是复垦的耕地与农村居民集中居住社区，前者的实际形式则是开发地段的可建设用地。法权关系上表现为，农村部分地区居住改善权与部分地区的土地发展权进行了对等补偿。地方政府的激励在于，通过推动农村社区的建设进行大规模村庄整治，节余出相应农村建设用地进行复垦换取用地指标，用指标到更好地段进行城镇开发建设，再用指标交易收益对前期农村项目建设成本进行补偿，实现整体资金平衡。问题在于，由于部分农村集体议价能力较弱，地方政府为获取建设用地指标而盲目推进土地整理项目时，双方可能因补偿标准等产生矛盾。比如，地方政府通过拆村并居打造的集中居住形态，对农民生产生活产生诸如劳动不便、生活空间变小和农业器具存储场所消失等一些不利影响，特别是当资金平衡出现问题时，指标交易收入通常无法涵盖建造成本，农民甚至需要自己付费进行购房，造成一定的经济压力。

第二节　资本"沉默"与"爆发"并存

我国城乡资本要素不平衡，不仅表现为城市和农村两大部类价值补偿的不平衡，还涉及城乡资本要素流动的不充分问题。前者主要是计划经济时期工农产品交换的比价差导致的，后者则与城市经济发展过程中对农村地区产生的"虹吸效应"① 有关，进一步表现为城市资本过剩与空间使用成本骤增，如大量资本涌入城市房地产业和实体商业，造成城市空间可开发余地不断减少。城市空间使用的紧张：一方面损害了城市居民的福利，农村广阔的生态空间难以为城市居民所使用；另一方面，高房价也损害了进城购房的农村居民福利，甚至可能阻碍其向城市流动。同时，农村地区因资本短缺而无法改善要素生产条件，资源"沉睡"现象普遍，向资产和资本转化能力较弱，难以有效获得经济发展的机会。

一、城乡资本要素投入不平衡与价值补偿的关系

马克思社会再生产理论表明，不同部类在价值补偿过程中发挥着各自独特的作用。生产消费资料的部类，要生产出足以补偿自身所耗费消费资料的产品数量，并通过产品交换获得来自生产资料部类的产品，以补偿自身消耗的生产资料。生产资料的部类，要生产出足以补偿自身所耗费生产资料的产品数量，通过产品交换获得来自生产消费资料部类的

① 郑新立. 城乡一体化是最大的动能 [EB/OL]. (2016-12-15). http://theory.people.com.cn/n1/2016/1215/c49154-28951308.html.

产品，以补偿自身消耗的消费资料。根据这个基本原理，城市与农村两个部类由于产品生产方式、使用价值的不同，也必然存在着产品交换。从扩大再生产的角度来讲，工农产品交换中存在的"剪刀差"问题，实则城乡两部门在产品交换过程中出现的价值补偿不对等之表现，是造成城乡资本要素不平衡的原因之一。

工农产品交换的价格"剪刀差"现象，有其特殊的时代背景与政治经济学意义。经过一系列经济体制改革与对外开放之后，我国经济结构转型加快，由此衍生的产业结构变动使得农业产出中"剪刀差"价值占比逐年下降。以 1989 年为基期考察发现，在 1989—1995 年我国工农产品价格"剪刀差"表现为先上升后下降的"U"形曲线，工农产品比价指数在越过 1992 年的 116.3 后，开始了持续下降，跌至 1995 年的 91.9（见表 5-3）。随着农业部门产出占比也开始不断下降，城乡价值转移主渠道开始由过去的以工农产品交换为主，转向以城市汲取农村廉价劳动力和土地要素为主，城乡要素不平衡逐渐显露出新的特征与表现形式。

表 5-3　1989—1995 年我国工农产品的价格"剪刀差"变动

年份	工农产品比价指数（以 1989 年为基期）
1989	103.2
1990	110.9
1991	116.6
1992	116.3
1993	114.7
1994	96.1
1995	91.9

资料来源：韩志荣. 工农三大剪刀差及其现状分析［J］. 经济研究，1996（10）：57-61.

一般认为，"比值剪刀差"更能够反映"剪刀差"问题的实质，即在考虑了劳动生产率前提下，工业品与农业品价格均偏离了自身价值量。据估计，1953—1994 年仅商品交换制度就为城市提供了 20 100 亿元的资金，其中 1953—1978 年借助统购统销制度为工业化提供的资本原始积累就有 5 100 亿元，如果加上农业税收带来的财政收入，截至 1994 年年底我国工业化城镇化进程中农村提供的积累资金至少有27 505 亿元①。

对于工农产品交换的"剪刀差"现象，我们应当辩证看待。首先，工农产品交换中价值补偿的差额为我国工业化投资与完整工业体系建设提供了资金来源，极大地提升了我国工业生产能力，加速了工业化进程。其次，工农产品交换的"剪刀差"现象不利于农村部门扩大再生产。1953—1985 年我国预算内固定资产投资规模，大致与这一时期"剪刀差"绝对额 7 920 亿元②接近，说明几乎所有因"剪刀差"而形成的价值补偿差额，都用在了工业化建设上。最后，农村经济发展的滞后直接降低了经济整体发展水平。工农产品交换的"剪刀差"现象加剧，使得农村部门生产率与工业生产率相对差距越来越大，农村居民难以获得更高收入，对自身人力资本投入不足，也无法进行农业生产有关的直接性投资。工农产品交换的"剪刀差"现象持续降低了农村部门发展能力，特别是在工业部门得到迅速发展之后，落后的农业部门难以维持正常的社会生产，要通过动用大量外汇进口农业品的方式，以维持轻工业部门的原料供应，重工业部门则因市场空间狭小而难以获得更进一步发展。

根据马克思主义资本循环与周转理论，要完成一次完整的价值创造与实现，必须经历"货币资本投入—产业资本形成—商品资本流通"的基本过程。但是，工农产品价格"剪刀差"的存在，干预了"产业资本形成—商品资本流通"环节，使得农业部门无法很好地对所消耗的原料、设备和牲畜等生产资料进行有效补偿或者增加投入，影响了"货币资本投入—产业资本形成"过程的顺畅进行，进而导致资本循环周转难以在时间上序贯进行。反观城市部门，由于超额价值补偿作用的存在，其得以在数量和质量上进行更好投入，能够利用交换所得的超量资

---

① 许经勇，曾芬钰. 资本原始积累与被扭曲的价格 [J]. 价格理论与实践，2001（10）：32-33.

② 严瑞珍，龚道广，周志祥，等. 中国工农业产品价格剪刀差的现状、发展趋势及对策 [J]. 经济研究，1990（2）：64-70.

本要素购买更多生产资料，由此促使城市工业产出的较快增长与现代工业体系的迅速建立。正是由于工农产品价格"剪刀差"对于工农两个部门资本要素积累与使用的深刻影响，进而带来了城乡经济的差异化表现，使得城乡经济发展的水平、质量以及城乡居民劳动收入出现了失衡。

因此，工农产品价值补偿的不平衡，实际上是城乡资本要素不平衡的因素之一。原因在于城乡两部门所需资本要素具有本质上的不同。城市部门主要为农村部门提供必需的资本要素，如果两者在产品交换上存在不平衡，将直接导致农村部门在获取资本要素上存在价值损失；城市部门则利用超额价值补偿获得超额资本要素投入，其中也包括了资本要素，城乡资本要素的不平衡在城乡两个部类的持续交换中得以生成和扩大。城乡资本要素的不平衡，还会随着工农部门劳动生产率的增加而呈现几何级数增长。如果以某一年作为基期考察，第一个时期内城市部门产品与农村部门产品交换如果存在不平衡，那么下一个时期城市部门能够将所得超额价值补偿转换为超额要素投入，部分用于扩大再生产，部分则可以用于研发或引进新的技术、设备。那么，城市部门生产的单位产品所包含的价值量将会降低，如果城乡两部门产品交换不平衡状况与之前接近，那么城市部门将获得更多超额价值补偿①，进而能够转换为更多的资本等要素投入，不断拉开城乡经济发展差距。第二个时期里城乡资本要素的不平衡投入，将直接影响两者生产技术的进步，以及扩大再生产能力水平的提升。不平衡的资本要素投入会通过生产过程转换为不平衡的产出，如果交换比例仍然不变的话，就会形成第三个时期资本要素投入的不平衡，因为城市部门此时因技术进步获得了更多的价值补偿。当生产表现为规模报酬递增时，城市部门资本要素投入能力将持续

---

① 一个简单的例子是，根据等价值交换原则，城市产品与农村产品交换数量比例假设为 $X : Y$，且超额价值补偿存在下这一比例固定为 $(X-a) : (Y+b)$ $(a, b>0)$。如果城市部门劳动生产率得以通过超额价值补偿转换的超额要素投入而提高，那么根据等价值交换原则，城市产品与农村产品交换数量比例将变为 $(X+c) : (Y+b)$ $(c>0, b>0)$。劳动生产率提高，超额价值补偿就会增加，其对应的产品增加量为 $X+c-(X-a) = a+c$，即城市部门少交付了 $a+c$ 数量的产品给农村部门。此时，因劳动生产率提高而获得的超额价值补偿，就等于 $a+c$ 的数量值乘以新技术生产的单位产品价值。

提高，城乡要素不平衡扩大速度会持续递增，最终使得城乡资本要素不平衡成为常态。

二、城乡资本要素流动不充分的分析

我国城乡资本要素流动不充分，主要表现为资本要素净流入规模总量的城乡差异，城市更多获取了来自农村地区的资本要素，同时城市地区通过资本要素市场价格的扭曲获取超额资本要素报酬。在这不充分的背后，原因之一便是在一个较长时期内，我国财政支农资金的相对不足。据有关数据，1978—2012年，我国农村地区外流资金为 101 682. 18 亿元，由乡镇企业和农业税费相加得到，减去财政支农资金总量的 71 279. 11 亿元即为农村资金净流出量，由此得到我国在此期间的农村净流出资金高达 52 181. 06 亿元[①]。由此可见，财政支农资金相对于迅速发展的城市地区存在不小差距，由此使得这一时期的我国农村地区，无法很好地通过二次分配获得经济发展所必需的各类资本要素，扩大再生产与农业现代化受到双重制约。

Huang 等（2010）[②] 认为，中国的金融制度在推动农村资金外流方面起了很大作用，是 1980—1995 年城镇化积累率加速提高的关键原因，其中包括从事农业生产和非农业生产的两类企业，名义变量均用社会零售物价指数剔除了价格影响，当期资本输入（农业到工业）等于农业部门存款增加额减去农业部门贷款增加额，当期资本输入（农村到城市）等于农村地区存款增加额减去农村地区贷款增加额。根据图 5-2，农村资本通过金融部门向城市流入总量逐年增加，且在 1995 年后增加幅度不断加大，经济体制改革虽然给城乡建设带来了更多有效的融资渠道，但在政策与市场机制双重作用下，进一步推动了改革初期农村地区的资本流出。2000—2009 年，农业贷款总量尽管大于存款总量，但年均增速只有 18. 14%，小于农业存款 21. 9%，在 2009 年农业存款同比增

---

① 孔祥智. 城乡差距是怎样形成的：改革开放以来农民对工业化、城镇化的贡献研究 [J]. 世界农业，2016（1）：222-226.

② HUANG J, ROZELLE S, WANG H. Fostering or stripping rural China: modernizing agriculture and rural to urban capital flows [J]. Developing Economies, 2010, 44（1）：1-26.

长达到了44.6%，而农业贷款只增加了22.6%，这种信贷渠道的剪刀差现象加剧了农村资金净流出状况。自2010年起由于统计口径变动，通过比较涉农贷款（包括农林牧渔、农户贷款等）与农村储蓄发现，涉农贷款增速逐年下滑，2013年只有18.5%，2014年降至13%，而对应的农村储蓄呈现先下降后上升趋势，在2013年同比增长85%，2014年降至15%，仍大于同期涉农贷款总额。

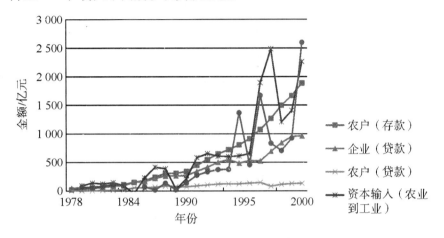

图 5-2　改革初期城乡资本流动（金融部门）

（数据来源：根据历年《中国金融年鉴》整理）

城乡资本流动变化的另一个因素是国家财政相关投入，新中国成立后近30年财政支农资金合计1 577.12亿元，为农村联产承包制的红利释放创造了先决条件，但由于当时秉持工业优先战略主导思想，农村的财政吸收水平并没有随国家财政支出能力提高而增加，从"五五"时期下降到了"七五"时期的8.28%。以城乡基建投入为例，采用城镇化率对全国财政基建投入进行分解，得出1951—2006年城市基建投入为年均增速19.02%，比农村基建投入多将近5个百分点，图5-3显示了其间城乡基建投入增速的差距，图5-3中城乡基建投入差距在新中国成立初期有一个高峰，国家当时为建立完备工业体系采用了扶持工业的基本方略，使得基建投入大量流向城市工业地区，2000年前后的高峰则同产能过剩的消化有关，资金流动逐渐从传统的产业资本扩张至城镇化建设进程中去。2007年财政分类项目调整，故用固定资产投资替代原有指标，但 2010 年投资统计起点被调整为 500 万元以上，因此农村固定资产投资增速远低于城市的 20%，仅有 0.3%，但也因此可看出农村基建投入存在流动性不强、投入量不足等问题。

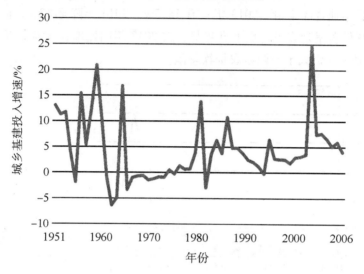

图 5-3　1951—2006 年我国城乡基建状况

（数据来源：《新中国 65 年统计资料汇编》）

　　除财政金融制度外，农业产品价格制度一直被视作早期农业扮演资源输出器的重要制度装置之一。但在国家可调整范围内，这种饱受诟病的农产品价格制度，却在事实上起到了加速农村经济体制改革红利释放的作用。统购统销制度安排中包含了定额价格和超额价格两种价格体系，1979 年经国家调整后针对谷物和棉花等作物的定额价格平均增加了 17.1%，谷物和油料作物的超额价格甚至比定额价格还多 3~5 成，而棉花的超额部分还给予 30%奖励①。这种价格制度的调整虽谈不上全面的改革推进，却很好地配合了当时农村经济体制和经营方式，加强了对农业生产者的激励作用，避免了农业生产因过早商品化而受到市场体制冲击。后来，农产品商品化程度逐年提高，直至 2004 年粮食市场的

　　① LIN J Y. Rural reforms and agricultural growth in China [J]. American Economic Review, 1992, 82 (1)：34-51.

全面放开农村才基本进入了商品化阶段，但农业的弱质性决定了资本的逻辑必然扭曲种粮的逻辑。"三农"问题的根源就在于此，资本必然向着回报更高的城市流入，失去统购统销制度庇护的农村经济需要新一轮的制度变革与创新。

根据表 5-4 中数据可知，因资本要素的不平衡流动，我国由农村向城市转移的价值规模总量有所下降，但各地区呈现出明显的差异。东部地区城市通过资本市场汲取农村价值所占比重还较大，常年处于 60%～70%，这说明东部地区城乡资本市场机制可能还存在较多不合理的地方。中、西部地区资本要素市场对城乡要素价值转移的贡献度相对较低，这说明资本市场存在的价格扭曲对城乡差距扩大的作用相对较小。

表 5-4　1999—2012 年资本要素市场对城乡要素价值转移的贡献

单位:%

年份	贡献度（全国）	贡献度（东部地区）	贡献度（中部地区）	贡献度（西部地区）
1999	96.89	63.53	21.75	14.7
2000	96.83	63.81	21.53	14.64
2001	89.14	65.3	20.72	13.96
2002	84.68	65.99	20.48	13.53
2003	77.35	67.02	19.63	13.34
2004	77.55	66.13	20.19	13.67
2005	80.57	65.74	20.46	13.78
2006	77.87	66.18	20.25	13.56
2007	73.00	66.73	19.97	13.29
2008	76.86	66.89	19.99	13.11
2009	71.5	68.34	19.11	12.53
2010	66.23	67.13	20.46	12.4
2011	66.07	65.31	21.89	12.78
2012	69.83	66.02	21.11	12.86

资料来源：周传豹，吴方卫，张锦华. 我国城乡要素收入的隐性转移及其测度［J］. 统计研究，2017，34（12）：63-74.

　　资本通过财政、金融和价格制度等渠道从农村涌入城市，而城市在吸收了一定数量的资本后会面临资本边际生产率的下降，从而推动城乡进入城市反哺农村的阶段，通过资本回流进行农业现代化改革与农村资源要素的再配置。经测算，1980—2010 年城乡资本边际生产率差距的确在逐渐减小，但城市资本边际报酬一直低于农村地区，也就是说，在区域性要素流动性提高的条件下，中国城乡间资本是朝着边际报酬较低的一方流动的，有学者将这种现象称为城乡资本流动的"卢卡斯之谜"[1]，即资本通常净流入发生在边际报酬较低的城市地区。有观点认为，统计口径的选择可能是"卢卡斯之谜"存在原因，已有研究在测算资本边际收益率的惯常做法是将城乡人口等同于城乡就业人口，同时在固定资产价格指数和城乡 GDP 分解上存在统计意义上的不精确[2]，生产函数模型中的测算方式不同将影响最终结果的有效性。但制度因素可能是存在"卢卡斯之谜"的另一个重要的原因。本书借鉴 Macdougall（1975）[3] 的模型，并将其刻画如图 5-4 所示。

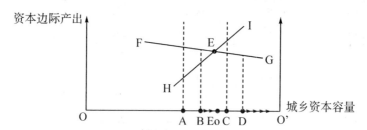

图 5-4　开放经济条件下城乡资本流动

　　图 5-4 显示了城乡资本流动与边际资本产出的关系，O 处代表城市资本流入为零的状态，O'代表农村资本流入为零的状态。FG 为城市资本边际产出，在边际报酬递减规律作用下向右下倾斜，IH 为农村资本边际产出，在双纵轴坐标系中表现为向左下方倾斜。E 为均衡点，均衡

　　① 彭小辉，史清华."卢卡斯之谜"与中国城乡资本流动 [J]. 经济与管理研究，2012（3）：65—72.

　　② 高帆，李童. 中国城乡资本流动存在"卢卡斯之谜"吗 [J]. 经济学家，2016 (3)：75—86.

　　③ MACDOUGALL D. The benefits and costs of private investment from abroad：a theoretical approach [M] // Studies in Political Economy. London：Palgrave Macmillan UK，1975：13—35.

状态时城乡资本边际产出相等，Eo 为均衡资本配置，因国外投资不影响模型表达，故假设开放经济条件下 FDI 全部流向城市，即城市除农村资本净流入外还有一定量 FDI。如果城乡经济面临"卢卡斯之谜"，则 CO' 为农村资本容量，OD 为城市资本容量，CD 为净流入城市的 FDI，经济处于 C、D 逐渐右移的状态。资本流动机制的理论推演和事实证据之间无法实现有效耦合而出现"卢卡斯之谜"的原因有二：一种是这种说法本身的局限性。一般而言，资本总是通过直接或间接投资完成以利润最大化为目标的转移，但资本的边际报酬却不是衡量其目标的唯一标准，资本边际报酬高只是资本获得高收益的原因之一，但就某个地区而言，市场体系、劳动力素质、地方政府的招商政策和当地基础设施[1]是否完善等因素都会影响资本流动。Lucas（1990）[2] 在模型中加入人力资本差异及其外溢效应后，仍不能解释为何 FDI 大多流向了美国等发达国家，但他认为资本市场开放程度、营商环境和政治风险等可能是导致此种情况的潜在因素，资本流动并不只受经典理论所谓的边际报酬影响。因此，中国城乡经济状态很可能尚位于图 5-4 中均衡点左方，即处于 A、B 右移的状态，此时关于市场、产权以及城镇化等方面的制度体系尚不够完善，对于农村经济发展而言缺乏足够有效的制度供给，资本流动方向将持续偏向于城市，即图 5-4 中从均衡点左边横轴某处向右持续移动直到均衡状态产生，而均衡点左边则是城乡边际产出"剪刀差"的另一个方面，城市边际产出高于农村经济。故而如果不实施有效的制度变迁，资本流动的偏向性将一直存在。

案例 5-2　河南襄城县城乡经济问题[3]

从经济增长方式来看，河南襄城县属于资源型县域经济体，2013年襄城县的城乡收入比为 1.85：1，高于周边县城。襄城县城乡经济不平衡表现为，区域经济增长主要依赖于资源型工业部门，而资源型工业

---

① TEMPLE M. Regional economics［M］. London：The Macmillan Press，1994.

② LUCAS R E. Why doesn't capital flow from rich to poor countries？［J］. American Economic Review，1990，80（2）：92-96.

③ 沈迟，张国华. 城市发展研究与城乡规划实践探索［M］. 北京：中国发展出版社，2016：242-244.

部门多为以资源开发加工利用为主的国企，封闭性较强，从而难以有效形成多部门联动，同时也无法与县域城镇化形成互动，进而影响了农村剩余劳动力的就业转移。大量的资本集中于襄城县资源型工业部门，使得当地农村青壮年劳动力无法被就地吸收从而产生外流，同时由于缺乏足够资本进入农村，当地土地交易市场僵化，农业规模化集约化专业化经营无法有效开展，形成"资源型工业资本过度集中—城镇化滞后—农业发展僵化"的不利局面。此外，当地资源主要为国企统一投资并开发利用的运行模式，使得地方税收提留不多，带动地方经济发展动力不足，地方政府缺乏足够的财力与意愿进行招商引资与经济转型，当然也包括对营商环境所需配套设施的建设。2013 年襄城县的数据表明，当地第二产业占比高达 65%~70%，但吸纳就业人口占总就业人口比仅为25%，原因在于，在襄城县当地工业内部，以煤炭采选业和炼焦工业为主的重工业占比接近 90%。工业结构的严重失衡导致了吸纳就业人口能力的相对不足，缺乏对其他产业部门的带动，经济增长点过于孤立，因而无法通过县域经济的进一步发展弥合城乡经济差距。

襄城县的案例表明，城乡资本要素流动得不充分，不一定能够通过经济社会发展本身予以解决。当大量资本被锁定于城市重型工业部门时，城镇化与农业农村现代化都将受到抑阻，无法实现城乡资本自由流动，也就无法通过资本要素报酬递减形成城市部门资本向农村流入的趋势。只有根据经济实际制定相应的政策与城乡设计规划，才能够从根本上缓解城乡经济失衡带来的经济社会问题。

三、农村资本要素配置问题分析

通过考察各地区资本要素市场规模发现（见表5-5），中、西部地区的资本要素市场规模存在较为明显的缩小趋势，即要素向中、西部地区流入的不充分问题日趋严重。资本要素的流动与区域经济底部支撑力紧密相关，后者很大程度上取决于地区城镇化率、经济开发政策与地理区位等，因此东部地区在吸引资本要素方面具有较大优势。东部地区城镇化率分别高于中部和西部 11.76 和 13.49 个百分点①，东部地区在城镇化形态演变速度方面已远超中西部地区，对资本吸引力相对更强，这进一步阻碍了农村地区共享现代化成果的能力。

表 5-5　各地区资本要素市场规模占比　　　　单位:%

年份	东部地区	中部地区	西部地区
1999	60.4	21.22	18.38
2000	60.69	21.01	18.3
2001	60.83	20.93	18.24
2002	60.89	20.79	18.32
2003	60.95	20.55	18.5
2004	60.89	20.45	18.66
2005	60.64	20.50	18.86
2006	61.06	20.24	18.71
2007	61.47	19.97	18.56
2008	61.88	19.71	18.41
2009	62.28	19.45	18.27
2010	62.68	19.2	18.12
2011	63.08	18.95	17.98
2012	63.47	18.7	17.83
2013	63.86	18.45	17.69

资料来源：周传豹，吴方卫，张锦华. 我国城乡要素收入的隐性转移及其测度［J］. 统计研究，2017，34（12）：63-74.

2010 年以前我国东部、中部和西部地区的城乡固定资产投资比具有明显的地区差异。东部地区特别是发达地区，城乡固定资产投资比往往较高。中部地区的城乡固定资产投资比则一般处于相对较低位置，但也呈现上升趋势。西部地区的城乡固定资产投资比不仅普遍较低，且不

---

① 李晓超. 近十年中国城镇化率提升最快，面临诸多新挑战［EB/OL］.（2021-11-11）.ht-tp://finance.sina.com.cn/jjxw/2021-11-11/doc-iktzqtyu6654425.shtml.

同地区几乎都处于一个比较集中的区间①。我国不同地区的城乡固定资产投资比表现出来的差异性，说明了我国城乡资本要素的配置与经济发展水平之间存在一定关联。经济越是发展的区域，越有利于在城市部门快速积累起大量资本，同时也能够促进城镇地区商品市场发展，优化城镇地区商业生态与营商环境，提高城市部门资本要素投入回报率，进而提高其资本要素吸引能级。以 2013 年中央一号文件发布为时间节点，前一个时期我国农村资本要素配置问题主要表现为资本要素流入的不充分，后一个时期我国农村资本要素配置问题主要表现为整体配置效率不足。

　　伴随着经济发展水平的不断攀升，城市资本要素回报率始终难以维持在较高的水平上，城乡资本位势差凸显。此时，在适宜的经济政策和制度作用下，城市资本要素向农村地区的流动便成为可能。有关政策方针包括，引导优化创新农业经营融资机制②、城乡营商环境③、城市工商资本下乡④以及鼓励工商资本参与农业农村现代化建设⑤等多个方面。2017 年我国有关数据显示，工商企业流转家庭承包耕地面积达 0.50 亿亩，同比增长 8.6%，同时全国范围内的家庭承包耕地流转面积同比增长约 6.9%，农村家庭承包耕地流转总面积达 5.12 亿亩。不仅如此，农村金融市场也逐渐活跃起来，金融支持力度与规模都在不断增加和扩大（详见表 5-6 与表 5-7 列示）。

表 5-6　2007 年和 2020 年我国涉农贷款

年份	全口径涉农贷款	农林牧渔业贷款	农户贷款
2007	6.12	1.51	1.34

---

① 资料来源：历年《中国城市统计年鉴》。

② 参见《财政部 国家开发银行关于创新投融资模式加快推进高标准农田建设的通知》（财发〔2015〕26 号）。

③ 参见《国务院关于促进乡村产业振兴的指导意见》（国发〔2019〕12 号）。

④ 参见 2020 年 1 月 2 日《中共中央 国务院关于抓好"三农"领域重点工作确保如期实现全面小康的意见》。

⑤ 参见 2021 年 1 月 4 日《中共中央 国务院关于全面推进乡村振兴加快农业农村现代化的意见》。

表5-6（续）

年份	全口径涉农贷款	农林牧渔业贷款	农户贷款
2020	38.95	4.27	11.81

数据来源：冯兴元，鲍曙光，孙同全. 社会资本参与乡村振兴和农业农村现代化：基于扩展的威廉姆森经济治理分析框架［J］. 财经问题研究，2022（1）：3-13.

表5-7　2004—2017年我国农业的中央财政补贴　单位：亿元

年份	中央财政补贴
2004	146
2005	174
2006	310
2007	514
2008	950
2009	1 152
2010	1 341
2011	1 406
2012	1 668
2013	1 666
2014	1 681
2015	1 651
2016	1 633
2017	1 567

数据来源：周振，涂圣伟，张义博. 工商资本参与乡村振兴的趋势、障碍与对策：基于8省14县的调研［J］. 宏观经济管理，2019（3）：58-65.

由此可见，在政策性激励的作用下，市场主体潜在获益水平提高了，城镇地区工商资本出于追逐获利机会的目的，开始进入农村部门参与生产经营。同时，社会总体经济发展水平促使城乡居民消费结构升级转换加快，对于现代优质农产品以及农村服务业产品需求量骤增，给予了工商资本进入农村各行业良好的市场前景。在我国支农惠农政策体系与社会需求结构发生变化之际，城乡资本要素自由流动，特别是城市工商资本进入农村的大环境已经具备，农村资本要素匮乏不再是城乡资本要素不平衡矛盾的主要方面，城乡资本要素不平衡更多显现为农村资本要素配置效率低下的问题，即资本要素在农村地区的错配或者说供需匹配机制的不完善，通过涉农企业管理不善和商业模式的失败等现象表现出来①。农村资本要素配置效率较低，将影响整个农业劳动生产率和土地产出率的提升，与农村资本要素匮乏情形类似，也会阻碍农村经济发展水平的提高。农村资本要素配置方面存在的困境，可从两个方面来分析：

一是涉农资本循环与周转存在不足。首先，农村资本要素配置缺乏金融市场支持。涉农企业可能存在大量生物资产，而当前缺乏完善的农村资产处置市场机制，即便一些地区完成了确权颁证工作，但涉农企业资产抵押贷款，仍可能面临金融机构风险评估过高而得不到足够贷款的局面。金融市场建设的缺失，一定程度上降低了涉农企业抗风险能力，让其资本要素配置动态过程可能陷入中断而无法有效恢复。其次，农村资本要素配置形态转换可能未处于最优状态。城镇地区工商业资本进入农村开展生产经营活动，其最大的优势在于能够带来相对较多的资金作为经营支撑。但是，资本要素供给背后的企业家，并非一定具备农业生产有关的知识与管理能力。此种情形下，企业家在将货币资本转换为产业资本的过程中，其购买农业生产的产业资本，可能并非表现为最优的生产资料组合。比如，采取工商业的思维进行农业生产管理，使得涉农企业容易忽略农业生产本身的一些特征，如不可预见的气候、虫害等风险，以及农业生产的产出周期长，农产品育种技术创新的难度等。对下乡经营第三产业的企业而言，如何针对当地交通设施状况，风土人情以及特色产业等，设计出具有盈利能力的服务业项目，并不能够仅仅通过提供货币形式的资本要素来获得。购买和建造项目设施的同时，还涉及如何招揽专业人才的问题，这都需要在货币资本向产业资本转化过程中予以解决。再次，农业产业资本向商业资本的转化同样是重要的环节。特别地，远离城镇地区的农村要发展农业，必须考虑农村粮食类、经济

---

① 刘魏，张应良，李国珍，等. 工商资本下乡、要素配置与农业生产效率 [J]. 农业技术经济，2018（9）：4-19.

作物类产品以及农村服务类产品流通问题，这就涉及农业产业资本与商业资本的分工问题，具体包括分利比例的议定和专业化商业运营机构的选择。最后，我国一些地区的工商资本下乡仍然面临一个问题——政策引导下的工商资本"潮涌现象"①普遍存在，这就使得资本要素在某区域或某产业过度投入，同样不利于资本要素的最优配置，造成不同农村地区的资本要素投入失衡。

二是涉农资本与其他要素结合不畅。一方面，表现在与土地要素的结合上。我国土地制度改革是一个长期性的过程，需要全面谨慎地设计，由于当前我国土地制度在一些环节上还需要完善，工商企业下乡过程中存在"用地难"和使用权保障等问题，这就给资本与土地要素的结合带来了困难。如部分工商企业获取设施农用地方面存在困难，产业项目申报方面无法使用一般农田转化为设施用地的指标，宅基地的制度设计也有待进一步完善，充分保障涉农企业土地使用权的基本权益，建立起大环境下农村产业发展长期的良好预期，为涉农企业提供农村创新创业载体，可能是未来需要努力的方向。另一方面，还表现在劳资结合上。目前我国城乡人才要素的对流机制尚难以突破，鼓励支持引导人才下乡的政策设计还缺乏配套的激励机制，城市技术管理人才进入农村面临激励不足与一系列制度性障碍。农村资本要素与人才的结合受阻，不利于农业现代化进程的推进，也影响资本要素配置效益最大化的实现。

第三节　城乡劳动力的流动与回归

劳动力是各生产要素中最为活跃的要素，诸如土地、资本和数据等要素，均需要通过劳动力加以激活并与之结合使用，以此发挥出生产作用。城乡劳动力要素的不平衡是引致城乡生产力层面出现差距的重要原因之一，具体表现在：一是城乡劳动力要素在形成上的不平衡。劳动力要素的形成即劳动力价值的积累过程，包括劳动力体力价值和脑力价值

---

① 周振. 工商资本参与乡村振兴"跑路烂尾"之谜：基于要素配置的研究视角 [J]. 中国农村观察，2020（2）：34-46.

两个方面，其中城乡劳动力要素在形成上的不平衡更多表现在劳动力脑力价值即劳动者素质方面，这是由城乡教育质量与覆盖范围差距所决定的。二是城乡劳动力要素在配置上的不平衡。这主要表现在农村劳动力要素大规模流入城市参与生产，从而造成农村劳动力空心化，但又并未完全退出农村地区，阻碍了城市或其他农村优质劳动力要素进入替代，本质上是居住和工作场域的高度远离导致的劳动力要素跨区域流动。我国农村劳动力要素跨区域流动是当前城乡劳动力要素配置的一个特点，现实中表现为"民工荒"。"民工荒"实际上就是由乡到城的劳动力要素流动，发生了暂时性或永久性中断。城乡劳动力要素在配置上的不平衡，不利于农村劳动力要素充分向外转移，同时也阻碍了农村劳动力要素进一步优化配置。三是城乡劳动力要素在报酬上的不平衡。获取要素报酬是劳动力本身得以补充、维持和优化的基础，直接取决于劳动力要素投入使用的行业竞争程度，及其本身所包含的劳动力价值大小。城乡劳动力要素报酬上的不平衡，很大程度上与要素形成上的不平衡有关，城乡劳动力要素形成不平衡意味着两者劳动力价值存在差异，通常城市部门拥有更多高技能劳动者，能够凭借较高劳动力价值获取丰厚报酬，进而不断积累新的劳动力价值，强化自身竞争优势，如此又可进一步提升收入水平。四是城乡人才分布上的不平衡。人才是特殊的劳动力要素，同时又承载着知识、技术和管理要素，城乡人才不平衡实质上包含了城乡之间在科技创新、技术管理和研发等方面不平衡的内容，"人才下乡"存在障碍是城乡劳动力要素配置失衡的又一表现。

一、城乡劳动力要素形成逻辑

城乡劳动力要素形成的不平衡可从劳动者身体素质与文化知识形成的差异来考察。通常，健康素养水平是影响劳动者身体素质的重要方面。当前，我国城乡居民在生活和工作方式、居住条件等方面还存在差异，城乡健康素养水平的不平衡仍然存在[①]。有研究基于2013年的观测

---

① 新华社. 2018年我国城乡居民健康素养水平提升至17.06%，呈稳步提升态势［EB/OL］.（2019-08-27）.http://www.gov.cn/xinwen/2019-08/27/content_5425007.htm.

数据发现①,我国城乡居民健康素养水平为6.88%②。

根据国家卫生健康委公布的有关数据（见表5-8）,2017—2020年我国城乡居民健康素养水平均有明显提升。其中,城市居民提升了8.86个百分点,农村居民提升了9.38个百分点,农村居民提升速度更快,表明我国农村居民健康素养状况改善的相对程度较大。城乡居民健康素养水平差距变动幅度显示,2019年该项指标数值达到了最大,2020年出现明显下降,随着未来农村经济发展的继续推进,这一数值将继续变小。这说明,城乡居民健康素养状况虽总体稳定并呈改善趋势,但城乡居民健康素养水平仍存在差距。农村剩余劳动力转移规律表明,农村劳动者由于普遍缺乏较高知识技能,通常会选择进入城市部门的劳动密集型行业就业。农村劳动者从事体力工作居多,以及对一些高危工作的认识不充分,使得农村劳动者因健康素养偏低而出现"职业病"的可能性增加,反过来又会损害劳动者身心健康,最终可能导致其过早退出劳动力市场,失去挣取收入的机会。此外,农村居民健康素养水平偏低,也不利于下一代劳动力要素的形成。这些问题降低了农村劳动力要素发挥劳动作用的质量。

表5-8 我国城乡居民健康素养水平状况 单位:%

年份	城市	农村	差距
2017	19.22	10.64	8.58
2018	22.44	13.72	8.72
2019	24.81	15.67	9.14
2020	28.08	20.02	8.06

数据来源:2017—2020年《健康素养监测报告》。健康素养的测度包括以下方面:安全与急救、科学健康观、慢性病防治、传染病防治、基本医疗、安全与急救、健康信息。

教育条件的差别是城乡劳动力要素形成不平衡的另一主要因素,通过教育实现知识积累和学习能力提升,能够为劳动者进入劳动力市场提

---

① 姚宏文,石琦,李英华.我国城乡居民健康素养现状及对策 [J].人口研究,2016,40（2）:88-97.

② 这里健康素养水平的测算结果为得分80分及以上人数占全部调查人数比。

供必备的基础条件。目前，我国城乡教育资源分布不平衡，城乡之间教育水平具有明显差距，教育分层现象突出。首先，农村吸引人才能力相对较弱，使得教育师资配备上大大落后于城镇地区，更多依赖于部分教师下乡支教的周期性援助。其次，农村教育理念相对落后，特别是不少农村家庭教育理念难以跟上现代社会步伐，对子女教育重视程度不够，放任自流的态度无法对子女的学业起到促进作用。部分农村家庭子女初中升学意愿不强，选择辍学打工的情况较多。正因如此，城乡教育机会不平等导致的教育分层，主要源自城乡初等教育和中等教育阶段的生源分化①。伴随着义务教育的大力普及和大学扩招政策的实施，城乡教育分层问题将呈现向上转移的趋势。也就是说，由于农村初中等教育保障力度有所加大，城乡教育不平衡将更多体现在获取高等教育机会层面。最后，城乡教育硬件环境有较大差异。城镇地区学校通常财务状况更好，能购买较多现代化教学设备，以及提供良好的校内建筑设施，在教学的硬件配置上优于大部分农村学校。

劳动力要素形成过程中的健康和教育等投入，决定了最终能够进入劳动力市场的劳动力要素拥有的人力资本存量。根据中央财经大学发布的《中国人力资本报告2019》有关数据（见表5-9至表5-12），我国无论是发达地区还是不发达地区，各省份的城市实际人均劳动力人力资本存量都普遍高于农村。我国劳动力人力资本有关数据充分说明了，尽管在此期间我国加大了对农村地区的教育医疗资源投入，但应当注意到过去形成的劳动力要素其人力资本存量提升的有限性。同时，新的基于国家治理资源投入的农村劳动力要素形成尚需要一段时间，农村居民的子女一般要通过家庭抚育、学校教育和技能培训等环节，才能够成长为符合社会主义现代化要求的合格劳动者。城乡劳动力要素形成上的差距，影响的是城乡劳动力要素分布或者说配置，农村拥有较低人力资本存量的劳动者，如果进入城镇地区能够为其提供大量廉价的劳动力要素，通过促进服务型产业发展带动城市发展。但如果留在农村地区参加生产，由于农村劳动力要素内含的知识、技术和创新能力不够，难以有

---

① 李春玲. 教育不平等的年代变化趋势（1940—2010）：对城乡教育机会不平等的再考察 [J]. 社会学研究，2014, 29（2）：65-89, 243.

效推动农村各产业加快发展。因此从生产环节来看，城乡劳动力要素在
质量上的差异不利于城乡经济平衡发展。从分配环节来看，由于城乡劳
动力要素基于自身劳动力作用来获取报酬，城乡劳动力要素存在差距将
引致不同类型劳动者收入分配差距，对于城乡劳动者收入分配差距缩小
具有抑制作用。

表 5-9　我国城市男性实际人均劳动力人力资本

（基年为 1985 年）　　　　　　　　　单位：元

省份	年份						
	1985	1990	1995	2000	2005	2010	2017
北京	77 700	99 580	87 180	133 510	208 810	348 320	519 160
天津	64 220	75 470	64 380	105 550	155 830	254 470	338 440
河北	58 570	64 800	60 380	92 620	124 980	181 580	262 280
山西	49 760	53 660	48 590	69 870	102 040	137 920	234 350
内蒙古	52 910	65 340	61 110	93 320	123 530	172 810	276 030
辽宁	57 400	58 900	50 550	77 690	105 470	152 460	230 690
吉林	53 200	57 680	52 960	82 450	108 670	149 710	221 880
黑龙江	49 020	54 630	50 760	76 270	101 710	138 350	181 950
上海	91 280	104 090	90 070	148 460	229 130	335 240	390 880
江苏	61 830	66 790	61 380	92 820	130 370	196 460	286 480
浙江	65 800	70 810	58 820	99 180	141 100	218 800	327 920
安徽	59 840	65 630	57 310	87 870	115 410	169 230	322 620
福建	61 760	63 820	64 380	95 670	134 670	191 650	262 970
江西	52 520	55 280	49 670	74 670	97 370	149 510	243 750
山东	62 780	70 770	65 800	97 880	129 510	192 670	284 830
河南	53 120	59 960	56 540	93 590	117 980	166 600	227 010
湖北	54 950	62 410	49 350	82 950	110 630	150 100	251 390
湖南	51 500	53 760	44 710	68 310	98 380	123 730	170 990
广东	77 780	81 080	75 100	126 500	178 200	234 200	290 320

表5-9(续)

省份	年份						
	1985	1990	1995	2000	2005	2010	2017
广西	60 560	67 370	56 060	95 220	118 790	155 800	199 000
海南	64 120	63 440	59 540	96 430	131 660	170 270	227 240
重庆	56 040	61 020	47 510	76 750	98 580	149 840	218 600
四川	52 630	56 950	47 830	75 410	91 370	135 460	202 230
贵州	57 650	63 150	58 710	86 860	112 690	148 880	197 210
云南	66 590	71 960	70 680	100 710	134 280	153 310	193 350
西藏	102 940	106 050	88 470	115 960	161 580	194 260	228 330
陕西	53 090	56 440	50 830	74 780	101 380	150 220	231 670
甘肃	57 150	59 330	52 370	79 230	100 720	125 780	169 340
青海	51 270	55 650	50 340	68 180	88 560	104 930	130 550
宁夏	57 210	61 780	56 930	88 800	116 240	151 950	209 510
新疆	52 600	66 560	58 930	86 680	115 000	147 360	213 560
香港	986 890	1 013 660	904 860	1 172 500	1 763 450	2 220 830	3 077 250
台湾	4 134 040	6 093 210	7 517 220	7 227 500	6 895 630	6 296 660	611 585

数据来源：中央财经大学，中国人力资本与劳动经济研究中心，《中国人力资本报告2019》。

注：此表不含澳门地区数据。

表 5-10　我国农村男性实际人均劳动力人力资本

（基年为 1985 年）　　　　　　　　　　单位：元

省份	年份						
	1985	1990	1995	2000	2005	2010	2017
北京	28 570	40 460	35 800	56 960	85 770	124 970	148 560
天津	29 750	43 820	43 460	71 210	106 810	142 430	172 150
河北	22 870	30 210	36 420	61 460	90 830	115 440	152 590
山西	16 630	21 660	24 700	38 990	57 930	72 370	106 210

表5-10(续)

省份	年份						
	1985	1990	1995	2000	2005	2010	2017
内蒙古	21 220	27 530	30 260	46 910	61 180	83 980	127 590
辽宁	24 300	32 470	37 970	60 620	80 750	98 480	130 890
吉林	24 860	31 210	36 450	58 210	82 710	103 860	142 170
黑龙江	23 950	31 120	33 350	54 850	77 700	93 720	111 540
江苏	30 780	39 630	43 570	71 140	93 350	136 930	195 560
浙江	39 880	53 680	57 960	94 860	133 180	177 850	231 320
安徽	17 200	23 410	25 350	41 390	57 170	82 960	122 880
福建	30 750	40 790	47 340	78 280	102 840	148 320	201 420
江西	20 860	28 590	31 670	5 450	72 360	106 850	14 220
山东	24 420	32 690	37 040	58 450	8 320	114 110	166 080
河南	19 740	27 070	32 450	53 510	79 240	104 690	184 010
湖北	19 250	26 180	25 490	43 780	65 870	85 270	124 870
湖南	18 190	22 750	22 130	34 920	51 550	64 550	94 740
广东	34 110	41 250	42 720	72 800	10 230	136 030	171 940
广西	21 540	26 160	24 960	42 510	59 870	80 430	117 440
海南	25 130	25 010	24 850	42 730	60 040	70 970	100 070
重庆	16 970	22 940	19 820	32 550	42 640	64 750	104 130
四川	16 160	21 650	22 660	35 150	45 550	67 730	10 450
贵州	15 290	18 460	16 780	24 880	34 200	46 420	88 220
云南	15 830	19 120	18 110	27 190	40 680	52 060	82 370
西藏	14 100	17 130	15 630	24 880	38 130	50 360	57 660
陕西	15 090	20 190	20 540	32 510	44 750	63 500	97 430
甘肃	13 130	16 570	15 990	25 640	34 410	46 480	75 140
青海	14 180	18 260	20 760	31 970	42 900	50 060	65 010
宁夏	17 880	22 620	25 160	41 940	60 620	75 850	112 840

表5-10(续)

省份	年份						
	1985	1990	1995	2000	2005	2010	2017
新疆	15 780	21 740	21 860	35 540	53 230	62 850	81 740

数据来源：中央财经大学，中国人力资本与劳动经济研究中心，《中国人力资本报告2019》。

注：此表不含香港、澳门、台湾地区数据。

表 5-11 我国城市女性实际人均劳动力人力资本

（基年为 1985 年） 单位：元

省份	年份						
	1985	1990	1995	2000	2005	2010	2017
北京	41 780	60 130	54 880	79 200	124 940	210 320	240 680
天津	33 510	42 740	37 680	59 120	88 510	144 430	178 640
河北	31 950	39 430	37 110	55 340	71 530	103 690	122 150
山西	26 090	31 890	29 930	40 950	58 790	78 490	117 120
内蒙古	28 730	37 620	35 370	51 430	65 270	90 660	123 730
辽宁	31 250	34 460	30 010	44 480	59 010	86 830	114 900
吉林	28 760	34 060	31 910	47 110	59 880	8 350	106 800
黑龙江	24 860	31 490	30 060	42 980	54 960	77 110	95 830
上海	51 730	66 160	58 180	94 460	142 550	202 100	177 370
江苏	34 450	40 500	39 580	5 680	76 510	109 080	127 130
浙江	34 380	41 790	34 760	57 060	79 540	12 080	140 020
安徽	32 580	38 430	33 810	49 780	63 910	93 760	140 340
福建	3 120	37 960	38 110	55 830	77 850	104 890	113 260
江西	27 810	32 750	28 290	42 070	54 190	82 220	112 750
山东	32 940	41 690	39 720	57 040	71 030	105 530	130 640
河南	29 650	37 540	34 540	56 370	66 880	92 960	103 540
湖北	30 160	37 090	28 510	46 810	61 740	81 760	117 020
湖南	29 270	34 060	27 920	41 150	56 710	71 360	86 260
广东	43 800	50 380	46 610	76 980	102 890	128 600	130 860

表5-11（续）

省份	年份						
	1985	1990	1995	2000	2005	2010	2017
广西	34 570	42 740	34 890	55 570	67 570	87 790	103 650
海南	34 080	39 420	35 690	56 360	73 170	93 490	102 620
重庆	31 380	37 650	29 250	46 530	5 680	87 880	101 650
四川	29 660	35 360	29 530	45 300	53 790	78 580	103 080
贵州	30 450	36 290	34 510	49 250	63 390	84 200	95 590
云南	37 310	44 800	44 240	61 130	78 120	87 370	89 220
西藏	49 790	63 510	54 320	65 790	93 610	111 430	116 480
陕西	27 710	35 290	31 970	45 320	58 940	87 710	122 980
甘肃	32 360	36 110	32 680	46 840	58 670	73 340	8 578
青海	28 670	33 880	31 830	41 540	54 050	62 360	64 620
宁夏	30 490	37 560	35 760	53 260	69 170	89 390	103 460
新疆	29 330	42 240	38 210	55 200	71 240	87 540	101 060
香港	366 660	401 610	401 990	554 860	865 090	1 126 250	157 930
台湾	1 520 460	2 392 650	3 244 730	3 572 790	3 699 990	3 636 830	3 511 810

数据来源：中央财经大学，中国人力资本与劳动经济研究中心，《中国人力资本报告2019》。

注：此表不含澳门地区数据。

表 5-12 我国农村女性实际人均劳动力人力资本

（基年为 1985 年）

单位：元

省份	年份						
	1985	1990	1995	2000	2005	2010	2017
北京	31 450	30 950	19 880	2 610	37 760	68 740	116 660
天津	28 110	29 680	22 170	30 990	4 660	7 540	112 410
河北	27 590	24 610	20 840	28 290	40 760	60 960	108 230
山西	17 610	16 530	13 890	18 130	26 750	39 250	77 690
内蒙古	23 490	2 180	17 810	22 990	29 250	47 650	101 930
辽宁	26 190	24 660	20 810	27 220	35 610	53 220	102 460

表5-12（续）

省份	年份						
	1985	1990	1995	2000	2005	2010	2017
吉林	26 250	23 350	19 940	26 530	37 550	55 990	107 680
黑龙江	23 970	22 260	17 990	24 810	35 220	50 010	71 410
江苏	34 570	30 360	24 140	32 420	41 850	7 140	131 220
浙江	43 140	39 830	30 730	40 930	56 330	86 590	153 750
安徽	22 180	2 020	15 290	20 240	26 740	44 670	82 410
福建	34 620	31 470	26 210	35 460	44 920	75 460	135 470
江西	24 330	22 420	17 950	2 450	31 930	53 880	95 930
山东	29 980	27 410	21 620	27 530	37 370	59 670	11 520
河南	24 210	22 710	18 970	25 040	35 490	55 320	121 230
湖北	2 340	21 470	14 650	20 680	30 360	4 550	85 320
湖南	22 510	19 470	13 170	16 690	24 120	34 840	68 790
广东	41 690	32 610	23 790	34 270	45 330	70 050	120 910
广西	27 890	22 280	14 970	20 490	27 550	43 630	89 280
海南	3 210	21 380	14 920	20 710	27 040	38 220	73 430
重庆	21 890	20 140	1 240	16 550	20 980	37 140	75 060
四川	21 390	19 340	14 280	17 750	22 240	37 620	74 160
贵州	18 950	16 610	11 020	13 950	17 620	27 680	68 080
云南	20 880	17 930	12 240	15 120	20 940	29 860	61 030
西藏	18 430	15 940	10 860	15 310	21 000	30 630	37 190
陕西	18 740	17 160	12 510	16 150	21 440	35 490	75 390
甘肃	16 690	14 930	10 460	14 010	17 560	27 130	55 730
青海	17 960	16 030	1 330	17 560	21 670	29 450	46 980
宁夏	18 740	17 160	12 510	16 150	21 440	35 490	75 390
新疆	21 160	19 580	14 250	18 880	2 670	35 770	62 330

数据来源：中央财经大学，中国人力资本与劳动经济研究中心，《中国人力资本报告2019》。

注：此表不含香港、澳门、台湾地区数据。

二、城乡劳动力要素配置状况

城乡劳动力要素形成上的差异最终会表现在劳动力要素配置上，伴随着我国城乡劳动力要素流动，由此带来的劳动力要素配置不平衡对城乡经济关系走向产生了深远影响。劳动力要素在城与乡之间的配置，在社会进入工业文明时期有了新的历史特点。由于农村劳动力要素得以进入工业部门，加速了工业部门的资本积累，促进了技术进步和创新，劳动力要素配置开始对城乡结构和产业结构演变产生影响[1]。

改革开放以来，我国劳动力要素配置伴随着城乡居民收入差距扩大和劳动力城乡间大规模流动并存的现象[2]，大致可视为经历了由乡到城的配置阶段（1978—2012 年），以及城乡双向互动配置阶段（2012 年至今）[3]。城乡劳动力要素配置结构是劳动力在城乡间持续流动的结果，劳动力要素流动方向、规模、频次和方式影响着城乡劳动力要素配置的各个层面。我国城乡劳动力要素的特殊性在于，劳动力要素流动更多由农村劳动力要素所表现，城镇地区劳动力要素则因农村经济社会缺乏吸引力或制度层面的因素而较少流入农村地区。因此，农村劳动力要素的进城或者返乡，均不能被称为城乡劳动力要素的"双向配置"，真正意义上的"双向配置"一定是城乡劳动力要素自由流动前提下，城乡劳动力要素双向流动且能够与相应的产业部门适配。

城市部门劳动者普遍在技能掌握、知识储备和专业化技术等方面优于农村劳动者，因此从生产过程来讲，城市部门能够形成较多能与现代生产方式结合的劳动力要素，同时城市的经济集聚能力，也能够吸引农村部门中相对优秀的劳动者迁移到城市去。对于一般的不具备较高技能水平的进城农村劳动者，随着年龄的日渐增长和对未来收入的不确定，通常不会做出融入型迁移决策，最终会选择返乡生活和工作，因此又会

① 赵峰，星晓川，李惠璇. 城乡劳动力流动研究综述：理论与中国实证［J］. 中国人口·资源与环境，2015，25（4）：163-170.

② 刘劭睿，廖梦洁，刘佳丽. 劳动力转移对城乡居民收入差距的非线性影响研究［J］. 重庆大学学报（社会科学版），2021，27（6）：73-84.

③ 夏金梅，孔祥利. 1921—2021 年：我国农业劳动力城乡流动的嬗变、导向与双向互动［J］. 经济问题，2021（6）：9-15.

阻碍农村剩余劳动力的进一步转移，妨碍城乡劳动力要素在配置上持续优化。我国农村劳动力要素在城乡之间的这种规律性流动，是一种"无根性"的劳动力配置模式，是城乡收入差距持续存在的因素之一①。可见，城乡劳动力要素配置主要体现为农村劳动力要素在城乡之间的周期性流动，而城市劳动力要素较少或基本不存在向农村地区大规模流动的现象。此种城乡劳动力要素配置模式，可以基于农村家庭劳动力配置状况总结为四类②：①家庭内全部劳动力务农；②部分劳动力务农，部分在本地从事非农就业；③部分劳动力务农，部分在城镇地区从事非农就业；④家庭劳动力全部进入城镇地区就业。农村家庭劳动力要素进入城镇地区，面临最低生活成本和来自城市部门的歧视性成本，后者决定了城乡劳动力要素配置的公平性。

此外，城镇化带来的城乡之间频繁的大规模跨区域劳动力要素配置，固然有利于农村家庭获取一定数额的非农收入，但城乡劳动力要素由乡到城的单向流动，同时也导致了农村人力资本流出③，降低了农村劳动力平均素质，特别是使得农业升级所必需的现代化农业技术管理人才出现缺口。在城乡人口流动的大背景下，农村健康素养较高的劳动者倾向于向城镇地区流出，但如果缺乏迁入城市的实际条件，那么当这些劳动者健康状况变差甚至恶化后最终会选择返回农村④，从而使城市优质的劳动力要素在一定时期内相对多于农村部门。看似农村劳动者得以基于农村集体成员权资格返回家乡，但只是满足了基本的生存条件。客观上，这些农村劳动者不仅丧失了进一步发展和享受城市部门产品的机会，还减缓了农村剩余劳动力转移的速度，而且他们对于集体土地享有的承包经营和宅基地使用等权利的存在，导致了农村经济资源再分配议价周期和成本的存在，不利于短期内吸引城市劳动者或人才、资本等其他要素。

---

① 孙鹏程. 农村劳动力迁移模式选择：理论、现实与经验证据 [D]. 长春：吉林大学，2018.

② 甘春华. 城乡劳动力市场融合：动力机制与对策 [M]. 北京：经济科学出版社，2010：61.

③ 樊士德，金童谣. 中国劳动力流动对城乡贫困影响的异质性研究 [J]. 中国人口科学，2021 (4)：98-113，128.

④ 牛建林. 人口流动对中国城乡居民健康差异的影响 [J]. 中国社会科学，2013 (2)：46-63，205.

在城乡劳动力要素配置中，"候鸟式"迁移实际上是由于难以实现最优化而进行的一种妥协：短期内，我国劳动力要素完成了由乡到城的最优配置，农村剩余劳动力得以暂时性进入城市非农部门就业，获得高于农业部门的工资报酬，但长期来看大部分进城务工的农村劳动者，因融入能力不足和劳动力市场价格歧视等种种因素，无法最终转变为城市居民，不得不周期性进行城乡之间的流动迁移，并在非农部门就业能力不足时选择返回家乡，使得城乡劳动力要素配置不再沿循最优路径进行，而是发生了实质性的中断。在城镇地区非农行业谋生的农村打工者，固然能够获取相比务农更多的收入，但在工资报酬提升、职业选择与社会福利保障获取等方面普遍弱于城市户籍劳动者，从而难以完全融入城市①。由此，形成了城乡劳动力要素流动消解城乡经济不平衡的"地板效应"，即城乡经济不平衡减少至一定程度，就会因为农村劳动者及其家人融入城市困难而出现瓶颈。

并且，我国经济增长方式的转变，促使农村劳动力要素在日新月异的科技发展中变得相对过剩。由于传统的依靠大宗原料商品和劳动力投入的发展模式已难以为继，随着现代生产要素相互组合与应用方式的转变，依靠劳动力和资本要素等的密集投入不再是我国经济发展的主旋律，创新要素驱动与全要素生产率提升成为新时代经济增长的主要手段。据有关研究测算数据，2010 年我国资本有机构成数值已由 1978 年的小于 1 增长到了 5 以上，尽管近年这一数值有所下降，但仍然高于 3 的水平，意味着吸收同样数量的农村劳动力要素需要 3 倍及以上的资金、设备和厂房等的投入，这一点可以从外出农民工数量增长率由 2009 年的 3.5%降至 2010 年的 0.9%②看出。农村劳动力要素依靠向城镇地区的单向配置来获取更高的非农报酬，长期来看也难以为继。

在现代服务业发展与平台经济兴起背景下，农村劳动力在城乡之间的流动性得到进一步强化。城镇地区公共服务供给的有限性与平台经济

① 高帆. 新时代我国城乡差距的内涵转换及其政治经济学阐释 [J]. 西北大学学报（哲学社会科学版），2018，48（4）：5-16.
② 玉国华. 农村信贷投入、劳动力转移与城乡收入差距：理论与实证 [J]. 农业技术经济，2021（11）：78-92.

统摄的弹性工作模式，在降低新生代农民工行业进入门槛的同时，也加剧了其工作的不稳定性①，从而弱化了新生代农民工融入城市的能力。农村劳动者迁移至城市的能力受阻，一个后果便是劳动力要素将继续保持城乡间循环往复流动态势，城乡之间的劳动力要素配置将长期被锁定在低水平路径，即农村缺乏优质劳动力要素进入，且存在大量劳动力要素流出导致的空心化现象。农村得不到更多来自城市部门优质劳动力要素的配置，城市也因农村经济发展的滞后，无法获得较多拥有高人力资本存量的劳动力要素，只能补充中低端产业部门的劳动力储量，从而形成现代服务业劳动力需求的缺口。

已有研究表明，我国劳动生产率的提高主要源自城市和农村部门内部的生产率提高，即资本有机构成对于生产效率的促进作用，城乡之间劳动力要素配置贡献度极为有限②，原因可能是农村劳动力要素更多配置到了城市部门的中低端产业，而城市劳动力要素又较少进入农村部门有关产业参与生产，即城乡劳动力要素配置不平衡的结果，导致社会生产率增加主要表现为"数量效应"而非"质量效应"。

综上所述，我国农村劳动力要素无法实现向城镇地区的充分配置，而是根据劳动者不同生命周期阶段进行不完的配置，城市劳动力要素则因政策和经济社会环境等限制难以有效配置到农村地区，因此城乡劳动力要素配置结构还需要进一步优化。比如，以专项配套政策与资金扶助叠加，实现城乡劳动力要素双向配置的良性格局，使城乡劳动力要素向着效率最高的方向进行常态化配置③；提倡和支持农村有才能的中青年劳动者返乡就业创业④，亦能发挥农村劳动力要素回流的带动作用。随着乡村振兴战略的深入推进，城乡劳动力要素配置已有了新的变化，农村劳动力要素往城镇地区单向配置的局面有所改观。2020年，我国

① 王欧. 城乡发展与新生代农民工的工作流动：基于打工地和输出地的城乡多点研究 [J]. 中国农业大学学报（社会科学版），2021，38（5）：71-86.

② 张应禄. 中国城乡经济差距与一体化研究 [M]. 北京：经济科学出版社，2012：100.

③ 李海金，焦方杨. 乡村人才振兴：人力资本、城乡融合与农民主体性的三维分析 [J]. 南京农业大学学报（社会科学版），2021，21（6）：119-127.

④ 张广辉，陈鑫泓. 乡村振兴视角下城乡要素流动困境与突破 [J]. 经济体制改革，2020（3）：195-200.

各类返乡入乡创业创新人员数累计已达 1 010 万人，同比增长 19%①。与此同时，农村劳动力要素的配置结构也有了变化。2000—2016 年，我国农村劳动力要素配置到第三产业的人数占比下降了 5.4 个百分点，配置到工业和建筑业的人数占比分别上升了 3.4 个百分点和 2 个百分点②。其原因很多，比如数字经济条件下，第三产业部门内部升级对低技能农村劳动力要素的排挤，促使其回流到第二产业部门。再比如，新一代农村劳动力要素人力资本存量的提升，使其被现代工业部门大量吸收。还可能因为，市民化进程使得部分农村劳动力"消失"等。总的来说，城乡劳动力要素单向配置的局面已悄然改变，引导城乡劳动力要素自由流动的同时，注意城乡间要素配置的效率与平衡是未来的施策方向。

三、城乡劳动力要素报酬差异

劳动力要素获取相应报酬不仅是生产得以持续不断进行的前提，同时也是劳动者劳动力价值的兑现，劳动者利用参与生产所得报酬以维持自身及家人的生活，因此，城乡劳动力要素报酬上的不平衡会直接导致城乡劳动者和家庭发展能力上的差距。这可从两方面来理解：一是城乡劳动者因个人禀赋不同而造成的薪酬待遇不平衡。原因在于，城市劳动者禀赋上的优势使得城市劳动者在就业竞争力上通常优于农村劳动者，并且存在城乡劳动力市场分割的情况，从而即便是禀赋相差无几的城乡劳动者，来自城市部门的劳动者也有更强的工资议价能力，获取相对较多的报酬③。二是农村地区经济社会发展状况相对落后，使得城市劳动力要素流入农村地区后，通常无法获得与城市部门收入大致相当的报酬，这阻碍了农村地区获取来自城市部门的优质劳动力要素。

首先，城乡劳动力要素报酬不平衡形成的"剪刀差"，本质上是劳

① 数据来源：中华人民共和国中央人民政府网，http://www.gov.cn/xinwen/2021-10/19/content_5643590.htm.

② 张广胜，田洲宇. 改革开放四十年中国农村劳动力流动：变迁、贡献与展望 [J]. 农业经济问题，2018（7）：23-35.

③ 叶环宝. 户籍制度改革对劳动力市场城乡整合影响研究 [D]. 杭州：浙江大学，2017.

动力要素报酬不平衡造成的城乡之间商品价值分配的不合理。从我国大多数企业分配制度来看，职工通常以工资的形式获取报酬，少数高管以股权分利等其他形式获得报酬。一般而言，农村劳动力参与非农就业大多以工资形式获得报酬。改革开放以来，我国城乡劳动力要素报酬一直存在较大差距，不同时期呈现出差异化特征。比如，1995—2003 年两者差距扩大趋势明显，原因在于该时期我国出口增长放缓，吸纳农村劳动力要素最多的出口加工业受经济危机影响，使得劳动力需求锐减，农村劳动力要素工资形式报酬的增速不到同期城镇劳动力要素的三分之一①。除以上原因外，非正规劳动力市场存在的农民工歧视现象也是因素之一。据估算，截至 2007 年年底，我国城乡劳动力要素报酬差距中以工资差额形式，为城镇地区节省的经济发展成本高达 85 495 亿元，同时因为社保参与率较低，又为城镇节省社保成本至少 30 576 亿元，城乡劳动力要素报酬"剪刀差"高达 11.6 万亿元②。

其次，城乡劳动力要素报酬不平衡源自劳动者技能情况和市场分割。在技术进步条件下，农村劳动力要素更易被配置到低技术工作岗位。企业出于追求超额利润的动机，不断寻求突破当前资本有机构成的各种方法。随着单个企业的资本有机构成提高成为普遍趋势，企业薪酬结构必然呈现出两极分化，一端是少数高端劳动力负责研发、管理和决策，同时领取高额薪酬，另一端则是大多数技能水平不高的普通劳动者，只能任由企业家分配低额工资维持基本生活。有研究将其称为城市部门低端产业的"虚假劳动力需求"和"低层次人力资本供应"③，根源在于劳资关系伴随着生产技术进步产生的相对比例变动。城乡劳动力要素由于存在人力资本存量上的差异，农村劳动力要素更容易被甩进上述低端产业内，因而容易成为低薪酬人群，陷入低收入陷阱。城乡劳动者在工作岗位上的差异，与户籍分割、岗位性质、劳动者受教育程度等

---

① 杜建军，刘博敏. 农村转移劳动力价格趋同对国民经济的冲击效应 [J]. 上海经济研究，2014（7）：42-51.

② 孔祥智，何安华. 新中国成立 60 年来农民对国家建设的贡献分析 [J]. 教学与研究，2009（9）：5-13.

③ 万向东，孙中伟. 农民工工资剪刀差及其影响因素的初步探索 [J]. 中山大学学报（社会科学版），2011，51（3）：11.

有关，表现为城乡劳动力市场分割，包括主观意义上的市场分割与客观意义上的市场分割。前者是指由于用人单位主观上存在的歧视，如城乡文化和社会认同、价值观的差别都可能形成主观意义上的市场分割，影响农村劳动者报酬给付方式，比如同工不同酬。后者是指由于城乡劳动力要素形成路径的不同，城乡劳动力要素在行业、部门和岗位上的配置存在差别，由此造成的市场分割现象，也被研究者称为"机会差异"①，典型例子如大多数低端就业岗位的工作者都是来自农村的劳动者。故而，非农劳动力市场上的农村劳动力要素，面临着歧视与自身特质形成的"双重门槛"②，阻碍了城乡劳动力市场的进一步融合与发育，也造成了城乡劳动力要素不平衡格局。

最后，城乡劳动力要素报酬不平衡具有结构性特征。如前所述，引起城乡劳动力要素报酬不平衡的因素多种多样，但在不同条件下这些因素的影响作用并不总是处于相同的水平，而是可能根据环境条件的不同而发生改变。城乡劳动力要素报酬不平衡的一个结构性特征表现为不同收入等级的行业，其城乡劳动力要素报酬差异化程度有所不同。高收入行业意味着，初次分配会更多基于劳动力要素生产率进行分配，因此对于高收入行业中的城乡劳动者来说，无论主观意义还是客观意义上的劳动力市场歧视，其作用已经极为有限。有研究发现，在工资形式报酬分布的不同位置上，城乡劳动力要素报酬差异并没有呈现出对称形态，而是随着报酬水平的逐渐提高，城乡劳动力要素报酬差距趋于缩小③。以上研究表明，影响城乡劳动力要素报酬的因素总是随环境条件的不同而改变。当社会生产力达到较高水平时，随着社会劳动者总体报酬上升且制度公平性得以改善，城乡劳动力要素报酬差异最终将趋于更加合理的水平。此外，所有制基础的不同决定了生产单位经营目标和用人规则，因此不同所有制部门中城乡劳动力要素报酬差异化程度实际上也有所不

---

① 余向华，陈雪娟. 中国劳动力市场的户籍分割效应及其变迁：工资差异与机会差异双重视角下的实证研究 [J]. 经济研究，2012，47（12）：97-110.

② 周世军，周勤. 户籍制度、非农就业"双重门槛"与城乡户籍工资不平等：基于CHNS 微观数据的实证研究 [J]. 金融研究，2012（9）：101-114.

③ 孟凡强，邓保国. 劳动力市场户籍歧视与城乡工资差异：基于分位数回归与分解的分析 [J]. 中国农村经济，2014（6）：56-65.

同。公有制部门里，城镇劳动者在报酬提升方面具有户籍优势，非公有制部门里的城乡劳动者报酬差异则更多与个体文化程度和技能水平有关①。可见，由于不同所有制部门目标导向和经营理念上的不同，形成了城乡劳动力要素报酬差异的所有制结构特征，随着社会主义市场经济的进一步发展，不同所有制部门的城乡劳动者报酬不平衡的诱因将趋同，即无论何种所有制单位，都会更多从劳动生产率的角度出发来进行报酬分配管理，而非仅仅通过识别劳动力要素来源进行收入分配。

四、城乡人才要素流动过程

人才是特殊的劳动力要素，承载着知识、技术和管理要素，并在这些方面优于一般的劳动者，是优质劳动力要素的代表。城乡人才要素不平衡，实质上包含了城乡之间在科技创新、技术管理和研发等方面不平衡的内容。"人才下乡"存在障碍是城乡劳动力要素配置失衡的一个表现，此处聚焦人才要素的配置进行阐述。

农村人力资本存量原本较低，那些顺利获得教育机会并有才干的青壮年，通常又可能因为城市就业机会与发展空间的巨大而选择加入城市户籍，并继续在城镇地区就业，加上城市人才进入农村的体制机制不够健全，如此加剧了农村专业化人才流失的情况。从农业生产经营人员学历结构来看（见表5-13），我国农村农业就业人员人力资本存量整体较低。无论从全国还是分地区看，我国农业生产经营人员大专及以上人数占比均低于1.5%，大部分农业从业人员学历处于小学和初中水平。

表5-13　我国农村农业生产经营从业人员学历状况　　单位:%

学历	全国	东部地区	中部地区	西部地区	东北地区
未上过学	6.4	5.3	5.7	8.7	1.9
小学	37.0	32.5	32.7	44.7	36.1
初中	48.4	52.5	52.6	39.9	55.0

① 钟若愚，屈沙. 劳动力市场分割、就业机会不平等与城乡工资差异：基于中国综合社会调查（CGSS）数据的研究 [J]. 北京工商大学学报（社会科学版），2019，34（6）：88-104.

表5-13(续)

学历	全国	东部地区	中部地区	西部地区	东北地区
高中或中专	7.1	8.5	7.9	5.4	5.6
大专及以上	1.2	1.2	1.1	1.2	1.4

数据来源: 《第三次全国农业普查公报》,http://www.stats.gov.cn/tjsj/tjgb/nypcgb/qgnypcgb/201712/t20171215_1563599.html。

而推动"人才下乡"的关键在于,通过引入城镇地区非农人才或吸引在外务工的农村居民返乡创业或就业。障碍主要源自三个方面[①]:一是文化价值层面。大部分城市人才缺乏与农村的感情纽带,没有相应的文化认同来维系两者之间的关系。二是经济条件层面。进城学习、工作的年轻一代农村人口因长期在城镇地区生活,已不具备熟练从事农业生产的能力,且城镇地区就业机会与报酬通常高于农村。三是产业支撑层面。农村地区特别是远离城镇的区域普遍营商环境较差,交通不便和缺乏足够的商机导致农村部门商品流通不畅,对企业吸引力不足,从而影响当地产业进一步发展,难以吸引足够管理或技术型人才下乡。当然,阻碍"人才下乡"的因素包括但不限于以上几种,但都可归结为农村吸引人才的内生动力不足与外生动力偏差。农村吸引人才的基本动力有内生与外生的区别,内生动力源自农村经济增长与个人发展前景,外生动力则主要是指地方政府和国家治理政策的激励和动员。从现状来看,农村引才的内生动力不足是符合经济社会发展规律的。农村市场容量相对较小,产业融合度低,加上公共服务供给相对不足,除少部分有乡愁情怀的人才外,农村地区很难对其他类型的人才产生足够的吸引力,这就需要外生动力予以支撑和推动。但农村引才的外生动力存在偏差,如给予大学生村官的福利,实际上增强了其进入城镇地区就业的流动性,以及补偿性薪酬的缺乏[②],使得偏远贫困地区因人才待遇较低而减弱了人才吸引力。

---

① 王武林,包滢晖,毕婷.乡村振兴的人才供给机制研究 [J].贵州民族研究,2021,42 (4):61-68.

② 刘洪银.构建人才返乡下乡的有效机制论析 [J].中州学刊,2021 (4):34-40.

案例 5-3　韩国"归农·归村"计划实施经验①

韩国"归农·归村"计划的实施，目的在于吸引农村地区以外的非农从业人员进入农村生产生活，提高农村地区人力资本存量，破解农村老龄化空心化困境，激发农村一二三产业经济活力。"归农·归村"计划的目标人群不一定从事农业生产，但其主要的生产生活范围以农村地区为中心。"归农·归村"计划实施初期，韩国政府围绕农村产业、归农人员生活支持和政策宣传等多个方面制定了一系列对策方针。2015 年，韩国出台《归农（渔）归村法促进支持法》，以法律形式对"归农·归村"计划进行规范；2021 年，韩国发布《2021 年归农归村重点推进计划》，继续强化落实该计划。"归农·归村"计划的顺利实施，使得 2014—2017 年的韩国农民收入增长了 16.9%，其中非农收入增长较快，疗养型农业等新的产业出现也带动了农村就业，满足了城镇居民需要。从韩国有关政策与制度的历史沿革来看，"以数量促质量"是其基本思路。计划开展初期，人口和资金的财政投入成规模进入农村地区，为农村经济的进一步发展奠定了必备的要素基础。计划实施中后期，建立有关组织和制度以明确"归农人"认定标准，同时以基金形式和制度安排，从信贷、购房、教育和科技等多个方面加大对归农人员的支持力度，不仅提升了归农人员的素质水平，也增强了其长期定居的意愿，收获了质量与稳定的双重成效。

韩国"归农·归村"的成功实施，为"人才下乡"提供了可资借鉴的思路。一是农村产业需以一二三产业融合发展为目标，在带动传统产业升级的同时，也能促进新的部门和就业岗位出现。二是区隔归农人员与归村人员，归村人员可能从事非农生产，但也可能作为纯消费人员进入农村，不同类型人员的诉求可能千差万别，因此政策制定上应当有所区分。三是政策制定和方案实施要有序推进，不急于求成，首先形成政府治理资源投入上的规模化，再逐步转向精细化和精准化投入，最后从归农人员生活居住需求着手，帮助其建立长期稳定的定居和劳动规划。

---

① 余侃华，魏伟，杨俊涛，等.基于乡村振兴的人才机制反思与模式建构：以韩国"归农归村"计划为镜鉴 [J]. 国际城市规划，2023，38（2）：24-30，47.

第四节　城乡数据要素发展

2020 年 3 月 30 日，《中共中央　国务院关于构建更加完善的要素市场化配置体制机制的意见》首次将数据要素纳入生产要素范围内，数据要素至此成为劳动力、土地、资本等传统要素外的新的生产要素。数据要素作为传统生产要素的派生物，是数字化的知识和信息，其低复制成本和便捷性是促进现代社会生产力发展的关键特征，将数据视为生产力要素之一，是马克思主义政治经济学的一个重大理论创新。随着数据要素在社会生产中起到的作用越来越大，数据产权保护、隐私数据维权和数据审查安全制度等不尽完善的问题逐渐暴露，建立统一规范的数据共享、管理和交易制度迫在眉睫。数据要素正式进入生产要素范围内，也标志着我国数字化时代[①]的到来，企业生产、科学研究、日常生活、政府治理等各个方面的不同领域，对数据要素的需求不断提高。国家先后发布《数字乡村发展战略纲要》《数字农业农村发展规划（2019—2025年）》《2024 年数字乡村工作要点》等直接关系到数字经济时代背景下农业农村发展的重要政策性文件，并在 2021 年中央一号文件中提出通过加快数字经济建设，实现城乡一体化数字经济大循环的战略构想，根本目的就在于抓住数字经济时代的契机，借助数字经济对社会生产强大的能动性，全面推进我国城乡经济社会一体化乃至融合发展[②]。

城乡经济关系的走向未来会受到数字化时代的深远影响：一是城乡就业和收入。数字化时代的经济形态为数字经济，是指基于数据要素的现代数字化技术在各产业部门生产活动中的广泛应用，数字技术包括大

---

① 数字化时代的产业特点在于数字产业化和产业数字化，数据要素成为产业组织、协调、生产控制、商品流通以及用户画像所必需的生产要素。数据要素不存在报酬递减特性，数据使用过程中反而可能产生新的数据结构。更为重要的是，数据要素不仅具有边际成本几乎为零的特性，还能提高其他生产要素的组合效率，在通信基础设施建设水平不断提高的基础上，数据要素将深度参与到社会生产、经济组织关系和政府治理体制中，引起社会从生产到生活方式的全面变革。

② 胡卫卫，卢玥宁. 数字乡村治理共同体的生成机理与运作逻辑研究：基于"中国大棚第一村"数字乡村建设的实证考察 [J]. 公共管理学报，2023，20（1）：133-143，175.

数据、云计算、人工智能和互联网等数字技术①，而这些数字技术的核心要素是数据要素，没有数据要素则难以开发和应用各类数字技术。城乡收入差距的一个重要原因，是农村居民人力资本存量的相对不足②，即城乡人力资本存量对比存在较大差距。数字化时代背景下，就业结构面临着深刻调整。数字经济发展通过促进社会人力资本存量深化影响就业结构，同时人力资本存量对于数字经济的就业结构效应具有门槛效应，较低的人力资本存量水平会相对弱化数字经济的就业结构效应③，从而不利于社会就业结构转型。就业结构转型升级意味着具备更高劳动力价值的劳动者数量增加，不仅能够满足数字经济时代产业对高技能劳动力的实际需求，也有利于劳动者自身获得更高水平的收入。由此，城乡人力资本存量的差距，将可能使得数字经济发展对农村劳动力收入倍增的带动作用大打折扣——缺乏足够人力资本存量的农村劳动者将难以融入数字化时代生产方式，只能从事更低技能水平的工作。照此情况发展，未来城乡收入增速方面差距可能重新扩大，形成新的城乡"数字鸿沟"。

案例5-4 陕西省城乡"数字鸿沟"的经济效应

由表5-14和表5-15可以看出，根据系统动力学模型模拟，当陕西省城乡"数字鸿沟"存在时，将对其城镇化水平形成抑制作用。陕西省城乡"数字鸿沟"的存在，使得省域内城乡之间在基础设施建设、教育发展水平、收入水平等方面的差距持续扩大，进而降低了农村居民向城镇地区转移的能力。类似地，城乡"数字鸿沟"的存在也导致了城乡收入差距的进一步扩大，使得城乡二元经济结构特征愈发明显。随着数据要素日益成为重要的生产要素，数字技术对经济社会的影响愈发深远，未来城乡"数字鸿沟"造成的城乡经济失衡问题，将是人们关注的焦点。

---

① 叶胥，杜云晗，何文军.数字经济发展的就业结构效应［J］.财贸研究，2021，32（4）：1-13.

② 辛贤.实现共同富裕最大的难点在农村 根本出路在发挥农村集体所有制优势［J］.农村工作通讯，2021（18）：24-26.

③ 叶胥，杜云晗，何文军.数字经济发展的就业结构效应［J］.财贸研究，2021，32（4）：1-13.

表 5-14 陕西省受城乡数字鸿沟影响与否状态下的城镇化水平

单位：%

年份	2000	2001	2002	2003	2004	2005	2006	2007	2008	2009	2010
未受城乡数字鸿沟影响	36.219 8	38.076 7	39.481 4	41.180 6	41.786 9	43.09	44.511 7	44.998 5	45.742 8	46.751 4	46.923 7
受城乡数字鸿沟影响	36.219 8	37.659 7	39.089 8	40.530 2	41.760 0	42.99	43.900 2	44.940 2	45.682 3	46.290 3	46.698 8

数据来源：皮书数据库。

表 5-15 陕西省受城乡数字鸿沟影响与否状态下的城乡收入差距

单位：元

年份	2000	2001	2002	2003	2004	2005	2006	2007	2008	2009	2010
未受城乡数字鸿沟影响	3 135	3 489	4 411	4 602	5 121	5 658	6 523	7 595	9 148	9 522	9 956
受城乡数字鸿沟影响	3 654	3 964	4 735	5 130	5 625	6 220	7 008	8 118	9 722	10 691	11 590

数据来源：皮书数据库。

二是城乡数字化基础设施。电信基础设施架设成本同距离成正比，城镇地区以非农产业为主，并逐步形成各类产业园区，产业集中度高，有利于较短时间内接入当地电信网络。实现可靠的数字化连接，是获取并利用数据要素的先决要件。全球范围内城市互联网基础设施通常优于农村，城市居民使用互联网的概率为76%，比农村居民高出37个百分点。不同地区的城乡居民在使用互联网方面存在差异，发达经济体的城乡居民在过去3个月中使用过互联网的人数占比十分接近（城市为89%，农村为85%）。然而，发展中国家城市居民使用互联网的概率高出农村居民38个百分点，农村居民这一指标仅有34%[①]。农村地区则由于村落分布较广，对线路铺设要求高，加上农村居民受教育程度相对较低，农村地区数字化程度往往不高。2020年3月数据显示，我国农村地区互联网普及率仅为城镇地区的60.39%[②]。互联网是获取和使用数据要素的主要渠道，城乡之间互联网普及水平的差距，可能造成未来数字化时代城乡巨大的差距。

三是城乡要素流动与交换内容。数字化时代对于城乡融合发展而言既是机遇也是挑战，一方面要防止城乡"数字鸿沟"的显现与扩大，另一方面通过合理的引导，也能促使城市数字信息技术与数字化人才等流向农村，支持农村经济发展。数字经济时代背景下，要实现城乡融合的高质量发展目标，应进一步促进各类数字化要素在农村地区的集聚，推进数字类人才、平台与农业农村的深度结合，加快推进城乡数字一体化循环机制。

四是农村产业升级。数字化时代背景下，传统农村产业除要不断引入现代工业技术与传统农业、手工业等相结合外，还要重视并利用好数据要素蕴藏的巨大潜力。当前，我国农村产业在政策、人才到大数据技术普及方面还存在诸多不足，数字乡村建设尚处于探索时期，缺乏专业化部门和组织机构，多部门协调机制与充足的财政投入亟待进一步推

---

① INTERNATIONAL TELECOMMUNICATION UNION. Measuring digital development facts and figures [R]. Geneva: ITU Publications, 2021: 1-21.

② 秦秋霞，郭红东，曾亿武. 乡村振兴中的数字赋能及实现途径 [J]. 江苏大学学报（社会科学版），2021, 23 (5): 22-33.

进。并且，如何在当前农村产权制度框架下，引进并留住一批"懂农村、爱农村"的数字化专业人才，发挥数据要素的独特性，推动传统农业朝着程式化、智能化、精确化的道路迈进，这些问题都值得深思。

总之，作为数字化时代的特殊生产要素，数据要素借助现代信息通信技术得以大范围应用在经济活动当中，其意义远不在于增加了生产要素的类型与数量，而是通过对传统生产要素的整合，重塑了企业组织、产业形态以及商品服务交易方式。随着数据要素逐渐渗透至各个领域的生产与流通过程，农村经济主体能够基于此获取到较低的要素配置信息成本，降低农村农产品、传统手工艺品在市场上的供求对接难度，提高农村商品流通效率。信息化平台在生活与政务中的广泛使用，也有助于一段时期在外务工的农村居民远程参与乡村治理，从而有助于形成更为紧密的乡村共同体。换言之，数据要素对于城乡结构转变的最大作用在于，通过扩展微观经济主体经济选择权利边界，提高资源要素配置与商品流通效率[①]，将农村自身价值与城市的经济发展有机联结。因此，数字化时代制定更符合城乡融合理念的数字基础设施建设规划与数字经济产业政策，有助于利用现代化生产要素与组合方式加快城乡融合进程。

---

① 高帆. 数字经济如何影响了城乡结构转化？［J］. 天津社会科学，2021（5）：131-140.

第六章　城乡产权关系的梳理

　　本章以城乡土地产权为核心，阐述土地、资本、劳动力之间的权利关系，并置于交换流通的实践中探讨各要素产权提效增值的路径。结合农村产权改革实践，进一步探讨新型农村集体经济组织在实现共同富裕和化解城乡经济发展不平衡中的作用。

第一节　权利就是生产力

　　我国社会主义初级阶段基本经济制度从根本上实现了社会生产关系与生产力的总体适应，是我国经济平衡、协调和可持续发展的根本制度基础。在现实经济中，城乡产权形式和产权主体各有不同，反映着城乡经济关系的利益冲突，城乡差距在改革与发展中深刻影响着我国社会经济发展。产权关系本质上是不同视域中各经济主体形成的物质利益关系，决定了经济社会运行中的激励机制生成、资源配置方式、经济主体预期形成及其行为规范。特定原因造成的产权模糊与缺失会使得经济主体利益受损或处于缺乏保护状态，经济活动参与的预期不稳定，从而缺乏足够激励开展经济活动，经济效率难以实现最大化。相比城镇各类生产要素而言，农村地区的土地、资本和劳动力等要素产权存在不同程度的弱质性，进而影响农村通过要素再配置获得对等报酬，以及运用市场化手段发展现代农业和非农产业的自生能力。

一、城乡土地要素产权分析

城乡要素产权问题的根源是土地制度，特定土地管理制度体系下的土地产权问题纷繁复杂。土地产权关系始终处于稳定性与开放性的矛盾运动当中，在此基础上又引发了城乡资本和劳动力等生产要素有关的产权问题。在现阶段的基本制度框架下，应当构建多种所有制经济共同发展的机制，通过相关法律制度的创建，使城乡产权呈现出相互渗透和相互融合的趋势。

我国城乡土地要素产权关系的发展历程表明，城乡之间在土地要素产权规定上具有鲜明的二元性，城乡土地要素在权能显化、使用配置与市场化流转等方面存在着截然不同的特征。城镇地区土地产权的国有性质以及社区、居民并不直接把土地作为生产要素的劳作方式，使得政府成为城市部门土地要素的直接管理与使用方，同时城镇居民也有权自由租赁与售卖所住房屋，获得相应的财产性收入，而通过房屋租售获得的财产性收入又有相当一部分源自当地城镇经济发展。从这个意义上讲，城市部门土地要素产权及其支配方都是较为清晰的，法理或实践上的困扰较少，城镇居民在交割房屋时也不存在因土地产权残缺导致的交易障碍，可以充分享受房产增值带来的好处。市场交易过程中，城镇地区的土地要素产权在界定上是清晰且便于操作的，市场主体对其的关注更多集中在国有土地使用权出让的具体办法、原则性规定、公示方式以及特殊情形交易方法等。换言之，城镇土地要素产权问题主要体现在产权实施方面，而非产权界定或实施主体认定。与之不同的是，农村土地要素在实践中尚未能充分触及市场化配置层面，原因在于农村土地要素的产权问题更多体现为产权界定和保护，以及具体运作产权并使之发挥经济职能的组织或个人等方面。也正因如此，城乡土地要素在市场化配置过程中表现为明显的不平衡特点——农村土地要素产权社会化流转滞后于城镇土地要素——不平衡的要素产权关系最终引致了城乡要素交换的不对等。

土地要素产权由一定历史时期中的生产和交换关系所决定，其性质和内涵反映了该时期社会生产关系的基本内容①，是土地所有制关系的具体形式。在我国，城乡经济制度失衡首先就表现在城市国有土地所有权与农村集体土地所有权的不平衡。农村集体土地要素产权有关内容缺乏严格界定，对之后城乡发展进程中的集体土地要素产权市场化产生诸多限制，影响了农村土地要素进一步与城市各要素交换与组合。农村集体土地要素产权设定的精要之处在于，既通过确保集体所有产权的不变性维护了社会主义的土地产权性质，又基于承包经营制提高了产权利用率。然而，面向"统分结合"经营模式的集体土地要素产权，也正因为其对于权利束的划分，产生了关于土地所有权与派生权利之间新的矛盾。实际上，我国农村土地要素集体产权安排，本质上是一种行政化的产权关系②，并非源自社会成员根据道德、习俗等自发创造，其合理性与有效性有赖于从国家到基层政权有关的法律法规、政策安排自身的科学性。过去，包括诸多法律在内的不同层次和方面的政策法规，对于农村土地集体产权的所有权归属存在不尽一致的地方，人们对于农村土地集体产权的认识和使用也容易出现分歧，并随着城镇化和市场化的推进愈演愈烈。简言之，城乡土地要素产权关系最大的问题在于，农村土地要素产权缺乏像城市土地要素产权那样的规范性表达，城市土地要素产权的完整性与农村集体土地要素产权的残缺日趋对立，而将农村土地运用行政力强制转化为城市土地并不能真正解决矛盾，城乡土地产权安排的不平衡最终要由处于弱势的一方来买单，因此往往造成土地征购过程中农民与集体组织、农村集体与地方政府之间层出不穷的矛盾和纠纷。

过去在我国土地产权制度设计中，由于集体土地权利主体界定的不清晰，加上国家在土地一级市场的绝对权威，这种产权边界与强度的双重弱势使得农村土地集体产权虚化问题突出，产权空洞化特征明显。农村集体尽管在法律意义上是土地所有者，但市场化过程中所有权能实际上受到各种限制，权利主体、权益内容及其保护和监督成为相对空泛的概念，由此形成不平衡的城乡要素产权关系。

---

① 马克思. 资本论：第 3 卷 [M]. 北京：人民出版社，2004：702.
② 黄涛，朱悦蘅. 农村产权制度变革与乡村治理研究 [M]. 北京：商务印书馆，2018：97.

城乡要素产权关系的不平衡主要根源为农村集体产权开放性不足。自"三权分置"改革以来，我国农村集体产权开放性不足主要体现在位于农村的一批资源性资产、经营性资产和部分涉及公共事业的非经营性资产上，特别是非耕地的集体资产。这些资产的运营管理大多处于村庄约定俗成的非正式规则约束下，且缺乏"入市"的前置条件即产权规则正式化。这种情况直到 2015 年，我国开始逐步推进农村集体资产股份权能改革试点工作才得到改善。农村集体产权结构如果不能经过系统全面的清产核资，则无法产生与市场机制有效对接的接口，进而影响其开放性与经济价值的实现。对内，农村集体产权改革的滞后不利于农村社区建设，邻近村落也没有动力来整合集体资产实现联营联建。对外，集体产权基础上产生的集体经济组织、公益性的社团和基金等，在法人身份获取和财务管理等方面受限，资产运营方式单一，市场化运作能力低下。宅基地、集体经营性建设用地等利用率不高，特别是存量闲置宅基地长期"沉睡"而不得解。缺乏现代产权构造的集体资产所面临的问题是，即便在国家政策支持和市场机缘适宜的情况下，仍不能突破"既在市场化之内、又在市场化之外"的桎梏，城市资源和要素进不了农村集体产权结构的"围城"，农村集体资产的经济价值、生态和人文价值也难以充分释放。基于集体产权结构变迁的滞后与市场机制的日趋成熟与复杂化，产生的摩擦成本会导致农民经营收入降低而财产性收入并未随之升高，财产性收入始终低于 2.5%[1]，收入结构中的工资性收入和转移性收入成分更多。

农村土地集体产权制度改革的滞后给农村经济社会发展带来一系列不利后果，主要表现在以下方面：一是土地集体产权的异化。产权主体界定不清意味着权利行使主体化过程的无组织与缺乏监督，市场经济条件下从基层政权到村级正式和非正式组织、农户都将利益最大化作为终极诉求[2]，此种情况下农村土地集体产权极可能受某些组织或个人控

---

[1]　钟甫宁，罗必良，吴国宝，等."加快推进乡村振兴、扎实推动共同富裕"主题笔谈[J].南京农业大学学报（社会科学版），2022，22（3）：1-18.

[2]　黄韬，王双喜.产权视角下乡村治理主体有效性的困境和出路[J].马克思主义与现实，2013（2）：173-179.

制，或因特定群体谋取私利，或缺乏民主的决策导致集体产权制度设计的初衷走偏。同时，基层政权也可能介入村集体土地要素配置过程，对原本弱势的产权结构形成挤压。当土地集体产权的行使并非由集体成员一致性意志所决定时，个别利益将和集体利益产生不可调和的矛盾，土地集体产权异化就成为必然结果。

二是缺乏土地有偿资源退出的市场机制使得土地要素利用不足。土地集体产权空洞化加深了产权内部集体所有权与使用权之间的隔阂，实践中采取延包的做法固然能提高农村双层经营体制的稳定性，但同时也造成当前土地集体产权的凝固与僵化，在市场化进程中不断掩蔽农村土地价值。换言之，维持农村土地集体产权结构的不变与分散的小农经济日趋强化是同一块硬币的两面，双层经营体制下的小农必然会对市场化机制做出回应，农户的兼业化与非农化几乎成为普遍现象，由此造成的土地撂荒、粗耕等现象，则让农村土地要素锁定在低水平使用路径。小农持有土地的私人成本几乎为零，而这种做的后果是提高了社会的机会成本。以承包地为例，小农缺乏农地经营能力时往往选择撂荒，或低价转让给集体内其他成员，而非寻求真正懂经营且有经营能力的经济主体进行交易。宅基地也是如此，闲置或低效利用的宅基地空间不仅不能充分实现其经济价值，也难以为集体成员带来任何收益。因此，问题的关键在于，如何构建一种农村集体土地自愿有偿退出的市场机制，以契合新型城镇化与乡村振兴的时代背景。

三是城乡产权关系不平衡引致要素及其经济价值分布失衡。生产要素的发展一定程度上决定着生产能力变化，要素结构、速度及其配置状况会直接影响社会生产水平，现行农村集体产权制度一定程度上阻碍了城乡要素的顺畅流动，要素红利更多由城市部门获得，农村土地要素在发展农村产业方面利用率不足，难以吸纳城市的人才和资源，而城市部门依托农村廉价土地和劳动力要素大幅度推进了城市建设与商业经济发展。城乡产权结构的不平衡使得城乡经济价值特别是人的经济价值表现为结构化差异，具体表现为"二元经济结构"和"二元素质结构"的交互作用①。经济价值主要由人的经济价值体现，人的经济价值提高与经济制度供给的相对不足，会引起社会成员对于大量不同的制度服务之需求，推动经济制度变迁。相对于城市部门的要素产权制度变迁，农村集体产权制度改革明显滞后。城市工商经济发展相应带动了城市居民经济参与能力，引致城乡居民之间在劳动生产率、人力资本投资回报和人均可支配收入等方面产生差距。人的经济价值主要来自城市部门积累，从而带动要素集聚与发展，优质劳动力、技术、财富和知识等要素大量集中在城市，造成城乡经济社会非均衡发展。此外，部分地区农村集体经济组织发育程度较低，加上小农经济、老人农业和农村产业单一化等因素，抑制了继续留在农村的家庭进行相应的经济积累，此时一味追求城市资本下乡并不利于农村人口的经济价值提高，相反还可能挤出农村中经济、社会和文化资本较少的低经济价值群体，从而扩大城乡经济价值差距。

四是农村公共品供给不足。伴随农村土地产权空洞化的是农村集体功能的缺失，"统分结合"的双层经营模式更多呈现为农业经营的分散化，"统"的作用日渐弱化，也降低了集体公共事业性支出水平，进而使得农村集体公共品生产与供给能力不断走低。事实上，为应对农村土地集体产权存在的问题，中央提出在坚持农村土地集体所有权基础上，稳定承包权和放活经营权的做法②，并强调对农地经营权各项权利的依法保护，鼓励探索基于土地经营权，通过股份联营、托管代耕和抵押融资等方式③有效提高农地利用价值。问题在于，"三权分置"虽然很大程度上丰富了集体所有权的实现形式，有效推动了农村土地集体产权社会化，但并没有真正解决集体所有权空洞化的问题。因此，即便放活经营权能够促进农地经营朝着规模化、专业化和集约化发展，但农村集体

---

① 侯冠平. 我国城乡经济不平衡发展问题探析：兼论物流业与三大产业的不平衡发展关系［M］. 经济管理出版社，2018：41.

② 中华人民共和国中央人民政府网. 关于引导农村土地经营权有序流转发展农业适度规模经营的意见［EB/OL］.（2014－11－20）. http://www.gov.cn/xinwen/2014－11/20/content_2781544.htm.

③ 中华人民共和国中央人民政府网. 关于完善农村土地所有权承包权经营权分置办法的意见［EB/OL］.（2016－10－30）.http://www.gov.cn/xinwen/2016－10/30/content_5126200.htm.

与个人的关系固化却悬而未决。对于一些经济发达地区的村落，尽管不少村民已纷纷外出务工，新的经营主体业已进入当地村落开展各类经营活动，但始终游离在农村集体之外。这些地区，集体经济发展水平高，农村集体成员权大多经股权量化融入至集体经济组织中，居住地或户籍地的变动并不会导致集体成员成分的改变①。根源在于，农村集体产权空洞化引致了农村集体权利结构的僵化，其后果便是新型经营主体普遍会有经营短期化的预期，从而投入不足或不注重土地合理利用，长期来看也不利于农村现代化建设的持续推进。

回顾农村土地产权制度改革的历史，从中将会获得有益启示。农村改革初期土地承包经营权是按照债权思路设计的，村集体与农户签订承包合同，通过契约明确集体与农户的权利义务。家庭联产承包责任制时期，城乡经济差距有缩小趋势。家庭联产承包责任制使农民收益与劳动成果挂钩，改变了平均主义分配模式，农民收入水平迅速提升。1978—1983 年，城乡居民收入差距有缩小，城乡居民人均收入比由 2.57 降至 1.82。新农村建设和统筹城乡时期，对农村集体产权结构进行了一定程度调整，包括承包地和宅基地"三权分置"（见表 6-1、表 6-2）、集体经营性建设用地入市（见表 6-3）等改革，相应放活了农村要素使用权，这一时期城乡经济差距也有缩小。而后经农村集体资产清产核资工作的逐步展开，城乡产权制度不平衡局面有所改善。城乡融合时期，党的十九大报告指出，深化农村集体产权制度改革，保障农民财产权益，壮大集体经济②。2021 年年初《中共中央 国务院关于全面推进乡村振兴加快农业农村现代化的意见》又进一步提出"完善农村产权制度和要素市场化配置机制，充分激发农村发展内生动力"，要"发展壮大新型农村集体经济"③。不难理解，农村集体经济的依据在于集体所有制，以及集体所有制的具体化（集体产权）。经过多年的探索改革，农村集

---

① 孙宪忠. 推进农地三权分置经营模式的立法研究 [J]. 中国社会科学，2016（7）：145-163，208-209.

② 中共中央党史和文献研究院. 十九大以来重要文献选编（上）[M]. 北京：中央文献出版社，2019：23.

③ 中共中央 国务院关于全面推进乡村振兴加快农业农村现代化的意见[EB/OL].（2021-02-21）.https://www.gov.cn/zhengce/2021-02/21/content_5588098.htm.

体产权艰难地由封闭走向开放，从集体化走向社会化。2004—2020 年城乡居民人均收入比由 3.21 降至 2.56，城乡差距持续缩小。这说明，对农村产权制度进行改革，特别是增进产权激励、保障产权强度、稳定产权预期，能够促进农村经济增长和提高农民收益，对纾解城乡经济不平衡具有积极作用。

表 6-1　承包地"三权分置"的相关文件

年份	文件名称	相关表述
1993	《中共中央 国务院关于当前农业和农村经济发展的若干政策措施》	允许土地使用权依法有偿转让
2003	《中华人民共和国农村土地承包法》	土地承包经营权可以转包、出租、互换、转让
2009	《中共中央 国务院关于 2009 年促进农业稳定发展农民持续增收的若干意见》	不得改变土地用途
2016	《关于完善农村土地所有权承包权经营权分置办法的意见》	对"三权分置"系统性论述

表 6-2　宅基地"三权分置"的相关文件

年份	文件名称	相关表述
1950	《中华人民共和国土地改革法》	宅基地为农民所有，可以买卖出租继承
1962	《农村人民公社工作条例》	宅基地属于集体所有，不准出租和买卖
1986	《中华人民共和国土地管理法》	限制宅基地占用耕地，非农户口可向县政府申请宅基地
1995	《中华人民共和国担保法》	宅基地所有权、使用权不得抵押
2007	《中华人民共和国物权法》	宅基地集体所有，宅基地使用权不得抵押
2014	《关于农村土地征收、集体经营建设用地入市、宅基地制度改革试点工作的意见》	探索多种形式农民住房保障、超标宅基地有偿使用和进城落户农民宅基地有偿退出机制

表6-2（续）

年份	文件名称	相关表述
2018	《中共中央 国务院关于实施乡村振兴战略的意见》	宅基地所有权、资格权、使用权"三权分置"改革
2019	《中华人民共和国土地管理法》	允许已进城落户的农村村民自愿有偿退出宅基地
2021	《中华人民共和国民法典》	第三百六十二条至三百六十五条对宅基地的使用权内容、使用权取得行使和转让的法律适用以及重新分配等作了明确的规定
2022	《农村宅基地管理暂行办法（征求意见稿）》	宅基地属于农民集体所有，依法依规无偿分配给本农村集体经济组织成员、以户为单位占有使用。宅基地不得买卖

表6-3　集体经营性建设用地入市的政策脉络

年份	文件名称	相关表述
1992	《国务院关于发展房地产业若干问题的通知》	集体所有土地，必须先行征用转为国有土地后才能出让
1998	《中华人民共和国土地管理法》（修订）	农民集体所有的土地使用权不得出让、转让或者出租用于非业建设；但是，符合土地利用规划并依法取得建设用地的企业，因破产、兼并等情形致使土地使用权依法发生转移的除外
1999	《国务院办公厅关于加强土地转让管理严禁炒卖土地的通知》	农民的住宅不得向城市居民出售，也不得批准城市居民占用农民集体土地建住宅，有关部门不得为违法建造和购买的住宅发放土地使用权证和房产证
2004	《中共中央 国务院关于促进农民增加收入若干政策的意见》	要坚持"多予、少取、放活""积极探索集体非农建设用地进入市场的途径和办法"
2008	《中共中央 国务院关于切实加强农业基础建设进一步促进农业发展农民增收的若干意见》	严格农村集体建设用地管理，严禁通过"以租代征"等方式提供建设用地

表6-3(续)

年份	文件名称	相关表述
2008	《中共中央 国务院关于2009年促进农业稳定发展农民持续增收的若干意见》	要求做好集体土地所有权确权登记颁证工作,将权属落实到法定行使所有权的集体组织
2010	《中共中央 国务院关于加大统筹城乡发展力度进一步夯实农业农村发展基础的若干意见》	加快农村集体土地所有权、宅基地使用权、集体建设用地使用权等确权登记颁证工作
2012	《中共中央 国务院关于加快推进农业科技创新持续增强农产品供给保障能力的若干意见》	加快推进农村地籍调查,2012年基本完成覆盖农村集体各类土地的所有权确权登记颁证,推进包括农户宅基地在内的农村集体建设用地使用权确权登记颁证工作
2013	《中共中央 国务院关于加快发展现代农业进一步增强农村发展活力的若干意见》	建立归属清晰、权能完整、流转顺畅、保护严格的农村集体产权制度。必须健全农村集体经济组织资金资产资源管理制度,依法保障农民的土地承包经营权、宅基地使用权、集体收益分配权。严格规范城乡建设用地增减挂钩试点和集体经营性建设用地流转。农村集体非经营性建设用地不得进入市场
2014	《中共中央 国务院关于全面深化农村改革加快推进农业现代化的若干意见》	深化农村土地制度改革,引导和规范农村集体经营性建设用地入市。在符合规划和用途管制的前提下,允许农村集体经营性建设用地出让、租赁、入股,实行与国有土地同等入市、同权同价,加快建立农村集体经营性建设用地产权流转和增值收益分配制度

表6-3(续)

年份	文件名称	相关表述
2015	《中共中央 国务院关于加大改革创新力度加快农业现代化建设的若干意见》	分类实施农村土地征收、集体经营性建设用地入市及宅基地制度改革试点。制定缩小征地范围的办法。建立兼顾国家、集体、个人的土地增值收益分配机制，合理提高个人收益。赋予符合规划和用途管制的农村集体经营性建设用地出让、租赁、入股权能，建立健全市场交易规则和服务监管机制。加强对试点工作的指导监督，切实做到封闭运行、风险可控，边试点、边总结、边完善，形成可复制、可推广的改革成果
2016	《中共中央 国务院关于落实发展新理念加快农业现代化实现全面小康目标的若干意见》	推进农村土地征收、集体经营性建设用地入市、宅基地制度改革试点。总结农村集体经营性建设用地入市改革试点经验，适当提高农民集体和个人分享的增值收益，抓紧出台土地增值收益调节金征管办法。完善和拓展城乡建设用地增减挂钩试点，将指标交易收益用于改善农民生产生活条件
2017	《中共中央 国务院关于深入推进农业供给侧结构性改革加快培育农业农村发展新动能的若干意见》	统筹协调推进农村土地征收、集体经营性建设用地入市、宅基地制度改革试点。全面加快"房地一体"的农村宅基地和集体建设用地确权登记颁证工作。加大盘活农村存量建设用地的力度
2020	《中华人民共和国土地管理法》	农村集体经营性建设用地入市条件应符合第二十三条、第五十九条及第六十三条第一款和第二款的相关规定

二、城乡资本要素与土地产权的关系

围绕农村土地要素产权关系变革，通过城市资本等要素的注入实现对农村的反哺①，同时糅合农村自有价值与城市发展的实际需要，是未来城乡生产关系变迁的基本脉络。其中，土地要素产权是否完整，直接影响土地实际使用者的经济行为，包括要素投入方式。在土地要素的使用缺乏保障或保障不足时，土地实际使用者的效用最大化行为，是降低对地块的资本化投资②，从而造成资本要素的投入不足以及土地肥力的过度开采。此外，其间还存在农村土地产权开放性不足引起的城乡资本要素使用权不平衡问题。

（一）承包地产权与城乡资本

城乡资本要素流动不畅是资本在城乡之间不平衡配置的主要原因，其中的关键在于农村土地集体产权结构不完整，市场化能力较弱。理论上讲，传统小农也能够通过生产经营实现一定程度上的资本积累，用以购置农药化肥和必要的生产设备，建立仓廪和开展农田水利建设，农忙时则能够雇佣邻近地区劳动者参与劳作。但由于农业的弱质性以及农村产业结构水平不高，仅凭家户式经营方式很难完成大规模资本积累与联合，特别是在城乡产品市场统一而要素市场分割的情况下，城乡两部门产品附加值将不断被拉开差距，农村部门产品竞争力会因为平均利润率下的生产价格水平低于产品价值而被逐渐削弱，结果就是出现兼业化甚至职业化的农民工和土地要素较低的利用率。随着农地"三权分置"改革和确权颁证的进一步推广，承包地产权结构优化带来的绩效显著。承包地产权开放性的提高重塑了旧有的承包经营关系，农村承包地以经营权市场化的方式，得以向承包权人以外的第三方主体进行配置，特别是基于新型农业经营主体的资本、企业家才能和数据等要素深度结合，对农业生产和乡村治理结构都产生了深刻影响。

---

① 2019 年修正的《中华人民共和国土地管理法》中强调，鼓励农村集体经济组织及其成员盘活利用闲置宅基地和闲置住宅。对于纳入土地利用总体规划或城乡规划的集体经营性建设用地，依法登记为工商业用途的，其所有权人可以通过出让或出租等方式转由其他经济个体使用，基本从顶层设计上消除了建设用地的使用障碍。

② 科斯，等. 财产权利与制度变迁 [M]. 刘守英，等译. 上海：上海三联书店，2014：136.

案例6-1　贵州省湄潭县探索依法自愿有偿转让农村土地承包经营权[①]

2020年，湄潭县总面积1 865平方千米，县域常住人口37万人，常住人口城镇化率50.5%，地区生产总值118亿元，一般公共预算收入4亿元。

由于湄潭县乡村外出务工人员多，村内土地大量荒废闲置，须妥善处理盘活，促进土地高效利用。主要做法：一是拿着"三证"进城，完成土地承包经营权证、宅基地使用权证、股份制合作社股权证"三证"确权登记颁证。二是对照"三有"退地，按照有稳定收入、有安全居所、有养老医疗保障"三有"标准，严格筛选自愿申请退出承包地的农户。三是严格"三级"审核，经村民小组审核权属、村股份经济合作社审核条件、镇政府审核把关"三级"审核，核定承包地权属，保护农民合法权益。四是确认"三签"履约，施行由所有权人与承包人签字确认土价值评估报告、农村土地承包经营权有偿退出收储补偿协议书、土地交接确认书的"三签"模式。五是筹措"三方"资金，镇政府设立土地退出收储金，有经济积累的村股份经济合作社直接支付补偿费用，经济积累不足的拟由地方政府预付相应款项。

主要成效：湘潭县在依法保障农民享有农村各项权益的基础上，探索了农村土地承包经营权依法自愿有偿转让路径，促进了适度规模经营，增加了农户财产性收入，退出农村承包地近400亩，向200多农户支付1 000余万元补偿费用。

（二）农村集体经营性建设用地产权与城乡资本

从农村土地要素类型来讲，承包地产权结构开放性变迁有利于现代农业经营的推广，而农村集体建设用地产权优化，则是农村公共设施建设和二、三产业发展的经济基础。只有把特定类型的农村建设用地产权制度进行社会化设计，才可能吸引城市资本要素下乡。

按照有关法律法规，农村集体经营性建设用地有偿使用过程中，一般可与仓储工矿或服务业等资本相结合，或采取借助使用权向银行等金

[①]　国家发展和改革委员会，何立峰. 国家新型城镇化报告（2020—2021）［M］. 北京：人民出版社，2022.

融机构办理抵押贷款①的方法换取生产性资本的投入。但在过去，集体经营性建设用地使用权受到严格限制，在土地市场交易中不能直接像城镇国有土地一样租让，城乡土地市场二元结构性特征明显。集体经营性建设用地要交由土地使用方进行生产建设，其产权性质必须从集体所有转为国有，基于此生成的产权关系只能是政府和土地使用者，农村集体只作为产权关系变更过程中的权利转出方，政府则"接替"农村集体成为土地使用权交易过程中的出让方。集体经营性建设用地上的产权设置，既在集体自用时无法通过市场化交易实现资源再配置，也可能在国家征用时无法得到足够收益，特别是土地增值收益方面的补偿，因此城乡之间这种不平衡的权利设计，不仅限制了农村土地集体产权的经济权利实现，而且妨碍了其发展权的实现。

案例6-2　重庆市大足区探索农村集体经营性建设用地入市②

2020年，大足区总面积1 436平方千米，辖区内常住人口84万人，常住人口城镇化率60.5%，地区生产总值701亿元，一般公共预算收入42亿元。

主要做法：大足区按照"确权是基础、规划是前提、交易是关键、分配是核心"思路，建立"同权同价、流转顺畅、收益共享"的农村集体经营性建设用地入市制度。一是明确入市规则、对象、范围和主体，确定入市交易规则和监管制度。二是建立城乡统一的建设用地使用权基准地价体系，分地区分用途分交易方式建立调节金制度。三是建立城乡统一的建设用地交易平台。

主要成效：截至2021年11月，大足区集体经营性建设用地入市交易100余宗共计3 000余亩，交易金额11亿元，为休闲农业乡村旅游、农产品加工等产业发展提供了用地保障。

在城乡经济不平衡背景下，塑造一种面向全社会的开放性的农村集

---

① 国务院.农村集体经营性建设用地使用权抵押贷款管理暂行办法[J/OL].(2016-05-13).http://www.gov.cn/gongbao/content/2016/content_5115857.htm.

② 国家发展和改革委员会,何立峰.国家新型城镇化报告（2020—2021）[M].北京：人民出版社,2022.

体经营性建设用地产权安排，促使农村土地产权社会化和资本化，与城市土地产权平等参与市场竞争和交易，是未来城乡产权结构的趋势，为大足区经营性建设用地交易实践提供了参照。

推动农村集体经营性建设用地入市之所以能为农村集体带来收益，是因为过去建立在其上的使用权相对封闭，而从产权实施角度来看，则是土地转让权被政府垄断。在土地一级市场的"统购统销"行为，让地方政府分别在城乡土地市场上扮演了垄断供给方和垄断需求方的双重角色①，地方政府掌握了完整的土地产权剩余控制权，进而通过土地价值剩余索取权攫取级差地租。一旦这种不平衡的农地产权结构开始向处于弱势一方的农村集体倾斜，围绕土地潜在利润形成的利益格局就会被打破，而促使产权关系发生变迁的动力则是中央、基层政府与农村集体三方博弈的结果，在寻求效率和公平均衡点的过程中，以及避免权力租金带来的租值耗散问题，政府最终要通过向农村集体放权让利来构造新的城乡土地产权均势。

其实，无论农村集体经营性建设用地是采取"征地模式"还是"入市模式"实现市场化交易，就与资本要素结合的方面来说，都能够吸纳一定规模的生产性资本或金融资本。与之有关的争论之所以持续不断，主要是因为既定产权关系下，农村集体建设用地产权"定分止争"功能不足，导致资本要素未来收益在城乡之间分配的不平衡。针对农村集体经营性建设用地上的产权模糊问题，有学者提出可以通过完善农村集体的法律性质和运行机制予以化解，如基于集体土地股权量化来完善集体土地所有权的行使机制②。但不论采取何种方式，只要是代理机构完整有效贯彻了全部或大多数集体成员的意志，其产权行使效力就是合法且行之有效的。例如，由乡镇资产经营公司、村股份合作社、村委会甚至村民小组等代为行使所有权。缺乏权利行使有关的规范化条款约束，是导致农村集体经营性建设用地资本化收益在城乡间分配不均的另一原因。农村集体代理机构市场交易能力不足、议价定价部门权力寻

---

① 盖凯程，于平. 农地非农化制度的变迁逻辑：从征地到集体经营性建设用地入市[J]. 农业经济问题，2017，38（3）：15-22.

② 宋志红. 中国农村土地制度改革八讲［M］. 北京：国家行政学院出版社，2017：69.

租，以及委托代理关系失谐下的代理机构滥用权力等①，都可能造成不平衡的土地资本化收益分配。

法律产权对经济产权缺乏保护与限制作用②，是农村集体经营性建设用地资本化收益在城乡间分配失衡的主要因素。国家法律制度对于集体土地产权保护的缺失乃至权能的限制，造成过去农村集体经营性建设用地产权结构单一，除所有权以及派生的使用权外，处分和收益权能是残缺的，且派生出的使用权只能用于乡镇工业建设，无形中也限制了农村发展第三产业的能力。至于地方经验中的"增减挂钩"政策，不过是"耕地红线"规定下的无奈之举，不仅土地资本化流转的后续经济建设与复垦项目所在村落无关，而且政策性补偿也远低于获得建设指标的区域，后者通过购地并用于城镇化建设能获得相应的级差地租。

由此，农村集体经营性建设用地在产权界定、行使机制及监督管理等方面存在的问题，引致了一系列土地要素市场化的问题，因为其产权市场化路径从单纯的政府征地，转向集体坚持所有权性质不变前提下的自主决策，并不能自动转化为公平合理的市场交易行为，背后需要包括集体高效组织化、地方政府合理引导等多方面积极因素的支持。对此，应不断完善集体经营性建设用地入市有关法律法规，在法律层面实现对集体土地产权关系的确认与调整，持续探索土地增值收益分配在集体、成员和城市公共部门间的适当比例，促使城乡资本要素与土地产权市场化的有效协调发展。

（三）宅基地产权与城乡资本

与承包地和集体经营性建设用地不同的是，宅基地不仅具有作为生产资料的经济功能③，而且具有作为住房保障的社会功能，集中反映了农民作为集体一员和村落共同体最为紧密的联系。我国把宅基地有偿使用与退出作为宅基地产权制度改革的核心，注重探索以宅基地所有权为

---

① 陈寒冰. 农村集体经营性建设用地入市：进展、困境与破解路径 [J]. 现代经济探讨, 2019 (7)：112-117.

② 刘湖北, 刘玉洋. 集体经营性建设用地制度：改革逻辑与未来走向：基于不完全产权-租值耗散的理论分析 [J]. 南昌大学学报 (人文社会科学版), 2020, 51 (6)：50-60.

③ 张清勇, 刘守英. 宅基地的生产资料属性及其政策意义：兼论宅基地制度变迁的过程和逻辑 [J]. 中国农村经济, 2021 (8)：2-23.

出发点的住房财产权实现途径①。在我国存量宅基地中，闲置加上低效利用的部分约占 15%②。倘若配合高效灵活的宅基地退出机制，除能够盘活这部分利用率不高的宅基地资源外，还可以促使有意愿进城落户的农村家庭充分实现住房财产权，顺利由农村居民身份向城镇居民转变。对农村集体经济发展而言，则可以借宅基地使用权社会化效应引入城市资本要素，特别是运用抵押和担保权消除农村信贷约束，推动闲置农村土地资源金融化。

党的十九届五中全会指出我国宅基地制度改革的未来方向③，应当就农村宅基地所有权、资格权与使用权分置不同经济主体探索具体实现形式，释放了进一步完善农村土地产权关系，推动土地要素市场化配置的积极信号。2021 年，农业农村部提出要在 104 个县（市、区）和 3 个地级市开展新一轮的农村宅基地制度改革试点，不断完善宅基地权利分置实现形式、管理办法和统计信息管理制度④。过去我国宅基地产权制度设计的初衷，是确保农村集体成员住所的稳定性，宅基地的住房保障功能体现在其按户无偿分配和只能用于住房建设的制度设计上，在城乡人口流动大背景下发挥着稳定器的作用。但随着人们生活水平的不断提高，城乡产业布局深化与结构转型，宅基地保障性功能实则在无形中被不断削弱，如果不能进一步强化其财产性功能，则不利于农民收入水平的提升，阻碍了城市资本要素通过产权交易关系进入农村经济体系的渠道。

在保障性目标约束下，我国宅基地产权结构呈现半开放性，即在缺少宅基地使用权合法交易的前提下，仍存在私下流转的现象，如通过附着于宅基地之上的房屋买卖协议变相实现宅基地使用权交易，或者由集

---

① 中共中央办公厅，国务院. 深化农村改革综合性实施方案[EB/OL]. (2015-11-02). http://www.gov.cn/zhengce/2015-11/02/content_5003540. htm.

② 唐健. 宅基地制度改革将保证农民宅基地的用益物权[EB/OL]. (2014-03-07). http://www.gov.cn/zhuanti/2014-03/07/content_2632468. htm.

③ 参见《中共中央关于制定国民经济和社会发展第十四个五年规划和二〇三五年远景目标的建议》。

④ 农业农村部发展规划司. 农业农村部关于落实好党中央、国务院 2021 年农业农村重点工作部署的实施意见[EB/OL]. (2021-01-08). http://www.moa.gov.cn/ztzl/2021gzzd/gzyd/202103/t20210301_6362430. htm? ivk_sa=1024320u.

体收回农户宅基地资格权，再作为集体建设用地出让给集体外的成员，受让方甚至可以是城镇居民①。但由于宅基地产权关系长期得不到法律确认与有关政策法规的引导和约束，使得各地宅基地市场化流转无序化，产权效力仅靠交易双方一纸契约，也为以后的产权纠纷埋下隐患。与其如此，不如以宅基地资格权保障为基础，完善宅基地使用权社会化机制，健全宅基地有偿退出机制、使用到期资格权回退机制②与有偿使用机制。

表6-4 2020年全国农村宅基地管理利用情况

指标名称	计量单位	数量
一、基本情况	—	—
（一）宅基地宗数	宗	268 419 971
（二）占有一处宅基地的农户数	户	197 446 111
（三）占有两处及以上的宅基地的农户数	户	18 846 965
（四）非集体成员占有的宅基地宗数	宗	3 736 683
（五）闲置宅基地宗数	宗	12 538 103
其中：空闲废弃宅基地宗数	宗	4 423 991
二、管理情况	—	—
（一）审批宅基地	—	—
1. 宗数	宗	4 798 260
2. 面积	亩	2 165 130.8
其中：农转用	—	—
（1）宗数	宗	206 017
（2）面积	亩	65 997.5
（二）征收宅基地	—	—

---

① 宋志红. 中国农村土地制度改革八讲［M］. 北京：国家行政学院出版社，2017：115.
② 使用到期资格权回退机制即资格权在宅基地使用期限截止时收归集体所有，同时根据原出让方是否还具有集体成员资格采取宅基地使用权重新分配、签订有偿使用协议或退出协议等做法，实现宅基地市场化流转到期的再配置。参见刘恒科. 宅基地"三权分置"的政策意蕴与制度实现［J］. 法学家，2021（5）：43-56，192-193.

表6-4(续)

指标名称	计量单位	数量
1. 宗数	宗	1 361 703
2. 面积	亩	714 804.7
三、利用情况	—	—
（一）出租宅基地	—	—
1. 宗数	宗	2 071 882
2. 面积	亩	652 758.3
（二）转让宅基地	—	—
1. 宗数	宗	644 642
2. 面积	亩	186 691.4
（三）有偿使用宅基地面积	亩	324 087.7
（四）有偿退出宅基地面积	亩	219 726.4
（五）复垦宅基地面积	亩	1 734 300.3
其中：城乡增减挂钩调剂使用面积	亩	609 221.3

数据来源：《中国农村合作经济统计年报（2020年）》。

　　土地是农村地区最为丰裕的资源要素，在城镇化与农业经济社会转型背景下，农村土地要素通过与城市其他要素交换及组合才能发挥相应的生产性功能。过去"一户一宅""限制流转"的农村宅基地产权设计，实际上阻碍了城乡要素循环对于农村产业发展的促进作用，不利于土地要素向更高效用途进行配置。闲置宅基地与农房不过是农村土地要素缺乏经济参与能力的表现形式，无论是宅基地产权关系在农村内部跨集体重塑，还是通过城市工商资本进入建立新的产权关系，都比让闲置的宅基地资源继续沉积在各处要好。即便对于中、西部部分地区的农村，宅基地开发价值不大，但只要村庄建设还是当地发展的基本需要，那么对于宅基地进行二次规划利用，至少可以提升其社会公共价值，优化农村水电气与道路桥梁等基础设施。我国宅基地在试点过程中，主要涉及的问题大致有两种——宅基地使用权转让和基于宅基地使用权产生的复杂权利关系①。就问题产生的复杂程度而言，前者相对简单，只是涉及外来集体经济组织成员凭借村庄改造获得宅基地分配资格，以及通过房屋转让实际占有宅基地使用权，交易规模及其对产权实际运行的影响都不大。后者则是宅基地要素实现市场化配置的主要途径，也是学界争论较多的方面，因为牵涉宅基地产权的母权与子权相对变动的问题。

案例6-3　江苏省常州市武进区探索盘活农村闲置宅基地②

2020年，武进区总面积886平方千米，辖区内常住人口128万人，常住人口城镇化率71.8%，地区生产总值1 743亿元，一般公共预算收入139亿元。

主要做法：一是依法保障农户宅基地资格权，建立宅基地资格权管理平台，23.5万户宅基地资格权入库。二是适度放活宅基地和农民房屋使用权，由农户自主出租或自愿交给集体经济组织，租赁给乡村旅游经营者作为民宿，或满足入乡就业创业人员住房需要。三是乡镇政府研究制定补偿标准，支持引导进城落户农民依法自愿有偿转让宅基地。

主要成效：截至2021年11月，1 500余户农民依法自愿有偿转让宅基地，通过精细整理腾退的宅基地和碎片化集体建设用地，新增农用地1.4万余亩。

宅基地使用权的取得依托于集体所有权的存在，由此决定了宅基地使用权的成员资格属性，这也是2018年中央一号文件拟定的宅基地所有权、资格权和使用权三种权利分置的现实基础。问题在于，尽管中央文件精神对资格权的强调符合社会的一般认知以及有利于进一步确认农户根本利益，但宅基地资格权的法理适用性不强，其最多只能看作使用权的获得条件③。如果不能在实践中对宅基地权利进行合理划定与运用，那么宅基地使用权仍然会囿于成员身份属性，从而无法很好地黏合

---

① 夏柱智. 面向乡村振兴的宅基地"三权分置"：政策解析、基本模式和实践困境 [J].贵州社会科学，2021（9）：162-168.

② 国家发展和改革委员会，何立峰. 国家新型城镇化报告（2020—2021）[M]. 北京：人民出版社，2022.

③ 宋志红. 宅基地"三权分置"的法律内涵和制度设计 [J]. 法学评论，2018，36（4）：142-153.

社会工商资本。由此可见，宅基地闲置或低效使用的根本原因是使用权具有先天的身份属性（这一点和承包经营权类似），加上宅基地之上还涉及房屋所有权或使用权等权利，提高了资本化难度，导致权能扩张能力的不足。从确保农村集体土地所有制性质不变的角度来讲，要实现宅基地资本化流转，必然要遵循坚持宅基地使用权集体内存续的基本原则不动摇，但由此形成的宅基地"所有权—使用权"权利结构只能发挥有限的住房服务功能，而且仅限于集体内部，宅基地资本化的可能因身份属性色彩强烈的权利结构而被掩蔽。宅基地产权身份属性对于资本化流转的限制并非没有解决方案，而是需要对使用权进行进一步改造，这也是目前各地宅基地改革试点的核心所在，如探索创设使用权之外的权利，发挥宅基地包括租赁、抵押、经营、入股等基本经济功能，推动其资本化流转的实现。

三、城乡劳动力要素与土地产权关系

农村土地产权结构开放性的相对不足，不仅是制约城乡资本要素流动的关键因素，也影响着城乡劳动力要素使用过程。出于对社会主义本质的维护与确认，国家对于农村产权制度改革始终持审慎态度，在这样的制度背景与政策取向下，农村土地产权关系的稳定性自始至终强于开放性。因此在农村土地产权的稳定与开放性矛盾运动中，承包地与集体建设用地产权的适应性构造进程一直较为缓慢，由此造成城乡要素市场化过程难以借助农村土地产权结构社会化顺利实现。农村集体土地产权主体与权利结构的稳定性，使得农村优质劳动力要素流向比较收益更高的城市部门，同时又因产业发展滞后与制度限制，难以吸收城市优质劳动力要素进入，农村产业由此呈现出较低的生产率水平与规模化经营程度①。换言之，农村土地制度改革的滞后，不能够防止农村劳动者"用脚投票"带来的劳动力要素单向流动，而这必然造成农村人口与产业的空心化局面，使得城乡之间在劳动力要素使用权层面出现不平衡。

城乡劳动力要素使用权不平衡主要表现在：一是劳动能力相对突出

---

① 黄涛，朱悦蘅. 农村产权制度变革与乡村治理研究［M］. 北京：商务印书馆，2018：100.

的劳动者多被城市非农就业机会所吸引，在就业上选择暂时或永久性离开农村部门，同时出于"待价而沽"或平滑收入①的考虑又不愿意进行土地流转，土地产权关系变迁缓慢，城市劳动力要素也难以进入。二是城市劳动密集型部门对农民工的有条件使用，由于资本有机构成不高，劳动密集型部门或岗位多使用青壮年农民工，高龄农民工不得不在年老时返乡务农，一些工作环境恶劣的岗位还可能对劳动者身心造成损害，而这部分损害通常并不能获得足够补偿。三是农民工人力资本投资不足，农民工大多从事第二产业或第三产业中的低端工作，用人单位很少或者基本不对其进行长期的人力资本投资，因此其难以获得足够的职业流动性与上升空间，而在返回农村后依然只能进行低水平的生产劳作，无法提高农村产业的生产率水平。

案例 6-4　重庆市巴南区探索依法自愿有偿退出农户在农村权益②

2020 年，巴南区总面积 1 825 平方千米，辖区内常住人口 118 万人，常住人口城镇化率 82.9%，地区生产总值 866 亿元，一般公共预算收入 54 亿元。

主要做法：巴南区构建依法自愿有偿退出农户在农村权益"1+4+1"制度框架，即 1 个指导意见、4 个具体办法（土地承包经营权、林地承包经营权、宅基地使用权、集体收益分配权）、1 个扶持政策。一是退出原则，坚持自愿有偿、平等协商、退用结合，切实保障农民权益。二是退出条件，拟退农户需有稳定的收入来源和住所，后续生活有保障，并取得相关权利人同意。三是退出程序，明确从申请到公开交易的退出流程，确保公开有序。四是监测机制，建立利益沟通、社会保障和风险防范机制，加强事中事后监管。

取得成效：一是盘活了农村闲置资产，如学堂堡社 7 户农民退出农村权益，获得补偿费用 375 万元，农户的闲置资产"变废为宝"得到充分

---

① 苗海民，朱俊峰. 从乡土中国到城乡中国：农村劳动力选择性流动抑制了土地流转吗？[J]. 世界经济文汇，2021 (6)：72-95.

② 国家发展和改革委员会，何立峰. 国家新型城镇化报告（2020—2021）[M]. 北京：人民出版社，2022.

利用。二是促进了土地适度规模经营，缓解了土地撂荒和碎片化问题。

从农村土地产权关系来看，农村劳动力要素之所以对外转移困难，一个很重要的原因便是土地要素市场化功能受限，农民通过土地要素市场化通常无法获得足够的财产性收入进行举家迁移，候鸟式的外出打工几乎是普遍现象。于是，农民宁愿在现有的土地产权关系下继续低水平的生产方式，也不愿迁到城市享受更良好的医疗、教育、交通与购物服务等，毕竟当前土地产出水平虽然较低，但能够提供低成本的日常生活资料，并通过邻里互助提高瓜果蔬菜等生产的多样性。土地要素市场化不足的情况下，倘若农民退出承包地或宅基地，那么进城后的生活保障可能难以维持家庭运行。因此，推动土地要素市场化的确是调整和改善当前城乡劳动力要素产权关系的有效手段，但如何让土地要素市场化过程对城乡劳动者产生积极的正面作用，尚需要不断结合具体情况进行考察分析。对于城市劳动者而言，能够在约定期限内使用农村土地提供的生产或生活性服务，具备稳定的可预期的要素产权关系，是其愿意下乡租赁、购置土地或房屋的基本动力。对于农村劳动者而言，只有当土地要素市场化带给自己的财产性收入足以弥补迁移成本，同时让自己和家人能够稳定生活在城市，才可能愿意流转出手中土地以实现市民化。

第二节　产权与要素流通

一、城乡土地要素流通分析

如果说土地承包经营权是实现不可流转的土地所有权与市场经济对接的制度工具，那么土地承包权、经营权的分离，则让土地所有权参与市场经济、有效配置土地资源成为现实可能，其中土地流转是一种重要的实现形式，是农地市场形态演变的现实映照。

1993 年《中华人民共和国宪法修正案》将家庭联产承包责任制确立为一项基本经济制度，如果联系安徽凤阳小岗村包干到户的实践活动，可以看出农地所有权和承包经营权的分离起初是诱致性制度变迁的结果，而后政府从政策和法律上进行了肯定与固化。承包制最巧妙地确认和保存了集体产权的本质特征，成为集体所有制极具中国特色和乡土智慧的基本实现形式。当时城镇化和工业化进程处于起步阶段，从农村到城市的"非农就业流动"还不太普遍，农地使用者具有双重身份，是承包者和经营者的统一体，以家庭式经营为特征的农业生产关系可充分容纳那时的农业生产力发展水平，承包权和经营权既没有区别的必要，也没有分离的价值。

随着城镇化进程不断加快，大量农民外出务工和农业生产兼业化，农村地权结构调整有了新的"菜单选择"。一方面，农民进城务工有了转出经营权利的需要，另一方面，农业生产的发展也有了多样经营的需求。农地经营权进入市场流转，本质是农地使用的相关权利在不同经济主体之间的交换，是农村集体产权制度的一次重大改革，对农业生产方式和农民收入来源及途径等产生深刻影响。

随着经营主体和承包主体逐渐分离，承包权与经营权继续合为一体不仅会带来法理上的困惑，也给政策制定带来困难。为促进农业发展和农地市场活化，建立健全农地租赁市场和金融市场，党的十八届三中全会、四中全会提出"三权分置"，为承包权和经营权分离的实践提供了政策话语依据。2016年10月，中共中央办公厅、国务院办公厅印发的《关于完善农村土地所有权承包权经营权分置办法的意见》明确指出，现阶段围绕正确处理农民和土地关系这一主线，实行农村土地所有权、承包权、经营权"三权分置"并行①。"三权分置"的制度选择不仅是农村基本经营制度的自我完善和发展，而且是对农村改革实践的时代诠释，调动了农业主体对生产要素尤其是土地资源的配置能力，推动了农村基本经营制度在实现形式上的创新。

根据城乡发展的一般规律，靠近城镇地区的农村土地最有可能率先分享城镇化带来的增值收益，对此不得不提到土地结构的问题。我国农村土地除承包经营的耕地外，还有宅基地和经营性建设用地，这都是巨大的资产。

---

① 中华人民共和国中央人民政府网. 中共中央办公厅 国务院办公厅印发《关于完善农村土地所有权承包权经营权分置办法的意见》[EB/OL]（2016-10-30）. https://www.gov.cn/zhengce/2016-10/30/content_5126200.htm.

案例6-5　郫都区集体经营性建设用地入市试点

2015年2月27日，全国33个县（市、区）行政区域获批于当地开展有关法律法规的试点，成都市郫都区位列其中并负责农村集体经营性建设用地的试点工作。按照"符合规划、用途管制、依法取得"的基本原则，4 932.79亩可入市土地资源被敲定，同时郫都区先后出台了涵盖基础管理、入市管理和配套管理三个方面的政策举措，为辖区内各村集体试点工作开展提供了统一完善的实施规则。战旗村是郫都区，也是四川省第一宗公开合法入市交易的农村集体经营性建设用地使用权的转让方。2015年9月7日，通过郫都区公共资源交易中心，战旗村集体资产管理公司与四川迈高旅游资源开发有限公司达成协议，将面积为13.45亩、单价为52.5万元的集体经营性建设用地转让给企业方。2016年3月11日，白云村将四宗合计为19.91亩的集体经营性建设用地，以每亩68万元的价格出让给多利（成都）农业发展有限公司。2016年7月28日，青杠树村以每亩60万元的价格出让了四宗农村集体经营性建设用地，合计97.48亩，购方为成都漫生活休闲文化产业有限公司。从试点开始到2017年年末，郫都区共有33宗合计399亩农村集体经营性建设用地入市交易成功，成交价款共2.5亿元，征得土地增值收益调节金609万元。

郫都区农村集体经营性建设用地入市的成功试点，是城镇化进展到一定阶段的产物，表明城市部门经过一个时期的发展和积累，已有足够能力向农村部门投入资本开展各类经营。但是，郫都区地方政府对城乡要素交换体系的有效运作，同样是成功的关键。为确保农村集体经营性建设用地入市交易的顺畅，最大限度降低交易成本和提高交易效率，郫都区有针对性地出台了覆盖"交易前—交易中—交易后"三阶段的综合配套办法。"交易前"配套办法指确权、抵押登记、专项规划等6个基础管理制度，为交易的有效性与合法性提供制度保障；"交易中"配套办法指入市规定、协议入市等6个关于入市管理的制度，目的在于形成可预期可操作的交易规则；"交易后"配套办法指资产处置、调节金征收、收益分配等9个管理制度，用以规范交易后资产使用和运营，避免不必要的纠纷。此外，农村集体经济组织的建立和涉农企业也发挥了相当作用。集体经济组织将分散的农户有机整合为一个市场经济主体，具有对内协调和对外议价的双重作用，有利于提高农村集体经营性建设用地入市交易的效率。涉农企业通常有着比小农户更雄厚的经济实力，出于战略规划和政策引导，涉农企业通过大笔资金购买土地使用权，取得使用权后再利用土地要素和自身经营优势进行开发利用，对于农村经济具有促进作用，也能及时回笼资金支持企业发展。

随着城乡人口流动的加快和城市工商企业的相对壮大，农村土地特别是宅基地和经营性建设用地的巨大潜能迫切需要释放。在 2020 年 1 月 1 日《中华人民共和国土地管理法》实施前，我国诸如宅基地等在通过入市交易变现为农村居民财富和权益方面存在诸多限制①。截至 2020 年 12 月，如果不计算 2 万平方千米的闲置土地，我国农村宅基地约有 15 万平方千米。如果有合理的制度安排使其入市流转交易，且假设每年有现有宅基地存量的 1%进行交易，规模可达 15 亿平方米，根据不同区域土地价格进行估算，1%的宅基地存量入市交易可带来的土地交易增量是 3 万多亿②。但以上数据和算法只是假设现有房价不变的情况下，针对土地交易的宅基地制度改革所可能带来的交易量增加值，当农村土地大量入市交易后，价格机制的调节作用必然会因供给端的变化进行价格下调，进而有利于房价稳定调控，故而尽管真实的交易量可能并非如上述计算结果那样，但对于地方经济发展和转型却是大有裨益。

---

① 农村地区房产交易的限制从不同时期的政策可以看出：例如 1993 年国务院办公厅发布了《关于加强土地转让管理和禁止投机的通知》规定："农民住房不能出售给城市居民。相关的政府部门不应为非法建造或者购买的房屋颁发土地证书和物权证书。"2004 年 10 月，国务院再次发文进一步强调禁止城市居民购买农村住房用地。2004 年 11 月，国土资源部发布《关于加强农村住房用地管理的意见》规定："严格禁止城市居民购买农村住房用地，并且建立在这种土地之上的房屋不予颁发使用证书。"辩证来看，以上农村房产交易的有关规定一方面限制了农村居民财富增值的渠道，另一方面限制着城市资本进入农村经营，这也是城乡资本主要表现为单向流动的原因之一。

② 连平. 突破土地要素市场化改革的瓶颈［EB/OL］.（2021 - 09 - 27）. https://baijiahao. baidu. com/s? id = 1688569085289776498&wfr = spider&for = pc.

不仅如此，农村土地因为产权制度的约束，还存在抵押方面的限制①，使得城乡人均房产价值扩大的同时，城乡金融可得性方面的差距也在不断拉大。地方政府通过土地储备和银行信贷制度，掌握了充足的获取金融标的物之权利，因此推高的地价无形中又提升了拿地企业的资产价值，对于上市公司而言，有利于其在资本市场中收获大量资金支持，反过来又强化了城乡资本不平衡发展。

宅基地要素市场化交易的最大障碍，在于有关宅基地产权实施的法律规则不够清晰。宅基地本身的身份属性与居住功能，使得宅基地市场化面临诸多法律和实践难题，目前激活宅基地要素的主要渠道是社会化流转，在符合宅基地用途管制和城乡规划前提下，利用社会资本撬动宅基地蕴藏的巨大价值。但宅基地产权交易尚存在一些堵点，如"宅基地三权分置改革"的顶层设计与宅基地要素交易实施规则模糊的矛盾，导致宅基地实际利用中纠纷不断，影响了社会资本下乡的预期，降低了宅基地要素配置效率。

宅基地要素的再配置一般涉及三种市场化交易方式：有偿腾退、以地置业和以地换房②，其中有偿腾退和以地换房均不涉及复杂的权利设计问题，本质上是土地处分权在政策推动和市场机制双重作用下的实现。以地置业则涉及多个经济主体和客体，包括宅基地实际使用权的转让、共建共享和抵押融资，在确保权利分割与界定行之有效的方面，其难度高于其余两种交易方式。宅基地抵押借款取决于权利结构中各利益主体的一致性评价，如金融机构对于农村产业发展的支持力度，以及金融产品在收益和风险设计上的合理性，背后是政府惠农支农政策的引领，需要地方政府加快政策和观念上的转型，将农村农业发展置于比单

---

① 按照《中华人民共和国物权法》，只有两种情况下集体土地使用权可以抵押：一是以招标、拍卖和公开协商等方式取得的荒地土地承包经营权允许抵押；二是以乡（镇）、村企业的厂房等建筑物作为抵押的，其占有范围内的土地使用权同时抵押。根据《中华人民共和国担保法》第三十七条规定，宅基地土地使用权、乡村公益建设用地使用权不得抵押。这意味着，不包括在规定之内的农民承包经营用地、宅基地和自有房产不存在法定意义上的抵押价值，贷款难和抵押权的残缺使得农村金融发展极其缓慢。

② 农业农村部农村合作经济指导司. 四川泸县探索宅基地"三权分置"推动农村土地资源盘活利用［EB/OL］（2020-03-23）.http://www.hzjjs.moa.gov.cn/zjdglygg/202003/t20200323_6339597.htm。

纯追求生产总值更重要的地位。宅基地实际使用权的转让或共建共享的交易最为复杂，宅基地及其附着物自然意义上的融合，与产权社会化所要求的使用意义上的分离构成天然矛盾，缺乏明晰法律规则时必然导致利益相关者之间的龃龉。倘若在宅基地流转中仍然采取"房地一致"规则，合作建房的权利主张将失去法律关照，不利于形成长期稳定的宅基地交易市场。宅基地市场交易中合作建房最为关键的一环，是要保证非农村集体经济组织主张建筑物所有权的土地权源合法性，显然这并不能运用"房地一致"的思维，那样的话同一客体可能出现两个及以上的用益物权，进而埋下宅基地交易中的法律隐患。

目前我国在以建筑物修建及其使用为基本内容的宅基地市场交易规则上，尚没有足够具体的制度设计，宅基地上建筑物所有权"定分止争"功能还不够完善，宅基地房屋所有权市场化的土地权源模糊。从宅基地所有权、资格权、使用权"三权分置"构想来看，可以将宅基地使用权作为市场化所需土地权源，因为宅基地资格权本质上是农村集体成员初次分配宅基地的使用权能，而新创设的宅基地使用权则可以视作租赁权而非用益物权，以此为契机建立起宅基地要素产权市场化运行规则。我国现行法律制度框架下，租赁权的法律效力并不弱，只要能够确保宅基地租赁权的稳定性和充分的对抗效力，宅基地租赁权完全可以充当宅基地及其建筑物权利之间的"媒介"，进而推动宅基地市场化交易成为可能。

城镇化扩张与农村经济发展的双重需要，使得农村提供土地和劳动力要素等，以及城市提供资本、技术等具有天然互补性，其联合的初期往往能够为村集体带来大量收入。但村集体要获得长期可持续的发展，往往需要几代人齐心协力经营和管理好集体资产，才可能使得集体财富不断积累，集体成员收益持续递增。

案例 6-6　深圳怀德村集体经济发展历程

自改革开放以来，深圳市怀德村集体经济就从以农业为主，逐渐转向以工业乃至后来的现代制造业、商服物流业为主，由此也可以说整个怀德村集体经济发展史就是一部村集体产业转型升级发展史。从时间节点来看，怀德村较早迈进了改革开放的康庄大道。1983 年怀德村开始兴办来料加工企业。为引资引才引技术，怀德村又于 1986 年引进外资企业，与国际接轨。1987 年怀德村委会说服并组织村民，利用深圳机场征地拆迁补偿款建立了总面积达 4.7 万平方米的翠岗工业区，奠定了中长期产业发展的载体。2004 年是怀德村集体经济组织转型的重要时点，怀德村成立了股份有限公司，使用现代企业制度进行集体资产运营管理，村委会借助高薪聘请的职业经理人的运作能力打理集体所有的公司。2010 年年底，怀德村遵循"规划先行"的理念，聘请有关专家研讨并撰写了《怀德整体规划》，目标是建立起一座集现代制造业、服务业等产业，以及宜居生态和社区于一体的"怀德城"。此后，怀德村分别于 2014 年、2015 年、2017 年开发了怀德公园、怀德峰景、怀德旧村改造等大型项目，为下一个时期的产业载体与村居载体打好了基础。截至 2017 年，怀德村集体总资产已达 51.38 亿元，相比 1988 年，资产总规模翻了 1 579 倍，人均分红翻了 390 倍，利润总额翻了 30 181 倍。集体经济规模和效益的增加，带动了不少前往香港打工的原村民返乡就业定居。

怀德村集体经济发展的成功案例带来的启示是，农村经济发展不能只着眼于短期的利益分配，村委会等治理主体应当带领并组织集体成员，集中村集体积累的人力物力财力，对集体资产进行长期规划与专业化运作，必要时也可借助来自其他区域的有经验有头脑的专业管理团队。城镇化的迅速推进，固然能让靠近城镇地区的部分村集体享受到城市经济发展带来的好处，如征地拆迁补偿款、优惠的安置政策等，但也要看到这种因城市经济增长带来的一次性收益，并不是农村经济社会得以最终消除贫困，乃至缩小城乡差距的充分条件。与怀德村不同的是，深圳市还有超过 30 家因经营不善而面临债务危机的股份合作公司。可见问题的关键在于，农村经济应当如何在城镇化过程中，借力用好城市现代化理念、发展模式的"东风"完成转型升级。

二、城乡资本要素流通分析

城乡资本要素流动主要表现为产业资本循环周转在不同空间分化重

组，城镇化中的资本运动，体现为伴随空间要素集聚和空间价值创造的周而复始运动，在这个过程中的显性逻辑是追逐无限增值空间的资本逻辑，故它本身就是不可持续的循环过程。较多研究从制度变迁角度对城乡经济失衡作了定量或定性的分析，但制度逻辑不能同制度变迁的一揽子安排画等号，其关键在于通过制度变革，对当前发展模式中不利于城乡协同的生产关系进行调整①，以降低社会组织结构变化带来的不确定性，使之归于制度自我完善的逻辑一致性。城乡资本的持续流动与循环，既是资本逻辑在相对开放的市场经济体制中的体现，也存在着制度逻辑与资本逻辑的互构。

城乡经济关系在实践过程中不单表现为资本循环的城市倾向，同时制度体系本身的结构特征，也决定了制度体系的不同层次都参与这一过程。城乡经济关系从体制转型至今，本质是以分层制度体系相关联为特点的经济资源配置结果，特别是基础性政策环境、相应治理结构和市场机制作为制度性供给的主要方式，决定了资本等要素在城乡之间的配置结构。改革开放以来，我国从建立深圳等四个经济特区开始，逐步明确了要发挥城市经济的辐射带动作用，并在全国范围内对各具规模的经济开发区进行布局。迄今为止，经国务院批准设立的开发区已达到552家，核准面积共 2 175.34 平方千米，省（自治区、直辖市）人民政府批准设立的开发区有 1 991 家，核准面积共 7 626.85 平方千米②。经济开发区建设既是优化投资环境与区域经济发展的重要支撑，也是推动我国城镇化、工业化和吸引利用外资的重要平台③，在发挥区域经济优势与推动产业结构升级等方面有独特作用。在这样的政策背景下，资本、产业、人口和技术纷纷向开发区内涌动，在一定程度上缓解了城乡二元分割的局面，调整了相互对立的城乡空间。税制改革不再将企业属地作为税源依据后，地方政府对企业的扶助转为对土地的青睐，即"经营土

---

① 黄涛，朱悦蒹. 农村产权制度变革与乡村治理研究 [M]. 北京：商务印书馆，2018.
② 参见《国家级开发区四至范围公告目录》（2018 年版）。
③ 参见《国务院办公厅关于促进开发区改革和创新发展的若干意见》（国办发〔2017〕7 号）。

地"① 或者说"经营城市"，通过对土地一级市场的垄断推高商住用地价格，以获取土地级差收益并吸引产业与人口，确实推进了大规模城市建设和工业园区形成。问题在于这种模式是以有限的土地要素为核心，有限的土地增量与指标管控成了农村空间开发的瓶颈，于是地方政府联合一些城市工商业资本，以项目运作和土地整理"经营村庄"，不断向农业社会空间延伸，资本循环也无可避免地经历由城到乡再配置这一过程。

财政经济制度带动大量资本参与城镇化建设运动。相对农村税费体制改革滞后，城市工商税制较早进行了利税分流、国企利改税等多次改革，与此同时基层政府因预算缺口，形成了农业税、粮食征购等组成的农村税费制度。城乡二元的税费制度增加了农民负担，也阻碍着农业农村持续发展，直至党的十六届三中全会提出逐步实现城乡税制统一和进行免征农业税试点后才有所改观。农村税费制度挤压了资本生存空间，在农业税取消后农业生产者仍要承担部分涉农税收，诸如购买农机化肥等生产资料的交付价格包含了增值税，尤其是在农业税取消初期，这部分税收约占其收入的7%②，从与城市居民的个税标准的对比来看，农民增收还面临较大压力。国家税务总局税收科学研究所课题组发布的报告显示，现有税费制度还需进一步完善，农业企业股东分红还需缴纳个人所得税，能享受到国家免征企业所得税的龙头企业门槛太高，而农业生产存在风险大、回报率低、周期长等特征，有关税收政策对于引导资本回流尚存调整空间，农村经济的投融资环境也有待改善。同时，农村金融模式趋向以信贷为主要手段进行资本交换，现行金融体制让农村成为资本蓄水池。城乡金融资本非均衡问题十分突出，农村金融网点以吸储为主，农村资本被倒抽至城市成为富余资金并大部分进入资本投机性循环，而农村企业和个人则面临较强的信贷约束。截至 2014 年年底，我国"三农"金融缺口已超过 3 万亿元③。

---

① OI J C. The role of the local state in China's transitional economy [J]. The China Quarterly, 1995 (144): 1132-1149.

② 徐勇. 国家整合与社会主义新农村建设 [J]. 社会主义研究, 2006 (1): 3-8.

③ 李勇坚, 王弢. 中国"三农"互联网金融发展报告 (2016 版) [M]. 北京: 社会科学文献出版社, 2016.

　　财政制度也在一定程度上造成了地方经济发展中的城市倾向。中央和地方的事权划分本应是财权分配的根本依据，政府之间事权划分则取决于公共物品外部效应的覆盖范围①，但现行财政体制并没有以事权划分作为财权分配的原则依据，而是受制于"事权下放，财权上收"的权力结构设计，并通过1994年的分税制进一步强化。财政分权的一个后果，就是经济获得高速增长与区域性财政资源失衡相伴而生②。财政收入权尽管在分税制后并没有再次集中，却完成了借由税源税种标准实现的有利于中央政府横向再分配，加之地税系统纳入耕地占用税、土地增值税等同空间资源有关的税种，在这样的双重约束作用下，地方政府行为发生资本偏向也就不足为奇。分权式财政制度最终以分税制的嵌入而固定下来，使地方政府面临财政能力约束的路径锁定，促使其在区域性竞争环境中，倾向于将财政资源投入回报高、见效快的基本建设项目，从而挤出了农业和其他公共性事业的支出。财政分权本意是中央政府权力下放，以鼓励地方政府发展本地经济的制度创新，但由于土地制度的模糊产权倾向，以及财权事权不匹配，反而出现了"土地财政"等制度性寻租行为，即地方政府在财政制度激励下，为追求城镇化带来的高额级差地租，利用国家对土地一级市场垄断完成制度性寻租，并不断通过债务融资进行空间扩展和资源投入。这样的制度安排不仅导致城市对农村的空间掠夺，而且很可能使地方政府陷入"地方债务风险加剧—城镇化粗放投入"的恶性循环。

　　财政分权也加速了资本从以生产领域为主的第一级循环流动，进入以空间生产为主的第二级循环流动，但财政分权对经济社会的最大影响，在于大量资本因经济虚拟化堆积在第二级循环流动。这就暗含了资本循环流动的两大矛盾：一是产业资本相对于有支付能力需求的过剩，与资本向外扩张实际能力不足之间的矛盾，它表明资本要进入第二级循环流动存在私人投资不足的缺口，而完善的金融制度与国家权力介入是

　　① 张千帆.中央与地方财政分权：中国经验、问题与出路 [J].政法论坛，2011，29（5）：94-101.

　　② QIAO B，MARTINEZ-VAZQUEZ J，XU Y. The tradeoff between growth and equity in decentralization policy：China's experience [J]. Journal of Development Economics，2008，86（1）：112-128.

有效的解决之道。也就是说，资本循环流动的内在规律决定了资本第二级循环流动必将经历经济虚拟化过程；二是资本投机性增强与实体经济空心化之间的矛盾，意味着资本第二级循环流动所产生的过剩资本将不会大量投入第三阶段去，而是重复性或低效率地投入第一或第二阶段循环流动中，这将造成资本循环周转在三个阶段中呈现出"两头小，中间大"的特征，反映在现实中则是过度城镇化与农村空心化。这样，财政制度就成了地方政府将城市资产化运作，进而拉大城乡差距的原因，使地方政府行为分化为对当地资本的庇护与扶持。财政分权对城乡经济不平衡的影响与其类型有关①。地方和中央政府预算内财政支出分权会加剧城乡经济不平衡，原因在于地方官员会受晋升机制驱动，追求辖区内经济投资而减少民生类支出；预算外财政支出分权同样会加大城乡经济差距，背后的机理在于身处垂直考核体制下的地方政府，缺乏足够的税收立法与征管权，出于对预算外收入的追求会不断强化"财政自留地"建设，由此加重城乡居民负担。

疏通"淤积"在第二阶段循环流动的过剩资本的有效途径之一，在于不同区域间要素交换机制的建立。作为经济活动极其重要的生产要素，资本与其他要素形成联动是化解资本过剩的关键所在。一些地区的"土地财政""土地金融"现象，从侧面反映出城乡经济失衡背景下的局部资本过剩，即城市部门拥有大规模流向地产业的资本，并存在空间利用与开发需求不足而资本相对过剩的局面，也是不少地方城市开发建设冗余的诱因。由于空间所承载的产业发展的一般规律及特点，农村地区资本极度匮乏，对此需要思考如何将城市资本与农村空间经济价值深度融合。土地是农村空间经济价值所赖以存在的基础，故而"资本下乡"的第一阶段，往往是要解决土地使用的实际问题。目前围绕农村土地权利界定与权能的不断强化，已形成了从理论到实践的诸多成果，然而无论是"还权赋能"还是"确权强能"，都是农业规模化经营的必要条件而非充分条件。随着我国农地赋权确权工作的不断推进，产权公共域租值内部化上升空间已极为有限，甚至可能因为农户对土地的"禀赋

① 储德银，韩一多，张景华. 中国式分权与城乡居民收入不平等：基于预算内外双重维度的实证考察 [J]. 财贸经济，2017，38 (2)：109-125.

效应"，对农地流转产生抑制或提高交易成本①。简而言之，探索产权实施层面的制度安排和农事活动方式转型，将是未来农村产权制度创新的主要方向。提高产权实施的便利性和降低实施成本，需要创新生产经营组织方式与交易装置，包括规模化经营中的产权组合、要素联合、生产性服务组织发展和商品流通等方面，在长期中防止城市资本因经营不善而选择退出，从而给各方带来损失的问题。

案例 6-7　冉义镇合作联社的探索实践

四川省邛崃市冉义镇过去是典型的以传统农事活动为特点的农业镇，耕地细碎化与人均占有量极低，阻碍了当地规模化农业的形成。对此，冉义镇于 2013 年 1 月开始进行高标准农田建设，并通过宅基地有偿退出机制构建、成立土地专业合作社实现土地资源流转，在较短的时间内使得全镇 98% 的土地实现了规模化经营。然而，冉义镇农业规模化经营效益不稳定且处于较低水平，原因在于各类新型农业经营主体之间存在激烈的市场竞争，恶意杀价和流通渠道低质化使当地新型农业经营主体陷入了"囚徒困境"，价格手段的不合理以及将产品出售给不成规模的农产品商贩使规模效益受到极大损害。针对此种情况，冉义镇将现代农业发展思路调整到优化农村要素产权实施层面上来，在成都市农委指导下成立了稻香土地合作联社。合作联社包括 10 家村级土地股份合作社，27 家粮油种植合作社和 4 家农机专业合作社。成为合作联社成员需要满足经营规模 50 亩以上和定期缴纳会费两个基本条件，同时能够享受合作联社从生产到销售的生产性服务。收益分配方面，合作联社成员与合作联社按 1∶1 进行收益分配，合作联社再以所分的收益和村土地股份合作社按 2∶3 比例分配，以此实现了收益在各方间的合理分配。为提高经营主体的产品质量，合作联社采取统一物资采购、专业化田间管理和机械化播种三种方式，分别与专业电商平台和农科院建立合作关系，同时利用合作社自身农机化能力，提供成规模的专业化生产性服务。合作联社对成员生产经营能力的联合还体现在促进商品流通方

---

① 罗必良. 从产权界定到产权实施：中国农地经营制度变革的过去与未来 [J]. 农业经济问题，2019（1）：17-31.

面，借助合作联社的平台优势，联社成员通过代加工、品牌营销和与中粮集团等大客户签订购销协议三条途径，将自身生产能力与市场需求进行了更好的衔接。

作为冉义镇推进农业规模经营体制创新实践的典型，稻香土地合作联社实行了严格的会员制，利用制度规定的权利义务内容，将生产经营能力和规模不同的经营主体有效地组织起来，本质上是对经营主体的产权实施行为进行了高效整合，提高了土地和其他生产资料的利用率，扩大了新型经营主体的市场份额。从城乡经济发展角度来讲，合作联社在更广的范围内推进了城市工业部门有关现代农业技术和知识的应用，如大数据管理、机械化播种收割技术，以及城市科研机构在农业生产种植和病虫害防治等方面的深度参与。产品流通方面，合作联社有着更强的市场占有能力和更优产品质量管控优化方式，询价和议价方面的信息优势与能力能够充分给予合作联社成员保障，同时科学的种养技术和完善的生产性服务体系，也能满足城市部门对于农产品消费结构升级的需要。合作联社建立之前，尽管冉义镇大多集体土地已作为规模经营要素来使用，但缺乏产权实施层面的统一管理与长期规划，导致个别经营主体生产的无计划与营销的不理智行为。合作联社之所以取得比以往新型经营主体分散独立经营的更大成效，原因就在于对集体产权实施过程中的使用、运营和维护（如品牌塑造、大客户的关系网络维持）有着很高的重视，并通过会员制的制度安排，确保合作联社能够持续稳定地发挥出合作经济的优势，规避了投机行为带来的不稳定风险。

三、城乡劳动力要素流通分析

城乡劳动力要素流通，很长时间里表现为城市劳动力要素小规模参与农村产业和农村廉价劳动力大量外流。当前，我国农村集体产权制度与市场化交易改革正处于进行时，城乡土地要素市场融合建设方兴未艾，"三块地"的配置效率尚存有较大提升空间，与之伴随的是城市人力资本专用性高企。城市人力资本蕴含极具工业色彩的劳动力价值，既是城镇化高速推进的结果，又是未来打开新型城镇化格局的"钥匙"。农村土地要素市场因产权制度改革的滞后，一定意义上封闭了城市人力资本占有、使用和利用土地要素的渠道，使得部分城市人力资本被农村现有生产关系拒之门外，实际上增强了城市人力资本资产专用性，即城市的人力资本存量难以产生面向农村产业的流量，农村人力资本相应地缺少现代化所需增量。农地产权交易过程中人力资本的确表现在资产专用性，由特定时间地点和特定生产方式所决定①，但这种因产权结构开放不足所造成的人力资本的资产专用性，严格来说是一种"虚假"的资产专用性。背后的逻辑是，城市人力资本现代化程度普遍高于农村人力资本，进入农村对于现代农业的适应性转换较强，更能适应并推动农村产业科技含量持续提升，仅仅是由于制度性藩篱的存在，提高了其转换成本和风险。要降低城乡人力资本用途转换的难度，就需要打通城乡要素发展的制度性障碍，使城市人力资本也能够在不同的农村土地用途上合理有效地配置。

农村劳动力使用机制促成了城镇地区紧随资本流动的劳力输入。资本主导的城镇化进程，使得小农算计具有"货币伦理"的特征②，其理性行为有相当一部分受到货币拜物教的影响。国家统计局发布的数据显示，截至 2024 年第三季度末，全国外出务工农村劳动力总量为 19 014万人（约 1.9 亿人），同比增长 1.3%。根据各国经验，资本在越过这一阶段后往往容易出现过剩，并随即陷入"滞城"而导致经济脱实向虚，与之相伴的则是小农算计从货币逻辑向前途逻辑转变③，其代表性现象就是 21 世纪频频出现的民工荒与返乡潮。这一阶段的资本之所以能展开以都市建设为主的循环运动，依靠的是国家推动农村劳动力进城的一整套制度供给，并通过对农村剩余劳动力的消化完成必需的要素再配置。户籍转换长期滞后于职业转换，农村劳动力的自主选择与社会秩序难以统一，其背后的一些歧视与限制性的政策安排，更多是为了满足

---

① 黄涛，朱悦蘅. 农村产权制度变革与乡村治理研究［M］. 商务印书馆，2018：123.

② 徐勇，邓大才. 社会化小农：解释当今农户的一种视角［J］. 学术月刊，2006（7）：5-13.

③ 邓大才. 农民打工：动机与行为逻辑：劳动力社会化的动机—行为分析框架［J］. 社会科学战线，2008（9）：83-93.

资方对劳方绝对控制的要求①。于是，农村劳动力向农村经济体外流动，经历了"离土不离乡"和"离土又离乡"两个时期，大量裹挟投机性的外资也涌入城市，部分发展较快地区的农村，由于大量工业园区扩建或转移或消失。

这个时期的劳动力流动与使用制度，是以牺牲农村劳动力空间、生产生活权利为代价来换取资本进城的制度设计。国家权力在工业化和城镇化背后，总会借助权力运作和制度安排，强化有利于经济快速发展的工商业和金融资本等资本形式，而户籍和土地制度则扮演了重要角色。户籍制度的逐渐放松，实质是让城市、农村在劳动力要素管控方面，从分割过渡到了差别化对待。此外，又存在劳动力再生产的空间矛盾②，即劳动力使用和日常再生产空间与长期劳动再生产空间的割裂，也就是常说的"候鸟式"民工流动现象。而农地产权制度改革滞后使得小农经济更加难以为继，先前的户籍管制虽使农村成为劳动力蓄水池，但土地至少还有相当的社保功能以维持劳动力再生产，与城市劳动力再生产相比，农村劳动力再生产处于相对弱势（直接体现在收入和消费差距方面），反过来强化了农村劳动力再生产的空间矛盾。

农民工制度则提供了城乡资本第二阶段循环流动的基本动力。社会再生产过程中的资本积累一定会伴随相关要素的集中③，资本天然地具备吸引其他要素参与空间生产的能力。资本的规模化流动在一定程度上建制了要素配置的结构与方向，大量资本在竞争与信用这两个市场经济杠杆的作用下，迅速实现更大规模的集中以便进行自我增值，并且资本在空间中生产的同时，又生产了空间本身来直接为资本积累与循环流动服务，后者通过提供交易成本更低、正外部性更强的市场环境，以吸引资本生产所必需的技术与劳动力等要素。

随着新型城镇化的推进，加之城市部门平均利润率下降的规律性趋势，资本三阶段循环流动的时间继起特征愈发明显。实施乡村振兴战略

---

① 周大鸣. 农村劳务输出与打工经济：以江西省为例 [J]. 中南民族大学学报（人文社会科学版），2006（1）：5-11.

② 任焰，陈菲菲. 农民工劳动力再生产的空间矛盾与社会后果：从一个建筑工人家庭的日常经验出发 [J]. 兰州大学学报（社会科学版），2015，43（5）：10-21.

③ 马克思，恩格斯. 马克思恩格斯文集：第7卷 [M]. 北京：人民出版社，2009：568.

以来，城市资本在政策导向和趋利本性作用下向农村流动，此时农村经济体的进一步开放是在城乡结构失衡下展开的，无节制资本的流入不利于农村经济的恢复与发展。农村户籍和集体经济的制度组合，在城乡对立中成为农村经济社会的重要缓冲，客观上有利于避免资本下乡造成的冲击，城乡"利益分化""利益固化"乃至失衡的可能性被限定在了制度场域内。辩证地看，过去把城乡分隔开的户籍制度，在市场条件下却预防性地保障了农民和农村的空间权益。任何制度变革都不可能一蹴而就，根据经济发展状况进行不违背社会福利公平分配原则的制度调整，是社会主义经济理论的科学逻辑起点。

第三节　再看产权：新型农村集体经济基础

改革开放以来，我国农村集体经济经历了从组织弱化到复兴发展的演变过程。在此过程中，我国农业的生产结构、劳动力构成、农业技术供给等方面都发生重大变化，农业生产方式也随之发生改变，规模化经营的比重愈来愈高。农业规模化经营所要求的资本投入、技术服务水平以及与市场对接的能力，不是单一农户能够具备的，相应的经营风险也不是单一农户能抵御的。同时，在家庭承包制的分散化效应和市场化竞争的冲击下，农村集体经济日趋衰微，也实在支撑不了乡村治理的有效实行。

在现有条件下，仅靠家庭承包经营制和传统农村集体经济难以带领农民实现共同富裕。家庭联产承包责任制虽然在理论层面上确立了"统分结合"的双层经营体制，但在长期实践层面中偏离了"统分结合"的轨道，双层经营中重"分"轻"统"，导致农村集体经济边缘化和空心化问题，农村集体经营的范围日益缩小。尽管在一些发达地区涌现出了集体经济发展壮大的典型，但农村集体经济基础较为薄弱，发展不均衡现象较为严重，呈现出小、散、弱的特征。伴随着我国经济社会结构的深度变迁，农民从土地的劳作中解放出来，大规模进城务工，劳动力的大量流出导致农村土地、宅基地闲置问题突出，部分农村集体经济组织因实力不足陷入了"空壳"困境。

面对乡村振兴战略的任务，2018 年中央一号文件提出"探索农村集体经济新的实现形式和运行机制"①。2021 年中央一号文件指出，"2021 年基本完成农村集体产权制度改革阶段性任务，发展壮大新型农村集体经济"②，这实际上指出了农村集体产权制度与新型农村集体经济的内在联系，并把二者统筹起来进行部署。在发展新型集体经济的政策推动下，不仅农村集体产权制度"三权分置"等改革有了新的气象，农业生产的组织方式、抗风险能力、规模和盈利水平都发生了根本性变化。2023 年中央一号文件进一步提出："巩固提升农村集体产权制度改革成果，构建产权关系明晰、治理架构科学、经营方式稳健、收益分配合理的运行机制，探索资源发包、物业出租、居间服务、资产参股等多样化途径发展新型农村集体经济。"③ 虽然中央一号文件并未给出新型农村集体经济的定义，但已经从运行机制和发展路径的角度指出了新型农村集体经济的实践内涵，也具体地说明了新型农村集体经济在产权关系、治理运行和利益分配等方面的基本特征。特别是"产权关系明晰"的提出，使得新型农村集体经济的产权特征已经与以前完全不同了。这与国家过去对城市产权改革"产权明晰"的定位基本一致，虽然这里的"产权关系明晰"还不是法律意义上的"产权明晰"，但产权关系已经是产权的核心内容，而且在要达到"明晰"的标准上是一致的，对比农村集体产权的现实状况，这已经是革命性的要求了。不仅如此，中央文件指出的多样化发展途径，涵盖了农村资源资产的管理、运用和服务等方面的可能性，已经极为具体、极具现实性，未来新型农村集体经济的发展样貌已经是呼之欲出的了。中央文件也继续强调要在巩固提升农村集体产权制度改革成果的基础上，进行新型农村集体经济的产权构建和实践探索，这也说明集体产权确实是新型农村集体经济的核心问

①　中共中央 国务院关于实施乡村振兴战略的意见[EB/OL].(2018-02-04).https://www.gov.cn/zhengce/2018-02/04/content_5263807.htm? isappinstalled=0.

②　中共中央 国务院关于全面推进乡村振兴加快农业农村现代化的意见[EB/OL].(2021-02-21).https://www.gov.cn/zhengce/2021-02/21/content_5588098.htm.

③　中共中央 国务院关于做好 2023 年全面推进乡村振兴重点工作的意见[EB/OL].(2023-02-13).https://www.gov.cn/zhengce/2023-02/13/content_5741370.htm.

题。破解这个问题，有助于确保集体资产保值增值、壮大集体经济实力，唤醒更多农村沉睡资产，打开农村经济内生发展的新局面。

发展新型农村集体经济与以往壮大集体经济的提法相比，"新型"二字不仅代表着乡村振兴、共同富裕和中国式现代化等新的时代条件，而且可以预想具有经济形态、组织形态和治理机制等方面的创新内涵，也将会促进作为其存在基础的农村集体产权制度的改革与创新。很显然，新型农村集体经济是对传统农村集体经济的"分"有余而"统"不足的弥补。细碎化的家庭经营模式造成土地利用率较低，农业生产率长期处于较低水平，而新型农村集体经济通过发展多样化的联合与合作，提升小农户组织化程度，提高农业经营的规模化专业化水平。按照社会主义市场经济的要求，新型农村集体经济通过股份制或股份合作制的改革，建立起产权明晰、成员清晰、自主经营、自负盈亏的运行机制，从而激活各类生产要素，促进农民增产增收，缩小城乡之间与农民之间的差距。可见，新型农村集体经济已经不是传统的"一大二公"式的集体经济，而是集体成员边界清晰、集体产权关系明确、更具活力和凝聚力的农村集体经济，对化解城乡经济不平衡将起到重要作用，也是推动农村产业兴旺和经济发展，以及更好支撑乡村治理的重要战略举措。

在此基础上，也不难得出新型农村集体经济是集体成员利用集体所有的资源要素、通过合作或联合实现共同发展的一种经济形态，是社会主义公有制经济的重要形式。马克思、恩格斯注意到，合作社要及时吸取社会发展中有利于自身的积极因素，逐步实行合作社的变革。传统意义上的农村集体经济主要是劳动者的劳动联合，而新型农村集体经济不仅包括劳动者的劳动联合，还包括劳动与资本、技术、管理等联合。它是在农村地域范围内，以农民为主体，相关利益方通过联合与合作，形成的具有明晰的产权关系、清晰的成员边界、合理的治理机制和利益分享机制，实行平等协商、民主管理、利益共享的经济形态。新型农村集体经济在产权安排、经营组织形式、市场竞争力与治理结构均优于传统农村集体经济组织，作为一种新的农村公有制经济形态，新型农村集体经济组织兼具市场竞争力与治理效能①。它的实现形式并不是唯一的，不仅包括改造后的农村集体所有制经济，而且包括基于私有产权形成的合作制和股份合作制经济，以及公有产权和私有产权联合的混合型集体经济。因此，发展新型农村集体经济体现了社会主义的本质属性和社会主义市场经济的发展要求，具有独特的制度优势和现实功用。

新型农村集体经济是建立在集体产权基础上的，但集体产权不是一个主流经济学的产权概念。集体在本义上必须把内部权益均等，以及兼顾每一个成员的利益作为当然的群体诉求。集体产权的现实构造，既要避免单个私人单独享有权利，又要解决集体成员集体享有权利时的意志协调问题。集体产权的含义，就是一定范围的集体在其成员平等、民主基础上形成集体共同意志，对其财产进行占有使用和支配的一组权利束。因此，集体意志是产权行使的前提，集体所有权的实质意义在于所有权由本集体成员平等、民主决定，并形成明晰的集体产权关系。但在集体内部，集体意志的形成需要经过一系列较为复杂的协商程序，所有成员联合达成一个最优行为的协议的成本往往很高。因此，集体产权的实施，通常会通过集体成员民主选举的代理人进行，但也可能出现集体产权的委托—代理问题。可见，集体产权的实现有赖于合理的治理结构、适当的规模、内部的协调性，以及消除内部团体的控制等，这些特征对于新型农村集体经济的发展会产生复杂而深刻的影响。

按照《中华人民共和国物权法》的规定，农民集体是农村集体产权的所有者主体，而集体经济组织作为农村集体所有权的行使主体，本身就具有统筹和使用乡村资源资产的作用，但以往受制于法律地位和具体规则的欠缺，难以发挥实际作用。随着《中华人民共和国农村集体经济组织法》立法进程的推进，这一制度优势的发挥条件将更为完善。农村集体产权行使主体的法律地位，决定了新型农村集体经济组织有着资源整合利用的比较优势，可以通过系统盘活有形的各类资源资产和无形的社会资本，以集体拥有的土地等各种资源深度融入产业升级、产业延伸和产业融合之中，通过资源整合激活优势特色产业，拓展集体经济新

① 高鸣，魏佳朔，宋洪远. 新型农村集体经济创新发展的战略构想与政策优化 [J]. 改革，2021 (9)：121-133.

的发展空间。比如，对于承包到户但利用低效的集体土地资源，集体经济组织能够依托产权分置进行流转盘活。与此同时，新型农村集体经济组织在加快城乡要素双向流动方面也大有可为。在城乡开放度扩大和农村资源价值升值的条件下，新型农村集体经济组织能够突破原有的封闭发展状态，依托其规模化聚集资源的能力更强，运行的规范化程度更高，满足外部要素进入要求的条件更充分的比较优势，通过股份合作、联合经营、购买政府公共服务、创新与社会组织合作模式等方面的实践探索，更有效率地实现集成外部要素和激活内部要素的双重突破，在城乡融合改革全面深化的基础上，为促进农村共同富裕创造有利条件。

新型农村集体经济通过整合农业要素可以形成一定的规模经济效应。不论是在农产品生产、加工、销售等行业，还是在乡村旅游等领域，一旦形成一定规模，就可以显著降低生产服务成本。在种子、化肥、农技服务、农产品销售、乡村旅游软硬基础设施等方面，通过新型集体经济组织都可以得到比单一农户更低的价格和更好的品质，还可以显著提高农产品及服务的收益。农业收益低一直是制约农村发展和农民致富的一个主要障碍。以新型集体经济组织为主体进行议价，能够提高农产品及其服务的价格，进而提高农业收益水平。同时，新型集体经济组织在整合各种要素的过程中，能够产生聚合效应。比如，将分散于农户的土地整合在一起，把原来用于分割地块的田埂、道路、沟渠等恢复整理为土地，可以增加实际可利用土地面积。随着要素的整合聚集，新型集体经济组织利用规模经济效应更容易获得外部投资和合作，从而有助于改善农业、农村投资不足的局面。通过将家庭小规模同质化的生产引上现代农业发展轨道，新型集体经济能够改善农业生产和服务的条件，更加有效地规避市场风险。

新型农村集体经济为集体产权主体带来更多的利益，而这主要通过集体资产管理制度和集体收益的分配机制来实现。新型农村集体经济虽然具有需要发展盈利的一般经济组织的共同经济属性，但同时集体经济组织的收益分配又必须坚持集体成员普惠式的社会属性，通过对农村内部低收入群体进行二次分配，促进农民内部收入均衡化发展。村集体在留存部分收益用于后续发展之后，其余收益主要用于农民分红、发放生活福利或向困难群体提供救助等方面，事实上凸显了在国家构建的农村社会保障体系之外又一重要的社会稳定器作用，不仅获得更多归属感和幸福感，而且对农村低收入群体发挥补充性保障作用。

新型农村集体经济的发展为解决城乡经济不平衡问题提供了重要的机会和路径：一是促进农村经济增长。新型农村集体经济的发展可以推动农村经济的增长，提高农民的收入水平。发展农村产业、农村合作社、农民专业合作社等形式，可以提高农业生产效率，拓宽农民的经济收入渠道，促进农村就业和创业机会，进一步增加农民的收入来源。二是改善农民福利和社会保障。新型农村集体经济可以为农民提供更多的社会保障和福利待遇，减轻农民在养老、医疗、教育等方面的负担。通过建立健全的农村社会保障体系和公共服务体系，为农民提供养老、医疗、教育等方面的保障和服务，提高农民的生活质量，缩小城乡福利差距。三是促进城乡要素流动和互动。新型农村集体经济的发展可以促进城乡要素的流动和互动，实现城乡要素的有机结合。通过发展农村集体经济，农村地区吸引和留住农村劳动力，提供更多的就业机会和创业机会，促进农民就业和增收，减少农民迁徙到城市的压力，实现城乡人口和经济的良性互动。四是促进农村区域发展。新型农村集体经济可以促进农村地区的综合发展，提高农村基础设施建设水平和公共服务水平。农村地区通过发展农村产业、农村旅游、农产品加工等，推动农村经济多元化发展，提升农村地区的产业竞争力和吸引力，促进农村地区的经济繁荣和社会进步①。这些综合效应，都说明农村依托集体产权创造自身经济基础，既是改进城乡经济不平衡的战略之策，也是能动有效之策。

---

① 项继权，毛斌菁. 要素市场化背景下乡村治理体制的改革 [J]. 华中师范大学学报（人文社会科学版），2021，60（2）：1-9.

第七章 打破城乡治理机制的失衡

本章探讨城乡经济关系的治理机制，从城乡产权治理不平衡、市场治理不平衡和治理方式不平衡等方面，进一步分析要素产权与市场交易在治理机制层面存在的不平衡，以及不同城乡治理方式的差异。

第一节 二元治理的怪圈

一、城乡要素产权主体治理

我国城乡治理不平衡产生于计划经济时期，由于工业化导向的治理体系设计，相对于城镇社区和职工，基层农村集体和农民成为治理结构中的弱势主体。城乡分治是当时城乡治理体系建构的出发点与治理机制设计的原则，城乡分治的治理体系要求建立起与其相适应的社会制度基础——城镇单位制与农村集体制。城乡分治对社会生产关系的重塑，就是实现对城乡居民社会资源与要素的集中统一管理，以完成社会主义工业化与生产资料改造的双重目标[①]。问题在于，制度基础对于治理结构影响也由此生发——家庭与合作社的要素组织形式很快被人民公社替代，单位制为核心的粮票制度、用工制度和社保制度等加剧了城市社区与农村集体权利不平衡，形成了农村治理主体治理参与性不充分，城市

---

① 折晓叶，艾云. 城乡关系演变的制度逻辑和实践过程 [M]. 北京：中国社会科学出版社，2014：86.

治理主体享有相对更多的治理权的不平衡格局。

党的十一届三中全会后，市场化改革提升了农村治理主体地位，城乡治理主体不平衡的情况得以缓解。乡镇企业活跃、家庭联产承包责任制的创新，以及农产品价格的双轨制，均表明通过国家的"放权让利"，农村包括农民在内的治理主体获得了更多治理权能，以推动符合自身发展诉求的制度创新，也起到了缩小城乡差距的显著作用。但城乡治理主体的不平衡状况并未彻底消失，客观上因城市改革很快兴起，这一作用开始不久就受到抑制，城乡治理主体不平衡的格局得以延续，并引致城乡在要素市场上的不平等对话。地方政府相对于过去获得了更多自主权，为快速实现区域经济增长，普遍采用推动土地、资金等要素向城镇地区集中的做法，以至于城乡要素流动呈现出明显的城市偏向。在这样的情况下，既定制度框架下城乡治理主体不平衡状况未能得到根本性改善，加上农村集体治理能力相对不足，导致城乡要素利用与配置过程中，农村集体权利实现程度不高的情况始终存在。对于进城寻求工作机会的农村居民而言，由于身份户籍转换困难，且住房改革后农村居民仅凭打工收入普遍难以负担起高房价，只能居住在城中的集体宿舍或城乡接合部，而这些地方治理资源缺乏现象普遍，从而他们无法真正参与城市治理。因而，市场化改革后的城乡治理主体问题，并未因治理方略的转向而得到完全的解决。

城乡治理主体不平衡问题不仅存在于农村居民大量进城而形成的城乡劳动力要素市场，而且存在于城乡土地等要素市场。现代市场体系的建立与运转应以完善的主体产权制度为基础，因为市场交换是以交易者成为产权主体、拥有相对完整产权为前提进行的。农地权利束的逐渐展开，吸引更多经济主体通过市场机制参与权能分配，扩大农业经营主体和地权流转市场主体范围，这是地权流转市场主体形成的必要条件之一。得益于集体成员身份带来的承包经营权，农户在土地流转中具有一定自主权和话语权，可根据耕种的机会成本和转出后的收益及风险，综合衡量是否参与到土地流转市场，是土地流转的发起者和受益方。农户对土地不仅有使用权和收益权，也拥有了事实上的处分权即转让和流转等权能①。随着农村剩余劳动力不断从农村转移至城市，传统经营主体逐渐开始分化为传统的农户和一批具有较好技术装备条件及经营能力的新型经营主体。新型农业经营主体是农产品价值链现代化升级、户籍制度和土地制度综合作用的结果，是市场逻辑下的新型农民组织化形态，在土地流转市场中属于土地转入方，具有配置土地资源进行规模化经营的作用。作为需求方的新型农业经营主体与作为供给方的农户都是土地流转市场的参与主体，根据潜在利益和风险进行议价博弈，并以价格机制的具体形式表现出来。此外，农民集体或由基层政府代表，其也是博弈参与方，三方之间的博弈决定着土地流转市场的形成与发展，并从要素供给的角度影响农业现代化进程。

二、城乡治理主体与要素市场化

农村治理主体在城乡土地要素市场的相对弱势，不利于农村土地要素的高效配置，进而有碍于农村资源要素的市场化与资本化。土地是农村最丰富最宝贵的资源和生产要素，农村治理主体存在的困境意味着，农村土地要素不能充分经由城镇化进程激活，也就不能将农村最为缺乏的资金等要素从城市引入。相反，城乡资本要素市场上，城市工商企业、农业合作社等进入农村经营则受到严格管控。据笔者在成都市郫都区唐元镇的调查，结果发现除部分家庭农场主积极参与到乡村日常治理事务外，大部分从城市进入农村的农业经营者多被农业收益较低与经营风险所困扰，且基本游离在乡村治理体系之外。加之当地设施农业与农业生产性服务发展不足，也有来自城市的经营主体永久退出农业经营的情况。可见，不同情形下城乡治理的主体格局并非一成不变，当城市治理主体被排除在乡村治理体系之外时，说明城市治理主体有效性并未充分发挥，其参与乡村治理的经济基础还不够坚实。对此，应探索要素市场化条件下新的城乡治理进路，在确保农村生态和文化不受侵蚀的前提下，赋予代表资本、技术和管理等要素的城市治理主体以更多空间，形成不同区域的、模式多样的农村产业形态，寻求农村地区农业与非农业

---

① 罗浩轩. 通往"权利束完整"之路：中国农地制度变迁的理论逻辑 [J]. 北京师范大学学报（社会科学版），2022（6）：116-123.

发展的平衡点。

城乡治理主体不平衡通过影响城乡生产关系的建构形成不平衡的城乡经济格局。在农村全面施行家庭联产承包责任制前，农业集体劳动由于激励机制不完善和生产方式不同于城镇地区工厂，使农业劳动生产率长期处于低水平状态。而城镇职工多在工厂或政府职能部门就业，其劳动的监督激励成本相对较低，且享有更多社会福利。在相关制度约束下，农村居民乃至集体组织本身都难以脱离现有治理格局，因而始终处于相对弱势的治理主体地位，缺乏对城乡关系调整或建构的话语权，由此造成了改革前城乡二元经济结构。

打破城乡治理主体不平衡局面的契机，在于改革开放使我国城乡治理理念发生了实质性转变。随着改革进程和商品经济的恢复，城乡生产要素市场得到发展，政府也通过一系列制度变革，在一定程度上纠偏了城乡治理主体不平衡的发展路径。城乡治理主体不平衡格局的变化，表现为允许城乡人口流动以及农业生产方式调整，更深层次而言是对当时治理体系下城乡治理主体失衡的机制调整，即通过革新治理结构来赋予农村以更多治理权。更有效率的家庭式经营使农村集体及其成员的经济参与和生产自主组织性有了较大提高，农村生产要素在一定程度上得以更优化配置；乡镇企业的兴起也推动了农村工业化进程，将农村生产要素组合推升至新的层次。

不仅如此，农村劳动力要素进入城镇地区的门槛进一步降低，来自农村的广大劳动者由于周期性地从农业生产中退出，其影响政策形成的信息成本与博弈能力均发生了不同程度的改变。城镇地区对于廉价农村劳动力要素的刚性需求，使得农民工"用脚投票"间接影响城镇化路径和地方经济政策成为可能[1]。真正的问题在于，城乡治理主体不平衡格局仍未就此瓦解，只是沿循一条更为平坦的道路缓慢前行。比如，农村劳动者虽然能够获得相对于单纯务农更高的报酬，但工业化初期部分产业要素组合粗放与落后，使得一些农村劳动者或多或少患有职业病，且由于城乡分割的社保制度难以在生命周期后半程保全自身，而农村劳

---

[1] 蔡昉. 城乡收入差距与制度变革的临界点 [J]. 中国社会科学, 2003 (5): 16-25, 205.

动力要素数量上的优势，并不能扭转市场经济初期城乡生产要素简单组合的现状。再比如，高速推进城镇化过程中，农村集体在农村土地要素市场化治理中缺乏足够影响力，这主要是因为农村集体组织化程度以及运作方式欠缺，降低了其作为有效治理主体的可能，在地方政府行政权力、国资或民营企业市场信息与运营能力以及自身治理有效性不足等多重因素作用下，城乡治理主体不平衡得以在土地等资源要素市场上重现。

三、城乡土地要素产权治理

我国城乡土地要素产权治理基于城乡土地管理的行政体制机制。城乡土地管制权力包括土地规划、用途管制、开发许可和土地登记、税收等一系列行政权力。从治理的角度来说，"对国家管控之迷恋"① 是造成城乡土地要素管理二元化的主要因素，"权力本位"而非"权利本位辅以权力监督保护"一定程度上压制了土地权利主体的健康发育，使得土地管理秩序呈现出权力中心化趋势，由此造成城乡土地治理的非均衡构造。

依照《中华人民共和国物权法》规定，农民集体所有的土地属于本集体成员集体所有。具体而言，农民集体所有包括村农民集体所有、村内农民集体所有、乡（镇）农民集体所有三种情形，分别由村集体经济组织或者村民委员会、村内各集体经济组织或者村民小组、乡（镇）集体经济组织代表集体行使所有权。而土地承包经营权人享有对承包地占有、使用和收益的权利，有权依照农村土地承包法的规定，将土地承包经营权采取转包、互换、转让等方式流转，其中通过招标、拍卖、公开协商等方式承包荒地等农村土地，可以转让、入股、抵押或者以其他方式流转。这样实际存在三个层次的主体：村委会、村民小组和乡（镇）农民集体及相应的集体经济组织，农民集体在土地流转中要受到集体经济组织的影响。明晰产权关系不仅需要界定产权主体，而且必须有能够合理有效行使产权的机制。从农地产权制度运行来看，不同

① 陈小君. 民法典时代土地管理法制改革契机与优化路径论纲 [J]. 学术月刊，2022，54（3）：124-141.

层次的产权主体和行使主体运用权能的强度不同，像村民小组、村委会这样的"代理人"并不能完整表达"被代理人"即农民集体的意志，缺乏有效反映权利主体的意思形成和表达机制。这种集体产权主体的多重性，实际行使权利主体的多层结构，需要在讨论市场主体时将其整合为农民集体进行讨论，即将内部层次不明的产权主体外化为独立市场参与主体，才能得到具有一般性的结论。

城乡建设用地市场方面，城镇国有土地的使用无论在法律依据还是实践模式方面都有着相对成熟的经验与做法，交易成本相对较低且能够最大限度保护所有权人的利益。农村集体经营性建设用地则不同，农村集体用地的公平交易既可能因个别集体成员抵触而归于失败，又可能因为集体经济组织、村委会的强势而损害村集体成员利益。某些地方甚至还出现了正式组织与非正式组织共同损害村集体利益的情况。土地要素市场中城乡治理主体表现出不平衡，一个重要的原因是农村集体产权主体的虚置，使得土地要素交易过程中农村集体治理职能出现混乱，无形中抬高了集体土地治理成本，使得农村在城乡土地要素市场中的治理权能残缺，无法很好地保证农村集体及其成员核心利益，这实际上就表现为农村治理主体相对于城镇地区在资产管理上的低效或失效。宅基地市场方面，部分地区的城市存在对建设用地与房屋的需求，农村则有追求经济发展的诉求，推动宅基地流转以提高城乡土地资源配置效率是大势所趋。但正如前文所述，当前宅基地"三权分置"实践仍有不少限制，宅基地流转或抵押权能并未充分释放，原因之一在于要素市场中城乡治理主体的不平衡，农村治理主体对于土地要素的使用机制亟待完善和发展。

在宅基地问题上的城乡治理主体不平衡，应从两个方面讨论：第一，农村治理主体在宅基地要素分配上的权利使用不当。无偿性、自用性、无绝对期限与继承性，使得宅基地在农村集体内部分配具有双重属性，是身份与经济属性的合一，也因此违规修建、扩建现象较为突出。相比之下，城市治理主体即地方人民政府则受到建设用地指标的硬性约束，无法随意获取或使用土地要素，在宅基地分配上，农村治理主体具有一定优势。第二，农村治理主体在宅基地要素流转上的权限不充分。

农村宅基地分配上的优势尽管需要进一步规范实施，但农村治理主体在要素流转权限上的不充分问题却是需要考察的。目前，我国大量的宅基地资源处于沉睡之中，是因为过去较长一段时期内农村治理主体不具备完整的流转权限，以及目前实践中宅基地要素流转遇到的阻力，如宅基地自身的保障功能对其市场化的限制，使得市场各方对于宅基地要素流转持谨慎态度。即使让宅基地多在农村集体内部流转，诸如此类的隐性制约下的农村治理主体即农户的治理权限也并未上升多少。

第二节　市场治理如何破题？

一、城乡资本市场治理

城市资本进入农村的制度保障，来源于城乡建设用地增减挂钩政策和鼓励农业规模经营政策。这些政策为土地资本化创造了可行条件，使得以房地产企业为主的社会资本进场有了理论上的依据。社会资本参与土地综合整治项目获得指标收益，因为受到政策支持，其成本一般低于直接在土地指标交易平台竞价购买的成本。除此以外，进入农业的城市资本还可以通过种植高附加值农作物，并配合发展相关服务业获取经营性收益。需要指出的是，我们应对大规模土地流转持谨慎态度，而进行大规模土地流转的往往是具备一定实力的企业，这些企业往往以经营农业为名获取项目之外的收益。比如，他们将整治出来的指标用于跨地区交易从而获得资本回报，而不是专注于在整治后复垦的耕地上进行农业生产性项目规划设计。城市资本如果不和农村集体组织保持利益一致性，则最终会偏离资本扶助农村的政策设计，以空间换资本的初衷将异化为征地式城镇化的延伸。

对此，应出台有关政策对参与土地整治项目的企业进行严格意义上的资格审核，重点监控其经营土地的产业规划实施过程，引导适合现代农业发展的生产性资本进入村集体经济，避免出现以农业生产为名，履行指标获取和非农化经营之实的情况，让土地资本化真正做到激活土地、造福农村，而不是一味地追求资本下乡本身。不仅如此，还要改变财政直接投入农村经济建设的方式，重点发挥其政策性工具作用以撬动资金，引导更大规模社会资本下乡，激活农村经济自生能力和拓宽发展空间。

此外，积极探索其他推动农村资本进一步发展的举措，摒弃单纯以空间换资本的单一做法，侧重于实现资本下乡的去空间化。这方面2009年李昌平创立的郝堂村内置金融模式值得借鉴。郝堂村内置金融模式的创新有两个方面：一是建立村内养老专用资金互助合作社，以外来资金为撬动资金，村内资金为后续入股资金。这一做法可以充分发挥老人"乡贤"作用，将社区金融服务和乡贤伦理建设结合，不仅减轻了年轻人赡养负担，凝聚了市场经济环境下行将解体的乡土社会，也能有效提升融资效率和降低金融风险。二是建立了将林权地权资本收益内部化的土地银行，防止外来资本对集体资产的盘剥，通过主动市场化将成员权和地租收益挂钩。这种合作金融模式避免了外部金融冲击对弱势农村经济的影响，实现了社区金融服务自我供给和自我需求的相对均衡。郝堂村内置金融模式是社会建设和经济建设有机结合的典范，但其不足之处在于融资受到较大限制，来源有限，如果没有李昌平领导的乡建院进行外部资金注入则很难启动。同时，作为一个纯粹的非政府组织，金融合作社和村"两委"不是统一的组织实体，难以对村"两委"进行有效监督，却在服务供给方面需要村"两委"支持，存在组织机构模糊、主体协作能力不足等问题，并且单一的内部金融模式，也难以覆盖新农村社区建设的全部内容。该模式在试点时虽有成效，但未来还需要不断完善发展。

二、城乡劳动力市场治理

人是空间经济活动的主体。作为空间中的能动因素，人可以凭借有限的空间资源创造出生产和生活的空间价值，从空间正义的角度来说，人既是价值创造的来源，也是所创造价值的归宿。合理的价值分配可以避免空间异化，实现人的全方位发展。土地是除空气、水等以外形成空间的主要物质基础，不管生产性空间还是生活性空间，都要建立在土地资源的可获取性上。在空间生产过程中，土地作为重要的生产要素参与其中；在空间生活与消费中则承载社会商品交换与消费的地理和经济功能，使空间资源充分流动和空间产品交换。货币是能动的因素，作为货币的货币以流通性联结不同商品之间的交换，而作为资本的货币是创造空间价值的载体，在城镇化进程中以固定资产投资形式将价值凝结在特定空间中，这一过程在信用货币体系中得以不断加强，在空间中资本不断循环并改造旧空间和创造新空间，也为未来资本积累不断提供必要条件。

城乡经济关系转变与发展是结构性的空间经济问题。所谓城乡分割、城乡差距等现象，不外是经济社会问题在空间视图上的结构化表征，它们之所以会以一种结构化模式呈现出来，的确同初期的制度设计有很大关联。但是，如果抛开这种结构性表象就可以看出，城乡经济关系失衡的真正原因，要从土地以及与之相关的区域经济发展水平、地方政府行为、户籍管理模式等方面追寻，正是这些同空间生产方式息息相关的因素，在同制度体系相互作用的过程中影响并促成了现实的城乡经济格局。逆城镇化是城市空间向外延伸的表现。在城镇化初期，以农村支持城市的工业化和城市建设为主题，城市空间和农村空间相对独立，人们的生产、生活空间同一性较高。城镇化进展到一定阶段会面临发展空间不足和结构失衡，城市病也影响人们对高质量生活的追求，产业外移、人口迁出开始出现，并从中心城市向中小城市等远郊地区呈辐射状发展。发达国家逆城镇化是资本主义制度下资本主导的一场价值再分配运动，也必然伴随着中心城区的衰败与"城市病"爆发等问题，而在社会主义制度语境中的逆城镇化则是要素性质的价值分配过程，主要内涵是以共同富裕和实现小康社会为引领的社会主义经济建设，成为当前城镇化进程的补充形式。因此，城镇化和逆城镇化两方面都要发力，通过一定程度的逆城镇化，向乡村输送资源和生力军，构建城乡融合机制与经济社会空间。在我国城镇化的中后期，既有以社会主义新农村建设为标志的农村空间调整，也有以深度城镇化为主线的城市空间重组，城乡空间格局调整的基本目标是以开放、协调和包容为主，工农互促、城乡互动乃至融合将是未来城乡空间格局的重要特征。

如果从伦理向度检视空间生产的城镇化环节则不难发现，户籍制度曾经是影响城乡劳动力与特定类型生产资料结合的关键因素之一，这种对劳动力流动的条块化处理，实际上阻碍了农村劳动力的经济自由与劳动力市场健康发育的可能，前者更多地表现为经济制度运行中的伦理缺失，依靠制度安排自身（在制度有效发挥的情况下）产生的经济效益，不管在短期或长期都难以矫治其引起的不公平不平等问题。按照马克斯·韦伯的观点，一项政策或制度安排的合理性分为工具理性和价值理性，只有同时整合了两种含义的合理性的政策制度设计才能更好地兼顾经济发展与社会稳定①。资源与要素的大规模集聚是城市空间转换与改造的基础性前提，其中也包括大量农业转移劳动力的迁徙与流动，这个过程具有周期性的动态迁徙特征。

农村居民非农劳动参与率的提高，使得农业人口生产生活空间不再高度叠合。随着大量农民工在县城或中心乡镇的聚集，城乡间的传统空间格局发生质变，城乡空间交错态势明显，因此在制度或政策设计时，需要把握城乡空间在不断重构过程中展现出来的趋势和规律②。传统的户籍政策或制度因难以实现工具理性和价值理性的统一，从而缺乏对人口流动管理的有效应对，这正是户籍制度被学界长期关注与讨论的原因所在。事实上，有关户籍制度的伦理性问题已有较多文献进行了不同方面的考察，户籍制度的二元性是引起城乡经济、社会矛盾频发的重要原因已是无疑，重点在于如何以渐进、协调、平等方式进行更符合城乡居民双方共同利益的制度尝试，以形成对可能或已经存在的矛盾冲突的替代，促成城乡居民在权责对称意义上的空间生产参与平等。户籍制度是同空间权益分配有关的制度。显然，户籍制度即便消除了所谓的隔阂，在没有科学的城乡空间一体化生产及转换机制的情况下，城乡经济之间仍存在地域性的实质差别，因为人们的生产生活方式自身就是路径化的存在，仅凭原有制度障碍的扫除，并不能提升改善其作用范围中微观主体的生产生活能力，也就是说，如果没有创新意义的制度变迁，就算消

---

① 韦伯.韦伯作品集（Ⅷ）：宗教社会学［M］.康乐，译.桂林：广西师范大学出版社，2005.

② 高帆.城乡融合发展重在推进六个转变［EB/OL］.（2021-04-13）.https://m.gmw.cn/baijia/2021-04/13/34759341.html.

除有意识的身份认同差异，也断然无法满足弱势一方进一步求得发展权利的诉求。从 2014 年国务院发布《关于进一步推进户籍制度改革的意见》到 2016 年有关推进新型城镇化建设和非户籍人口进城落户的文件出台，标志着我国新一轮户籍制度改革的开始。虽然城镇化直接表现为人口在不同空间的流动迁移，但户籍制度改革并不单是对流动人口的管理，更重要的是对与人们工作生活休戚相关的各类福利保障权益进行协调与重组的过程。户改实践中的主要问题是城市空间越大，其既得利益群体规模也越大，利益格局越错综复杂，对原有户籍制度产生的级差利益调整越困难，因此大城市改革阻力更大且推进较慢，这一点从各地有关户籍改革的实施意见和相关文件可以得见。

还需指出，户籍制度改革是针对过去户籍制度安排和政策体系的一次整体性建构与综合配套措施调整，关键在于保证改革实施的整体推进、各级协同、有效联动，目前仅有户籍制度改革的顶层设计和各级政府逐步开展，缺乏共时性、共通性的稳步推进机制。当前实践中多采取省、市、县再到街道、乡镇的多层级户改领导小组模式，但地方性实施机制尚未建立，与多部门协同工作有关的具体标准、协调机制和考核办法都不够完善，各部门之间形成合力推进户改的局面尚未形成。对此，应建立有效的多部门协同组织体系，出台具体规章制度和实施办法，在保持户籍制度改革有效推进的同时，通过部门内部的组织管理和部门之间的联动机制，综合地方性法规和国家政策设计以及区域发展实际情况等多方面因素，进一步推进同户籍关联的住房、医疗、养老、就业、教育和农民集体资产权益等方面的配套改革，避免户籍改革因缺乏配套制度改革而失去改革动力，充分保证户籍制度改革的红利能够切实分配到居民手中。我国经过多年深化改革和交通基础设施网络布局，基本实现了城乡劳动力跨区域自由流动，但城镇地区公共服务与进城农民工对接机制还不够完善[①]。深化户籍制度改革有利于农业转移人口市民化和基本公共服务均等化的同时推进，维护在特定区域工作生活的人们相应的空间权益。例如，2014 年以来四川省持续性推进户籍制度改革，除成都市以外

---

① 涂圣伟."十四五"时期畅通城乡经济循环的动力机制与实现路径 [J]. 改革，2021 （10）：22-30.

各大城市和建制镇外来人口进城落户"零门槛"已实现。城乡流动人口治理方面，全省落户政策的基调定为条件准入和居住证积分入户相结合，双轨并行的制度体系体现了对制度的治理，避免了形式上单个制度安排出台缺乏和其他制度相应的联系互动，有效保证了制度转轨中的治理成效和制度兼容。同时，四川省于 2017 年发布《四川省推动农业转移人口和其他常住人口在城镇落户方案》，治理方略的制度化有利于原有制度壁垒的破除，以及进一步完善相应配套政策体系，通过居住证制度的全面实施为抓手，把 1 200 余万外来务工人员和其他异地户籍人员一并纳入基本公共服务保障范围之内，如随迁人口的子女教育问题，并通过差异化空间管理引导入户人口向成都市天府新区等重点区域迁移，合理利用存量空间的同时也顺利完成了同户籍有关的利益重组协调工作。此外，在外来户住房供给方面每年按公租房总量的 30% 进行定向供应，通过产业区集中修建、建管合一等制度创新，真正做到了住房制度精准化供给。

第三节 "不对称"治理

作为城乡之间权力结构、信息优势与权益获取等方面不对称的主要因素①，城乡治理方式上的不平衡同样是城乡治理失衡的特征事实。城乡治理方式不平衡源于城乡治理主体不平衡，使得城乡之间在治理的价值导向、工具手段或者说方式方法上有失耦合。城乡治理方式不平衡一般指城市政府基于自身而非全局的利益来制定城乡发展规划，从而导致了城市偏向的政策②。换言之，中央与地方分权体制与市管县治理体系中，地方政府倾向于采取城乡分治的治理方式，以满足地方依托工业化城镇化拉动投资来发展当地经济的需要，而城乡治理方式不平衡将直接对城乡间在生产要素组合、产品交换与资源要素配置方面造成影响。

城乡治理方式不平衡与城乡资金要素配置的失衡有关。计划经济时

① 赵静华. 空间正义视角下城乡不平衡发展的治理路径 [J]. 理论学刊，2018（6）：124-130.

② 陈钊. 中国城乡发展的政治经济学 [J]. 南方经济，2011（8）：3-17.

期，农村信用社与农业银行等金融机构主要作为城市汲取农村资金而存在，通过以上制度工具实现农村资金向城市的单向流动，以最大程度缓解社会主义建设资金不足的问题。改革开放后，市场化治理成为社会经济发展的主线，但技术与资金积累不足仍是当时面临的硬性约束，于是基于农村经济体制改革带来的生产效率提高所形成的剩余，动员在此基础上生成的农村金融资源为国企提供融资，缓解财政融资压力。同时，农村产业弱质性与抵押担保机制不健全，又使得推动农村金融体系市场化改革的治理目标难以实现，从而出现农村金融发展不充分与城市金融流动性过剩并存局面①。

城乡治理方式不平衡是劳动力、土地与资本组合的城乡差异的主要来源。按照产业发展的一般性规律，城市与农村都会经历从低水平要素组合的生产方式向更高水平跃进的过程，但不平衡的治理方式使得我国城乡问题带有强烈的本土化特点，且不能在农村劳动力要素自发流动与城镇化的推进过程中得到充分解决②。依据治理方式对于城乡经济关系影响的具体表现，可将我国城乡治理方式大致看作三种类型：

第一，以城市重工业发展与农村生产性剩余输出为目标的城乡治理方式 I。基于重工业部门优先发展的治理方略，利用相应制度安排拉大城乡资本有机构成落差。农村劳动力要素的密集投入使用与广泛动员，同时限制城乡劳动力要素流动转移，将大部分农业生产性剩余输出至城市工业部门，促使农村经济以较低的资本有机构成形式开展劳动生产。相反，城市工业部门获得了除自身积累外的更多经济剩余，得以持续不断地改变要素组合形态，从而提升资本有机构成至所需水平。较低资本有机构成的农业与高资本有机构成的重工业，分别成为农村与城市的主导产业，通过统购统销的制度工具达成不平衡城乡交换的"最后一公里"。这种治理方式阻断了农业通过积累生产性剩余对要素结构进行调整的路径，农业生产循环除维持自身生产所需外，主要为城市提供工业原料与食物消费。城市部门由于过高的资本有机构成与工业优先的建设

---

① 陈俭. 中国城乡金融关系发展的政治经济学 [J]. 江汉论坛，2018（12）：31-37.
② 高帆. 从政府-市场到城乡关系：结构联动视域下的中国经济转型 [J]. 探索与争鸣，2019（12）：95-103.

规划模式，缺乏吸纳农村劳动力、土地等要素进城的动力，促使农业长期维持在较低资本有机构成水平，并通过集体化组织有效联合起来进行生产，也有利于与城市要素结构形成互补。这样，农村要素组合方式较长时间地固化在低资本有机构成形式上（也有研究称之为"产业结构窄化"①），不仅影响了农业现代化升级，也妨碍了农村各要素通过生产积累进行优化改造，如劳动力要素获取新的知识和技术，以及设施农业、农机设备的应用等。

第二，以城市产业结构升级与农村要素相对自由配置为目标的城乡治理方式 II。相对于城乡治理方式 I，这种治理方式实现了农村要素相对自由配置和农业生产组织形式的变革，即劳动力与土地要素集中进行生产转变为双层经营下的劳动力与土地要素分散化组织生产，其好处在于可以在相对较低的资本有机构成水平上，通过赋予农户一定的剩余分配权增强生产积极性，进而提高农业生产效率。但是，要素组合方式并未从根本上获得质的飞跃，农业劳动生产率提升空间十分有限，农业生产附加值远低于工业和服务业部门，增产不增收成为普遍现象，农民人均收入难以得到进一步提高。同时，农村劳动力要素虽有跨部门流动的自由，但这要以城镇地区工业化方式变迁为前提。乡镇企业的繁荣一时对于农村劳动力要素就地非农化起的作用自不必说，地方政府追求经济绩效提升主导的工业化方式则发挥了更大的作用，原因在于以经济绩效为基本目标的工业化方式必然面临着产业结构升级，出口加工型制造业与服务业的不断发展，总体上降低了城市部门资本有机构成比例，为吸纳更多农村劳动力要素腾挪了空间。随着国际局势逐渐向好，我国实行了对外开放战略，现代管理技术与知识的应用通过对外开放传入，促进了重型工业化发展方式向产业结构制造化与服务化发展转变。然而，当技术创新的"创造性毁灭"对产业部门重组的加深，资本密集型产业对劳动力要素绝对数量需求最终将呈现下降，随着知识与技术密集型部门的兴起，以及数据要素在生产中的广泛运用，对于劳动者素质提出了更高要求。问题在于，前一个阶段城乡之间在要素组合与剩余积累等方

① 刘守英，龙婷玉. 城乡转型的政治经济学 [J]. 政治经济学评论，2020，11（1）：97-115.

面存在着明显不同，城市要素组合优化不仅体现在整体要素联动上，也表现在劳动力和资本等要素现代化水平的提升，农村劳动者普遍人力资本积累不足，缺乏与知识、管理和数据等要素的组合优势，只能参与建筑业和一些资本密集度低的工业部门，以及进入部分低端服务行业谋生。因此城乡治理方式 II 虽然在改革初期为缩小城乡差距发挥了助推作用，但长期中农村要素投入不足与结构落后的状况，并未随着城市经济的不断增长就此改变。

第三，以快速推进城镇化与农村要素单向流出为目标的城乡治理方式 III。这种治理方式的特点在于，地方政府以政治化、行政化与公司化的统合治理方式①寻求剩余控制的最大化实现，是政府公权力与市场力量融合的结果。城乡治理方式 III 主体思路是迅速推进城镇化进程，这个过程必然伴随着资本和劳动力各要素在极短的时间内向城市部门集中，单凭市场机制难以实现。因此，关键在于地方政府能否运用各类制度工具对城乡资源要素进行统合分配，达成较短时间内推动城镇化建设的治理目标。对此，较多地区采取的做法是政府进行城区开发的项目化运作，吸引包括银行资本、城市工商业资本等进入，并编制相应的城乡土地利用规划进行土地要素供给，为城镇化空间提供载体与经营对象。具体而言，地方政府无法仅凭财政资金的专项投入来自主推动城镇化，因此经由地方人大批准未来城区规划方案，获得设立国资投融资公司及其子公司的权限。在此基础上，利用政府信用背书与储备土地抵押承诺，银行拨付投融资公司以巨额贷款。地方政府则基于现有土地收储资源获得贷款，并利用贷款对具有巨大潜在价值的土地进行收储，通过土地出让和未来土地增值收益带来的财政收入偿还贷款。故而，城乡治理方式 III 本质上是地方政府利用土地储备制度与地方人大制度，一方面充分调动金融资本与工商业资本深度参与城镇化的模式，另一方面加速推动了农村要素向城市转移。这种快速的城镇化过程，使城市建设吸引了大量农村劳动力要素与城市资本，推动城市产业结构由工业化向以服务业为主的形态转变，带动城镇地区经济效益获得进一步增加，同时也拉大了城乡

---

① 折晓叶，艾云. 城乡关系演变的制度逻辑和实践过程 [M]. 北京：中国社会科学出版社，2014：356.

差距。这个过程中，地方政府行为受来自中央政府政绩考核压力、自身经济发展需求与横向区域竞争多个方面影响，寻求制度外增收空间是自然而然的事情，运用行政力和公司化经营方式进行融资也就无可厚非。不过，这种治理方式需要的不仅仅是资金、人力和行政管理等要素的投入，城市空间的相对匮乏与规划需要，决定了农村土地要素向城市的单向流动成为必然。地方政府只要利用土地储备库中部分土地资源作价完成抵押，即可获得大量融资并以此支持有关开发公司通过项目化运作进行土地开发，进而获取土地增值收益偿还银行贷款，也能有相应的财政收入以及远期税收，参与项目的公司也能从土地增值中获益。反观农村，土地要素在一级市场中的交易并不能带来更多收益，且土地未来增值收益再投入农村极为有限。故而，这种以农村要素单向投入城镇化的治理方式并不能真正带动农村进入现代化经济发展轨道，但土地的城镇化却实实在在地发生了。相比城乡治理方式 II，城乡治理方式 III 不仅仅引起了农村劳动力要素外流，由于城镇化以及随之而来的商住空间开发集聚了大量经济资源，农村经济发展所需的资金、人才和技术等要素难以在城乡关系演进中获得，无形中也降低了农村产业升级与市场发育能力。

应当注意的是，以上三种的城乡治理方式并非发生在某个地区或某个阶段，我们只是为了更好区分城乡治理方式的异同而进行比较分析。城乡治理方式 II 和城乡治理方式 III 分别对应了我国地方政府"经营产业"与"经营土地"的治理方式，两种治理方式都源于我国治理方式变迁过程中产生的"准分权结构"[①]。城乡治理方式 II 促进了城市和乡镇地区产业升级与部门分工深化，为农村富余劳动力要素向非农部门转移创造了条件，也通过现代工业品的生产为农业生产提供了农药和化肥等的使用，城乡治理绩效显著并促进了农业增产与农民增收。并且，城乡治理方式 II 利用政府对诸如土地市场这样的领域不完全放权，获得相应的要素定价权，推动农村土地等要素积极参与城镇化建设中去，同时获得定价权带来的收益差额。随着国内消费市场向高附加值产品转移，乡镇企业衰败而依靠先进资本和技术的城市企业兴起，地方政府单

---

① 何艳玲，汪广龙. 中国转型秩序及其制度逻辑 [J]. 中国社会科学，2016 (6)：47-65，205.

纯通过引进、庇护和扶持企业进行经济开发的做法不再有效。城乡治理方式Ⅲ的特点之一是地方政府出于实现城镇化目标的需要，与银行资本、国有或民营资本联合，运用土地资源储备与政府信用背书形成的金融杠杆工具，实现城乡要素均向城镇化建设投入的目的，进而能够短期内形成规模意义上要素投入的城镇化建设。

就资源要素配置与投入组合方式而言，以上三种城乡治理方式均表现出明显的不平衡特征。不同之处在于，地方政府"经营产业"的治理方式，既刺激了城市工商业部门生产与市场边界扩大，又赋予了农村微观主体以更多的经济选择权利，只不过随着城市经济的进一步发展，农村在要素组合与技术水平方面的劣势逐渐显露，城乡经济不平衡再次成为突出的结构性矛盾。城乡治理方式不平衡对于城乡经济的影响很大，总体上集中在资源要素配置方面，进而影响到城乡在生产、分配、交换和消费多个环节的相对变化。

地方政府在城乡治理中过于依赖工业和服务业的产业支撑，积极追求城市空间形态的塑造，对农村经济结构与循环疏于应对，最终加剧了农村在劳动力、土地以及金融资源等方面单向度的非农化过程。农村各类要素非农化呈现出独特的结构化特征，劳动力要素与农业农村具有天然的联系，是不确定的反复的过程①，但资本、土地等要素只要符合地方城镇化规划布局，就可能形成永久流出。城乡要素配置的结构性特征，反映出现有城乡治理方式中农村要素配置优化方面存在的问题，是导致城乡收益分配不平衡的重要因素之一。城乡治理方式本身的演进是地方政府与中央政府互动，以及城乡居民与政府部门互动的共同结果，因此不断优化中央政府对地方政府的行政激励与推动财税制度创新，并由政府向城乡居民持续放权是未来促使城乡治理方式转型升级重要的政策选项。比如，通过允许城市居民下乡购置生产要素与经营农村产业，加快建立健全农村宅基地等要素市场化改革等，能够进一步推动农村在生产组织创新、要素组合方式改良以及产业链延伸和数字化转型方面形成突破，使得不平衡的城乡治理方式向着有利于城乡融合的方式转变。

---

① 高帆. 农村劳动力非农化的三重内涵及其政治经济学阐释 [J]. 经济纵横, 2020 (4): 2, 10-19.

第八章　促进城乡经济融合的实践案例

本章梳理改革开放以来城乡关系变革和相关政策的总体情况，重点探讨成都市统筹城乡发展综合改革试验区、成都市西部片区城乡融合发展试验区、浙江嘉湖片区城乡融合发展改革试验区的具体实践，为印证前述分析和提出对策主张提供实践基础。

第一节　成都市统筹城乡综合配套改革试验区

成都市地处四川盆地西部、青藏高原东缘，辖 12 个区、5 个县级市和 3 个县。2021 年，全市总面积为 14 335 平方千米，中心城区建成区面积 1 038.79 平方千米。2022 年实现地区生产总值 20 817.5 亿元，常住人口 2 126.8 万人，常住人口城镇化率 79.9%。

为改善城乡经济关系，化解城乡二元结构带来的经济社会问题，成都市从 2003 年开始实施推进城乡统筹、城乡一体化发展的战略部署①。

---

① 2003 年 3 月至 9 月，成都市先后确立了 10 个区、县或地级市作为加快推进城镇化进程的试点区域，并于当年 10 月 22 日推进成都市城乡一体化工作的会议上，结合前期开展试点工作的经验总结，落实了"统筹城乡经济社会发展，推进城乡一体化"的战略部署。2004 年 2 月，为确保城乡治理工作的顺利开展以及长期稳定性，成都市委、市政府发布《关于统筹城乡经济社会发展、推进城乡一体化的意见》，将有关城乡产业布局、基础设施建设和政策措施等城乡一体化核心内容上升到制度层面。

在改革初期，主要推动城乡产业以及劳动力、土地等要素资源的集中化配置[1]，对经济资源和生产区域在全域范围内进行集中统一规划，避免因布局不合理导致的资源低效利用或闲置浪费，优化城市和农村产业结构和生产力布局，夯实城乡经济一体化发展的基础。2007 年，成都市获批全国统筹城乡综合配套改革试验区，在之后的一个时期里实施了多项统筹城乡的政策举措，包括针对农村集体土地进行的"确权颁证"等工作。2008 年，成都市实施以农村产权制度改革为核心的农村市场化改革，为农民承包地、宅基地、房屋开展确权、登记和颁证，以建立归属清晰、权责明确、保护严格、流转顺畅的现代农村产权制度。系统全面开展农村土地、房屋等资源资产确权颁证工作，确权颁证的范围主要涵盖了林权、农村居民房屋所有权、集体土地所有权和承包经营权以及集体建设用地使用权等，并对各户核发相应的权属认定证书。建立健全农村产权配套保障制度，借助电子录入系统和数据库管理等信息化手段将确权信息数据化，设立农村产权纠纷调解、仲裁和法律援助等相关机构，保护确权成果和农村集体成员权益不受损害，实现了"权责明确""保护严格"。允许集体成员以民主协商的方式形成合意决议，探索农村土地承包经营权长久不变的具体实现机制。

案例 8-1　瓦窑村"长久不变"的探索[2]

2009 年 6 月，成都市双流县瓦窑村的 714 户村民领到了新的农村土地承包经营权证。与以前不同的是，承包期限一栏由以前的 30 年变成了"长久不变"。具体做法就是 2008 年土地确权时确认的时准，在时间

---

① 主要包括：第一，形成以工业园区为主要载体的集群式发展区域，充分利用地方工业化能力推动城乡经济发展，通过一段时间内经济发展带来的就业创造效应提供农村剩余劳动力向外转移的窗口期。第二，农村居民生产和居住的集中，以城镇化发展形成的工资级差吸引农村居民进入第二、第三产业就业。对于有意愿迁移至城镇居住的农村居民，要求其放弃承包地和宅基地，同时以现金以及提供安置价城镇住房的方式进行补偿。第三，农村居民集中居住腾挪出来的土地，通过项目运作实现整理合并，形成集中连片的农村土地，用于进行农业规模化集约化生产经营。

② 案例根据资料整理。参见：双流瓦窑村 试点土地承包经营权长久不变 [EB/OL].(2010 - 06 - 02) [2012 - 08 - 15], http://www.sc.xinhuanet.com/content/2010 - 06/02/content_19961648_1.htm.

点之内在册的本村农业人口，属于本村集体经济组织成员，以后新增人口不再确定为集体经济组织成员，也就不能获得土地承包经营权，只能继承。2008 年确权以后到 2009 年 5 月 31 日的新增人口定性为特殊成员，只能享受集体资产收益的分配权。2009 年 11 月，四川星慧集团与成都市双流县瓦窑村村民签订协议，流转 1 200 亩承包地和林地，期限为 40 年。这一协议已经远远超过了土地承包法的规定，因为第二轮农村土地承包期限只有 30 年，截至 2028 年年底。"长久不变之后，他们也感受到这个政策的作用，土地承包时间长了，企业敢去投资。"全村总面积 5 500 亩，承包地 3 019 亩，目前已经有 5 个比较大的企业进入，村里土地流转只余下 1 000 多亩。瓦窑村也在摸索壮大集体经济组织，"我们现在采取土地入股的形式，注册成都兴隆瓦窑农业有限公司。由30 户农户、村委会和几个自然人出资，前期注册 12 万元，现在增资 10 万元。主要搞市场效益比较好的产品"。

通过确权颁证，产权所赋予的功能和资产价值显现出来。虽然财产权利的内容和运作程序还不是很明确，但集体产权法律意义上的主体毕竟不再虚置，农村土地可以在市场上进行流转和交易，其产权主体可以依据法律主张行使自己的权利。当需要征用农民的土地时，农地的需求方政府或企事业单位不得不考虑可能的法律后果，而选择与农地的供给方农民按法律进行协商，按双方协议进行交易或征地补偿。持有土地权证的农民，若不愿意种地也可以把地租给其他经营方，如种田大户或相关企业，自己选择进城务工，或者通过市场交易转让农村宅基地使用权证，获得进城的部分搬迁费用，转而在城里定居。确权颁证，可以稳步推进农业规模经营、农村新社区和农民集中居住，改善农民生产生活条件，提升农民生活质量，为进一步开展新农村建设创造了条件。

案例 8-2　农村产权交易所模式

2007 年 9 月 13 日，成都市锦江区成立了成都市锦江区土地储备拍卖交易中心。2008 年 6 月 6 日又将原土地储备拍卖交易中心进行扩编增能，更名为成都市锦江区农村土地房屋登记交易服务中心。该中心将国土、统筹、房管三部门相关职能整合实现数据共享、并联审批，统一负责农村土地和房屋的测绘、勘察；农村土地和房屋基础数据库的建立和管理；农村土地和房屋产权登记、办证、流转等并联审批平台的建立、管理；集体建设用地使用权、农地承包权的招、拍、挂，实现从确权登记—数据库建立—交易申请—权属调查—产权交易—登记发证—数据库更新—再次交易—数据库变更等各个环节的管理，并建立了交易中心交易大厅。通过农村产权制度改革组建新型集体经济组织，以招、拍、挂的方式出让集体建设用地，逐步建立城乡统一的建设用地市场，以公开规范的方式转让土地使用权，探索与实践城乡土地"同地同权"，为土地要素的城乡自由流动创造条件。

一个趋于清晰的土地产权关系，有利于形成村民与村民、村民与村集体之间较为确定的关系，也增强了村民的权利意识、利益意识、自治意识。村民自身的利益与土地承包经营权、宅基地使用权等权益紧密相连，一旦经营权等权利的流转能够为村民带来利益，村民就会从一个村庄集体局外人的身份回到局内人身份，在利益博弈中参与村庄治理。在农村产权改革过程中，为解决村民间的产权界定和纠纷，不少地方建立村民议事会，实行自主管理和自主决策，这为完善乡村治理提供了一个很好的切入口。确权颁证没有依靠村委会来做，很大程度上是因为它的地方政府"代理人"倾向，不能得到村民认同所致。

案例 8-3　鹤鸣村的"村民议事会"

2008 年 3 月，都江堰市柳街镇鹤鸣村被确定为四川省成都市首个农村产权制度改革试点村，率先开始为农村土地、房屋确权颁证。这项工作事关每家每户的切身利益，直接触及农村土地上长久以来因缺乏合理产权安排而积累的各类矛盾。鹤鸣村的村民在党支部引导下组成了村民议事会，用"草根智慧"解决"草根纠葛"，自主协调解决确权过程中的各种矛盾。面对确权需要统计的大量数据和复杂的实地勘测工作，干部和村民想出一个简便易行的办法：将每户土地依次排列绘制在一起，入户调查时带着图纸现场测量核准，直接在图上标明土地面积、类型、权属等基本情况，出现矛盾时由议事会协调解决。达成一致后，由农户签名按指印确认，从而形成一张一目了然又准确的"鱼鳞图"。

2009 年 4 月，都江堰市委在调查总结鹤鸣村经验的基础上，初步形成了以村民议事会与监事会制度相结合的新型村级基层治理机制，并在 191 个行政村推广。村民议事会成员通过分级选举或者直接选举方式产生，在大部分行政村中村两委成员不直接作为议事会成员，而是与普通村民一样通过选举方式进入村民议事会。全市村议事会成员中党员 2 134 名，占总数的 43%；村"两委"的"四职干部"784 名，占总数的 15.8%。在工作方式上，先广泛收集群众意见，对意见进行分类归纳整理，而后交议事会议定，最后交村委会执行落实。全市农村各村议事会决议事项 1 295 项，已执行 748 件，其余正在执行中。村党支部书记形象地说出了体会："民主是一把钥匙，用好了，能开启家庭和睦的大门；民主是一潭清水，把它搅转了，能化解很多矛盾；民主是一种武器，用好了它不但能保护自己，还能帮助克服重重困难。"

在确权颁证基础上，建立市级、县级、乡级纵向一体化土地交易市场体系，建立以耕地保护基金为抓手的财政支农机制，推行农村信贷市场发展有关综合配套政策改革，从城乡产业发展、权利保障、财政支持、市场交易机制和基层治理等方面推进和完善统筹城乡的制度体系，让城市资本和农村土地资源互惠共享，提高了农村和农民在土地城镇化增值中的分配份额，从长期来看显著改善了城乡经济关系的不平衡问题。在郫县安德镇安龙村与都江堰市向峨乡石碑村，村民生活在新建的农村社区内，从"鸡犬之声相闻"的单调生活转变为享有警务、医疗等基础设施的类城镇化生活。很多村民也不必再背井离乡到远方的城市打工，经过集中整治的土地，新建立的农业园区等也可以吸纳一定的农村剩余劳动力。

2019 年 12 月，为贯彻落实党中央、国务院关于建立健全城乡融合发展体制机制和政策体系有关要求，国家发展改革委等 18 部门决定在成都西部片区等全国 11 个地区开展城乡融合发展试验区建设，着力解决阻碍城乡融合发展的难点和堵点。成都西部片区试验范围包括 8 个区（市）县全域，总面积 7 672 平方千米，占全市 53.5%；水资源总量 100.51 亿立方米，占全市 70%；森林覆盖率 48.77%，高于全市 8.57 个百分点。第七次全国人口普查试验区的常住人口 624.05 万人，占全市 29.81%；2021 年地区生产总值 3 848.84 亿元，占全市 19.32%。城乡居民收入比 1.65∶1，比率优于全市 0.19，处于相对均衡状态；城镇化率 63.9%，仍低于全市 14.87 个百分点，还处于城镇化加速发展期。

一是探索生态产品价值实现机制。以川西林盘、锦城公园、天府绿道等典型生态区域为突破口，探索构建生态产品价值核算体系。崇州市编制《川西林盘生态系统生产总值（GEP）核算技术规范》和《川西林盘生态价值转化模型及核算体系》，选取道明镇大雨村、观胜镇严家弯湾进行试算，引入社会资本参股合作，增加集体经济组织和农民收益。促进农商文旅体融合发展，推动生态价值向经济价值转化。邛崃市致力于龙门山生态修复，针对碎片化生态资源规模化整治，将白沫江水美乡村生态综合体项目打造成全国 EOD 模式样板。蒲江县构建全链式农产品溯源体系，"蒲江雀舌"等公共品牌评估综合价值达 374.53 亿元。打造"天府源"区域公用品牌，准入 225 个优质农产品品类，品牌农产品平均溢价率达 17.6%，有效提升了生态产品价值。建立生态产品保护补偿制度，完善重点生态功能区转移支付资金分配机制。

二是推动城乡产业协同发展。结合试验区产业基础和承载能力，对试验区 21 个功能区优化调整，构建"一心两翼・一环三廊"经济地理，为城乡产业各尽其能、竞合并存提供载体支撑。实施"农业+""互联网+"战略，推动一二三产业互动融合，实施品牌带动促进区域协同发展。大邑县深入实施数字乡村战略，建成智慧农业产业园"吉时雨"数字农业服务平台，覆盖农田面积达 20.1 万亩，规模化农场主 256 个，带动项目区农业产业降本增效 15% 以上，农户人均可支配收入增长 9.8% 以上。蒲江县推行"买全国卖全国"农村电商模式，引进阿里巴巴数字农业、中通农业物流中心等项目。

三是探索农村集体经营性建设用地入市制度。都江堰市成立集体建设用地整理公司，与金融机构合作完成 112 亩集体建设用地整理储备。构建农村产权交易市场，建立健全土地要素市场化配置机制。试验区 8 个区（市）县通过成都农交所完成集体经营性建设用地入市交易 338 宗，成交面积 3 528.31 亩，成交金额 28.62 亿元，入市宗地个数、成交面积均占全市的 60% 左右。坚持集体所有、农民共享，创新收益分配机制。郫都区施行土地增值收益分配"二八原则"，即20%现金分配给集体经济组织成员，另外80%包括30%公益金、10%风险金和40%公积金，其中公益金用于统缴社保、公共基础设施维护等，公积金用于集体经济组织发展，相关集体及个人获得超过15.14亿元的土地收入，其中约12.11亿元用于集体经济的积累和发展，约3.03亿元用于农民股东分配。

案例8-4 西部片区城乡土地要素市场配置机制

成都市西部新区深化土地资源配置制度改革，全面开展土地综合整治，健全土地要素市场化配置机制，促进土地要素顺畅流动，着力实现资源有效整合利用。一是探索低效闲置土地有效利用。完善县域"总量不变、区域统筹、增减挂钩、提质增效"工作机制，在郫都区安德街道、崇州市道明镇开展全域土地综合整治试点，推动节余建设用地指标优先在本区（市）县城镇发展预留空间内使用。深化农村宅基地使用权自愿有偿退出试点，彭州市通过"农民自愿申请+土地利用变更+公开流转"，完成宅基地腾退102宗、总计100.54亩，颁发集体商服用地不动产权证57宗。二是创新集约高效产业用地模式。探索"拼盘用地、点状供地"，探索实行"标准地"供地模式，构建以产业功能区为载体的年度计划指标分配机制，全面推广新型产业用地（M0）、科研设计用地（A36）制度。三是加快建立城乡统一的建设用地市场。探索集体经营性建设用地使用权按宗地入市出让，推进农村集体建设用地使用权和地方建筑物所有权"房地一体"确权登记，完善土地增值收益分级计提和内部分配标准。郫都区完成93宗、总计2 223.3亩集体经营性建设用地入市交易，为相关村集体及个人带来土地收入超15.14亿元。推进农村产权二级市场建设，成都农村产权交易所实现集体经营性建设用地、土地整治等多类农村产权交易于一体，2020年交易规模突破140亿元。

四是拓展农村金融服务体系。搭建"农贷通"平台，累计发放贷款16 886笔、251.48亿元。2021年试验区获得涉农贷款达6 508.9亿元，占全市各项贷款比重的 16.4%，为农业农村发展提供了有力的金融支持。围绕破解农村缺乏有效担保物、信贷期限与农业周期错位等问题，温江区和郫都区以经营权直接抵押、第三方全程参与市场化风险处置模式，开发"花木贷""商业票据＋土地经营权"等 10 余个抵贷产品。都江堰市、彭州市和蒲江县围绕市场风险分担创新农业保险产品，开办政策性农业保险 27 种，其中彭州市开办的生猪价格指数保险、蒲江县开办的柑橘冻害气象指数保险均为首创。崇州市推动信息、信用、信贷联动，开展"整村授信"300 余户，授信金额达 1 940.1 万元。温江区引入第三方机构前置信息服务点，建设镇（街道）金融服务中心10 个，村级服务站 50 个，累计投放 953 笔农村产权抵押贷款共计25.69 亿元。彭州市创新推出农产品仓单质押贷款项目，农民将蔬菜放在指定场地，凭库存仓单获得资金互助社贷款，突破了蔬菜收购旺季资金瓶颈。

五是促进城乡人口有序流动迁徙。按照存量优先、带动增量原则，探索放宽农业转移人口落户通道，有序推进农业转移人口市民化。市内移居"零门槛"，个人只凭房屋所有权，即可实现农村与城镇之间户口迁移；市外农业转移人口落户城镇地区，只要符合条件入户或积分入户政策均可办理落户。积极推进人才返乡入乡。郫都区引进高端种苗繁育专家等首批"新村民"17 人，带动村民持续增收和村集体经济发展壮大。崇州市以现代农业社会化服务为支撑，培育农业职业经理人、新型职业农民，农业职业经理人人均管理土地达到 800 亩，人均年收入 10万元以上。

从成都市的实践看，城乡融合发展是协同推进乡村振兴和新型城镇化战略的有效路径，对于促进城乡要素自由流动、平等交换和公共资源合理配置意义重大。进一步的试验，还需要着力形成一整套有利于城乡融合发展的有效办法和制度环境。这些突破方向包括：一是如何构建城乡统一产权制度与市场体系，建立城乡统一的建设用地市场，完善农村土地产权二级市场建设，有序开展"使用权和地上建筑物所有权房地一体、分割转让""建立集体经营性建设用地使用权转让、出租、抵押二级市场"等试验任务，进一步激活农村要素价值；二是如何构建城乡资本合理流动交换机制，发展强化城乡要素融合的保障机制，打造城乡统一的公共服务体系和社会保障制度；三是如何围绕以县为载体的新型城镇化建设，充分发挥县域"城尾乡头"的空间优势，着力提升县域产业、基础设施和公共服务发展水平，加快农业转移人口市民化进程，并通过县域经济布局与结构优化，反向推动地方农村产业发展，推动农村产业多元化与县城工业化，充分发挥产业对城乡融合发展的支撑作用。四是如何完善农村产权估值评估机制和认定体系，拓宽农业农村抵（质）押物范围，进一步合理确定抵（质）押物评估价值，提高农村产权融资能力，等等。

第二节　嘉湖片区城乡融合发展改革试验区

嘉兴市位于浙江省东北部、长江三角洲杭嘉湖平原腹心地带，是长江三角洲重要城市之一，辖 2 个区、2 个县、3 个县级市，共 42 个镇、30 个街道、城乡社区 1 193 个。2019 年国务院将嘉兴市划归入浙江嘉湖片区城乡融合发展改革试验区。2019 年 6 月和 2022 年 6 月，笔者两次到嘉兴市，对当地城乡要素市场化融合实践进行了追踪调研。近年来，嘉兴市举全市之力推进城乡融合发展，推进生产、生态与生活相互融合，实现新农村建设与城镇化发展双轮驱动，促进改革发展成果城乡居民全体共享。

一是加快农业转移人口市民化机制建设。首先，嘉兴市政府放开了人才落户的限制。针对大学生等高素质人才，实行先落户再就业的优惠政策，还开通了高技术人才亲属落户通道。中职毕业生在毕业 15 年内与本地单位签订劳动合同就能享受落户政策。其次，严格落实流动人口登记管理制度。依托"在线社区""居嘉码""海宁通""桐行通"等平台，实现"以码管人""以房管人"等新型管理模式。深化智能门锁在网约房管理中的应用，通过智能采集入住人员信息并与公安联网数据碰撞，实现"入住即采集"，实时掌握流动人口动态。最后，构建农业转移人口市民化成本分担机制。建立以政府、企业和个人为主体的多元一体的成本分担机制，落实城镇建设用地规模与农业转移人口相匹配的措施，以及完善了对下属区县农业转移人口市民化工作评价考核机制。当地企业通过制定行业规范，承诺不出现地域歧视以及坚持同工同酬，并且通过入职培训、团建等活动，帮助新市民职员更好地融入新环境。积极实施新居民子女教育"圆梦"工程，截至 2022 年年底，嘉兴市义务教育阶段随迁子女总数 138 301 人，其中公办学校（含政府购买服务）比例达 94.3%。

二是健全公共财政投入保障机制。坚持把农业农村作为一般公共预算优先保障领域，力争 2025 年市级财政支农资金在 2020 年基础上实现翻番，土地出让收益用于农业农村比例超 50%。有序扩大专项债券用于现代农业设施建设和乡村建设行动。充分发挥财政投入引领作用，撬动金融、信贷、保险、社会资本参与，重点支持乡村产业发展。在村土地利用规划中，允许在实际拆旧产生的建新指标中，提留不超过 20% 用于动态调补。各县（市、区）每年安排 5% 以上的年度土地利用计划指标，统筹安排城乡建设用地增减挂钩节余指标，专项支持农村一二三产融合发展用地。积极整合中央下发的各项惠农资金，集中使用于农业产业科技园的建设和发展。持续深化农村金融改革，发展农村数字普惠金融。优化土地资源配置，强化农业农村发展用地和农民建房用地保障。

三是深化农村金融体系改革。积极构建农村新型信用合作体系，开展农合联合作社会员信用星级评定工作。联合银丰小额贷款公司创新开发"产业农合贷"短期贷款等特色金融产品等。积极推进现代农业综合服务中心建设，建设融"三位一体"服务功能的一站式、综合性现代农业服务中心，因地制宜开展"保姆式"土地全托管、"菜单式"土地半托管服务。深化农村集体资产产权制度改革，出台村股份经济合作社人员身份认定和村股份经济合作社收益分配的指导意见，农村集体"三资"管理不断强化。截至 2020 年年底，集体交易纳入平台宗数占比达 99%，应收未收欠款收缴整改率达 90.1%，全省率先实现农村集体资金网上审批和"非现金"结算全覆盖。集体资产交易市场体系和交易规则不断完善，建立市、县、镇三级农村产权交易有形市场，出台农村集体产权交易管理办法（试行），建立农村产权交易全程监督机制。深化农村金融产品创新，共建"三治+金融"创新服务平台，为农户提供30万元以下无面签、无担保、无抵押的纯信用贷款。支持政府性融资担保机构与银行签订总对总批量担保业务模式创新，对符合条件的"三农"主体"见贷即保"，最大限度提高效率。

四是强化农业科技支撑。加快农业平台整合提升和农业经济开发区建设，高标准推进农业区镇建设，截至 2020 年年底，累计创建全国农业产业强镇 3 个，省级农村产业融合发展示范园 3 个，省级农业现代园区 8 个，建成特色农业强镇 7 个。高质量建设农业科技创新平台，截至 2020 年年底，累计创建国家级农业科技园区 1 家，省级农业科技园区 6 家，总数列全省第 1 位（并列）。小微企业园建设加速推进，2019—2020 年建成（含改造提升）小微企业园 57 个，增建（改扩）建筑面积 427.86 万平方米，推动 4 540 家小微企业入园发展。农业科技创新主体加速培育，农业智能化数字化水平不断提升。先后完成 217 个种养基地数字化改造，建成"益农信息社"857 家并实现行政村全覆盖。推进农产品流通数字化，上线商家 253 家、农产品 585 种，上线量居全省前列。

案例 8-5 嘉兴市共同富裕典范城市和现代化先行市建设

据浙江省嘉兴市统计局发布的《2022 年嘉兴市国民经济和社会发展统计公报》（统计新闻〔2023〕第 3 期），该市"经济社会发展取得新成绩，共同富裕典范城市和现代化先行市建设取得新成效"。一是经济总量较大，经济保持稳定增长。2022 年全市生产总值 6 739.45 亿元，比上年增长 2.5%。二是户籍和常住人口都较快增长。2022 年年末，全市户籍人口 374.85 万人，比上年末增加 3.00 万人；常住人口总量 555.10 万人，比上年末增加 3.50 万人。三是总体进入高收入发展阶段。按常住人口计算，2022 年全市人均 GDP 为 121 794 元，按年平均汇率折算为 18 108 美元。四是村集体经济实力强。2022 年全市 858 个村集体年经常性总收入达 52.04 亿元，村均 607 万元；年经营性总收入达 21.4 亿元，村均 249 万元；年经常性收入达到 150 万元且经营性收入达到 50 万元的行政村占比达 100%。五是城乡共同富裕特征明显。

2022 年，全市居民人均可支配收入 62 626 元，增长 4.3%。按常住地分，城镇居民人均可支配收入 72 096 元，增长 3.2%；农村居民人均可支配收入 46 276 元，增长 6.1%。城镇居民人均生活消费支出 44 112 元，增长 4.3%；农村居民人均生活消费支出 30 571 元，增长 7.2%。城乡居民家庭恩格尔系数（居民家庭食品消费支出占家庭消费总支出的比重）均为 26.0%。强化政策支持和多元保障兜底，全市低收入农户年人均可支配收入 24 760 元，高于全省平均 5 861 元，居全省首位。如今，嘉兴市正在不断成为长三角城市群，以及上海、杭州两大都市圈的重要城市，是浙江省经济、文化、科技发展的重要增长极。

从嘉兴市的实践看，该市与上海、杭州、苏州、湖州等城市相距均不到 100 千米，经济区位优势明显，注重发挥东部地区经济比较发达、市场氛围和治理机制比较健全的优势，较好地促进了城乡人才和劳动力、资本和金融投资、科技和技术等要素的市场化配置和有序流动。同时，与长三角地区的治理特征相一致，注重发挥政府顶层设计和引导推动作用，健全公共财政投入保障机制。这说明在城乡融合发展的改革实践中，既要遵循市场规律，促进各类要素对经济增长的保障作用，这是基础性也是决定性的办法，又要发挥政府作用，单一的市场作用或政府作用都不是最佳效果。只有政府作用和市场机制有效结合起来，才能较充分地发挥社会主义市场经济的功用优势，这是中国特色社会主义的本质特征决定的，也是通向城乡协调和共同富裕的必由之路。从实施的效果看，政府作用与市场机制的结合有效地促进了生产要素的集聚和市场化配置，提升生产效率和农产品质量，推动了城乡经济的全面发展和农民收入的持续增加，显现出城乡经济平衡化的发展特征，走出了一条具有嘉兴特色的城乡融合发展道路。

第三节 长兴县城乡一体化发展

长兴县隶属于浙江省湖州市，地处浙江省北部，长江三角洲杭嘉湖平原，太湖西南岸，浙皖苏三省交界，县域面积1 431平方千米，辖4个街道、9个镇、2个乡。截至2022年年末，长兴县常住总人口67.98万人，实现地区生产总值为853.37亿元，按常住人口计算，人均生产总值为12.568万元。近年来，长兴县积极推进县域城乡经济一体化发展，通过以小城镇建设、农业转型和农村劳动力转移为核心的系统举措，加快实现县域城乡经济联动，并构建城乡一体化格局。

一是推进小城镇建设与优势产业发展。为促进县域城乡在经济、空间布局和社会发展等方面的一体化发展，形成"以城带乡、以乡促城"的城乡良性互动态势，长兴县以一号文件的形式①，将多项改革举措进行系统整合，形成相对完备的"八大工程"城乡治理体系，其中第一项工程即为小城镇建设工程。2023年进一步出台了《长兴县促进城乡建设现代化高质量发展实施方案》。在实施过程中，长兴县通过"以点带面"的策略，对部分有条件的小城镇输送更多资源，通过增强其区域经济辐射能力后带动周边区域经济发展，避免了"摊大饼式"资源配置的低效率，不仅有利于小城镇整体建设和经济发展，也缩小了城乡经济差距。促进优势产业发展是地区市场活跃的根本动力，并且优质产业发展及其结构调整优化也是小城镇建设得以顺利推进的前提条件。长兴县利用长三角产业梯度转移的窗口期，充分发挥地方政府组织和领导作用，依据不同区域交通设施、人口状况和资源禀赋等特点，培育出一批新的主导型产业，特别是产品附加值较高的精细化工和生物医药类产业，促进了当地产业规模和体系发展。此外，长兴县还以政策性配套优

---

① 2004年年初，中共长兴县委以一号文件形式发布了《长兴县城乡一体化行动纲要》，提出了以"八大工程"的城乡治理体系推进长兴城乡经济社会一体化的方案。"八大工程"主要包括城乡经济发展与社会公共事业两个方面内容，前者包括"农业510工程""小城镇建设工程""农村劳动力转移工程"三项举措，后者包括"农村园丁工程""农村社保工程""乡村康庄工程"等举措。

惠和转移支付对城镇工业和现代农业给予支持，有利于其扩大市场容量和提升生产技术水平，以此实现政府和市场互动发展。

二是加快城乡劳动力转移和完善就业体系。劳动力从农业部门向非农部门转移是经济发展的一般规律。为加快农村劳动力转移，长兴县实施"农村劳动力转移工程"，形成了以政府、农民、企业和培训机构等为主体，包含了政府工作领导机制、转移资金保障机制等治理机制在内的农村劳动力转移合作治理体系。长兴县落实农村转移劳动力就业资金保障机制，将农村转移劳动力就业的咨询和培训等事务有关的补贴纳入公共财政覆盖范围内，农村转移劳动力也能享受和城镇失业人员一样的就业支持政策，并加大了对城镇劳动力市场的建设与改造。长兴县先后将县级、乡镇就业培训中心和各类民办培训机构进行整合，形成多个资质合格的培训基地，向有需求的劳动者提供电工、农业机械和计算机使用等培训服务，培养出一大批熟练工人。此外，长兴县还对培训补贴制度进行创新，探索并实施了教育券培训制度，无形中发挥了对参与培训者的激励作用。完善市场导向的就业转移机制，通过境外招商、产业招商等方式，组织并实施长期招商引资活动，为乡镇地区和各经济开发区"筑巢引凤"，从而壮大产业规模，创造出更多新的工作岗位。除积极发展县域经济外，长兴县还打通本地和周边县城用人单位与地方政府联系通道，根据用工方需求情况将企业、就业培训机构和地方政府整合为订单式就业系统，较好地避免了农村劳动力转移过程中可能出现的结构性失业问题，提高了就业效率和质量。为实现劳动者社保全覆盖，实施"五险合一"制度以维护进城务工劳动者的基本社会保障权益，优化就业市场环境，消除劳动力市场的城乡差异。通过以上举措，长兴县建立起了相对完善的劳动力转移治理机制，充分发挥了政府、市场主体和农村劳动者三方协同作用。

三是促进城乡产业融合发展。城乡经济不平衡发展不仅同要素流动与交换有关，也和城市与农村部门生产结构和生产模式上的差异相联系。长兴县在建设现代化农业过程中，采取政府调节和市场调节相结合的方式推进农业产业化发展，不仅优化了农业种植养殖结构，以生产规模化和组织化程度的提高增加了农业生产效益，还通过三产联动实现了农业产业链延伸，增加了非农就业岗位数量，其就业带动效应进一步加快了农业剩余劳动力向外转移的步伐。"农业510工程"是打造现代农业生产体系的主体方案，通过政府的政策引领、工商资本和农民积极参与，结合区域市场发育状况和当地自然资源存量，走出了一条特色农业发展道路。按产业、组织和产品进行政府补贴和政策优惠，以财政拨款形式对特色优势农业科技服务、农产品质量安全和基础设施建设等给予大量支持，还针对特色农产品种植面积进行补贴。这些政策举措和配套制度，很好地解决了农业生产发展初期面临的各种问题，带动了技术、人才和资金等向当地农业聚集。

城乡经济关系的发展演变与县域有十分密切的联系，县域地区不仅是小城镇建设的载体，也是公共品特别是农村教育服务等的直接供给方，县级政府地方规划与发展战略以及治理能力影响着当地城乡经济关系的走向。因此，以县域经济作为考察对象，能为城乡经济不平衡的治理提供经验借鉴。长兴县的实践表明，加快推进小城镇建设有利于促进城镇经济发展，疏解大城市治理问题以及带动农村经济发展，为县域地区推进城乡一体化提供了可行路径。同时，该县小城镇建设工程目的是走出一条政府与市场互动型发展道路，基本思路是在充分利用市场机制在资源配置与产品生产和创新方面优势的前提下，着力发挥地方政府在政策供给、规划编制、资金支持与协调治理等方面的主导作用。但在农业产业发展过程中，并非仅靠政策牵引发力带动，而是依托农业生产禀赋条件、市场需求和规划调研综合施策，把政府调控与市场机制进行有机结合，避免盲目扶持造成的资源浪费和违背农民意愿，这样就弱化了行政色彩，突出强调了市场机制以及农业生产规律和农民意愿的地位，使得农业产业化快速推进。

第四节　温州市城中村改造

在城镇化过程中，土地征用导致城郊农村空间部分被划入城市建设用地范围，部分则维持原状，由此出现城中村问题。城中村的物理特征是城乡空间分布界限不清，农村聚落被周围环绕着城市空间，由此带来包括人口、户籍和土地等方面的体制性分割，进而导致城市空间中出现城乡两种截然不同的经济社会状态①。由于城市空间经济价值通常优于农村地区，城中村周围的城市土地价值增值，也带动了城中村集体资产潜在价值提升，加上城市建成区扩大的刚性需求，这是城中村改造的根本动力。作为城镇化进程中城乡空间重构的结果，城中村现象本质上是城乡经济关系不平衡的产物。

温州市城中村问题由来已久，城中村通常坐落于城市建成区内部，所处空间人口流动频繁，人口密度较大，部分城中村居民将自家部分房屋腾空用于对外出租，且房租相对便宜。因此，存在大量出租情形的城中村区域，其治理主体数量和类型繁多，既有普通打工者，也有个体工商户和企业经营主体。反过来，一些已经远离本村在外打工的村民则因较少参与村内事务，逐渐游离于乡村治理场景外，旧的治理主体被新进入的治理主体"替代"。新的治理主体进入城中村并非主要为获得一定的政治地位，而可能主要为开展生产活动或生活居住等原因所驱使，但即便如此，也要和村集体以及中介组织等发生联系。

村集体资产同城中村居民切身利益息息相关，特别是对于集体资产升值空间巨大的村落，利益关系错综复杂，面临着内外部多重矛盾。特别是在城乡二元体制约束下，集体资产市场化交易框架不够清晰，如集体土地入市面临一系列制度障碍，且同具体交易实施细则有关的法律规范缺失，也给城中村改造带来了困难。集体资产分配和基层选举背后的灰色交易，导致大量集体资产流失、资产量化以及分配的失衡，不仅浪费了大量本可用于城中村改造的资金，还引发了村集体内部成员之间的不信任，甚至出现贪污腐败的现象。部分村干部和村民之间矛盾频发、冲突不断，相当一部分信访案件与此有关。

城中村改造主要是对空间关系的调整，涉及一些招商引资、协同开

---

① 安黎，冯健."空间错配"视角下城中村流动人口职住关系研究：以北京市挂甲屯村、皮村为例［J］. 城市发展研究，2020，27（12）：123-131.

发、资金平衡①与补偿安置等具体内容，一般情况下城中村改造收益巨大，往往更易被推行和接受。但城中村并非只有改造的含义，除拆迁安置、项目资金收支平衡、城乡空间规划布局等内容外，还包括城中村改制，即从根本上调整原有以村集体为中心点形成的共同体关系网络和复杂利益格局，通过对集体所有制框架下生产生活秩序的重构，实现在集体资产分配、居住模式以及社保体系等方面的公平正义，并将城中村居民并入城镇化发展轨道，在经济组织方式、要素资源配置和社会保障方面实现城乡制度一体化。

城中村集体资产以集体所有制性质的土地为主，不少城中村在城镇化带来的区位红利作用下，集体资产出现了大幅度增值，对旧有的集体资产经营管理模式造成冲击。集体资产决策、监督和管理事关每个村集体成员的切身利益，但由于管理运作模式透明度低，滋生了有关集体资产的权力寻租、低效使用和浪费等问题，损害到村集体成员权益。结合村集体人口流动、集体经济组织发展和村集体成员意愿等情况，温州市在集体资产量化、集体经济组织改制和社会保障体系构建等方面，探索出多种行之有效的做法。主要有两种模式：一种是完全量化的改制模式，比较适合历史遗留问题轻、集体资产数量少且村民量化到户意愿强烈的城中村，对补偿和量化对象不作严格区分，而对于折算或变现难度太大的集体资产，通过成立新的集体经济组织如股份合作社进行经营管理，以股权证的形式明确集体成员持股权益。另一种是先补偿后量化的改制模式，比较适合人口和资产数量庞大、村级治理组织健全的城中村。遵循先补偿后量化的思路，在清产核资和协商谈判的基础上，对已不在村内居住的集体成员按细化的补偿标准给予相应经济补偿，余下集体资产则统一以人口、劳动力、土地和口粮为依据来制定分配规则。集体资产以货币化形式量化到户后，也出现部分集体成员不当处置所得的情况，如投资失败、肆意挥霍等，导致这部分成员财产存量骤降，甚至在短期内陷入贫困状态。因此，实践中也不乏采取全部以股份形式量化

---

① 城中村改造资金平衡是指改造资金来源与改造投入费用大致平衡。改造资金来源包括房地产开发商自有资金、预期收入（租售收入）、城中村改造专项资金贷款；改造投入费用包括城中村房屋拆迁补偿费用、重新规划建设费用以及改造过程中应承担的各项税费。

到户的做法，就是原村集体合作组织转化为有限责任公司或股份制公司，避免因个人决策失误或其他非理性行为所导致的财产处置不当问题。但基于集体资产的股份合作公司缺少相应制度安排，本质上仍是村集体自治组织及其他成员结成的经济共同体形态，长期看不利于城中村居民摆脱集体成员关系的束缚融入城市，只能算一种过渡的应对方法。

除集体资产盘活与集体经济组织转变外，社保问题与村中村居民未来保障紧密相关，也是城中村改制的重点之一。主要从社保参与方式与社保体系构建两个方面着手，明确有关社保参与方式的各项实施细则。具体而言，以股权量化方式进行集体经济改制的，应按规定统一参加职工养老保险；以货币量化方式进行集体经济改制的，对于符合社会保险缴纳资格的集体成员，参加社会养老或医疗保险；不符合社保条件的集体成员，应参加商业性质的养老医疗保险体系；量化资产在参保后有存余的，应以货币形式分配到户，形成以社会性质为主和商业性质保险为补充的多样化保险体系，实现城乡居民社保权利上的制度平衡。

从温州市的实践看，城乡二元结构仍然是城中村治理的体制性特征，城中村治理就是要通过改造与改制等途径，破除城乡二元体制造成的经济关系的不平衡。二元经济社会的整合和冲突始终是并存的，结构性矛盾导致的利益冲突引起诸多问题，而城乡二元结构的破解，也必然会伴随着一系列有关资源和制度的整合。比如，通过评估、量化和实现集体资产价值，以及集体经济采取股份合作社或公司等形式，实现集体经济与城市现代经济运行管理模式的接轨，改变过去"等、靠、要"的低效经济发展方式，使村集体经济组织增强自身能力，以更好适应社会主义市场经济发展。同时，也把村集体成员社会保障体系作为重要环节，避免造成城中村居民生活水平和应对风险的能力下降。

城市建设带来巨大的土地增值空间，这对原有集体村落在经济、社会和文化等方面造成了强烈冲击，也导致利益关系调整和经济社会秩序重构变得十分困难。城中村不仅人员和资产状况本身就很复杂，且土地、人口管理以及拆迁补偿有关条例与城市存在明显区别，且不同城市甚至同一城市内不同区域实际状况也存在较大差异。从温州市的实践看，城中村治理的关键是如何协调各方利益。在城中村改造中，虽然有地方政府主导、开发商主导和村集体主导三种主要模式，事实上通常是两种或三种模式的有机结合，城中村治理无论采取何种模式，都是各方基于自身利益进行权衡和博弈的合意结果。地方政府在城中村改造中具有公信力、财政收入和政策性、制度性等资源，开发商则拥有大量市场交易信息、技术装备和专业人员，村集体在动员集体成员参与和配合城中村改造中具有重要作用，只有各方广泛参与互动，才能更好实现城中村改造的协同治理效益。

第五节　唐元镇新型农业经营主体调查

新型农业经营主体是生产力和生产关系的复合体，是农业农村生产力发展、生产关系创新变革的中坚力量，既夯实了乡村振兴的产业基础和组织基础，也促进乡村生产关系变革和治理机制的优化，是推进农业供给侧结构性改革的重要着力点和切入点。

"天府名乡"唐元镇位于成都市郫都区，是西南地区最大的国家级无公害韭黄生产基地，以韭黄生产合作社为代表的新型农业经营主体，成为该镇农业发展和农民增收的重要支柱。全镇在册登记的各类合作社、家庭农场等共有 52 家，蔬菜合作社有 20 余家，家庭农场 18 家，劳务合作社有 7 家，农机专业合作社 1 家，土地整理合作社 1 家[①]。2016 年，全镇建设韭菜韭黄种植基地 10 860 亩、出口认证基地 1 400 亩，韭菜韭黄产业实现产值 2.1 亿元，在成都附近市场占有率 50% 以上，并且开拓国际市场，出口日韩、加拿大等国家。唐元镇以韭黄产业合作社为代表的新型农业经营主体，在标准化生产、绿色生产、经营体制机制创新、乡村治理等方面进行一些"示范性""先进性"的探索。

一、标准化生产

合作社是农业标准化生产的重要主体。唐元镇韭黄基地是"国家级农业标准化示范区"。合作社制定实行了《唐元韭黄无公害食品种植技

---

① 数据来自《唐元镇 2017 年专业合作社及家庭农场名单》。

术规程》等制度化的管理措施和技术流程①，2013 年在韭黄协会的牵头下，合作社实施技术的统一培训，农资统一供应，质量统一检测，标识与品牌统一管理的运作模式。在青羊村，参照工业化工厂的管理模式，将韭黄栽培、管理、收割的整套工序细分为 23 道操作规程，制定了一套《韭黄栽培管理各工序及标准》，如沟底松土必须超过 2 寸，覆膜 500 元/亩等。实行农田劳务合作承包制，50~100 亩为一生产单元，一生产单元设置 1 个生产组长和 3~5 个固定组员以及数量不定的临时工，组长和固定成员为承包人，并且制定"公司、承包人和零工利益一体化"的标准。

案例 8-6 "新农人"

返乡创业大学生邓某在 2009 年大学毕业后，与同学一起来到唐元镇创业。2013 年，邓某牵头在韭黄合作社中推行股份制和实体化运作，形成了营销大户牵头、种植大户参与、社员分级管理的运行新机制，实施统一技术培训，统一农资供应，统一质检，统一品牌管理，运用市场来配置资源，确保韭黄生产的质量和品牌运行的效果。邓某被大家推选为韭黄协会会长，在他的带领下韭黄协会、韭黄合作社、韭黄产业不断发展壮大。韭黄生产基地获得"农业部无公害食品认证"、中国绿色食品发展中心"绿色食品认证"等荣誉，协会下属基地被共青团中央、农业部评为全国农民青少年科普示范基地；2014 年，韭黄协会被评为"成都市示范农业专业技术协会"。邓某因其对韭黄产业的贡献，被中央文明办等授予了"中国好人榜""成都市劳动模范""省级科普示范带头人"等荣誉。有韭黄产业"中国合伙人"之称的王某、马某、宋某，曾是北京大学法学院的高材生、房地产等行业的老板。在加入唐元镇的韭黄产业后，将工业的标准化生产管理应用到韭黄生产中，创造出农田劳务合作承包制的新机制，所经营的基地成为国内单户规模最大的韭黄种植生产基地。"新农人"在唐元韭黄产业的发展、传统农业向现代农业的转变中发挥着重要的作用。

---

① 《唐元韭黄无公害食品种植技术规程》《唐元韭黄地理标志产品保护技术要点》《唐元韭黄绿色食品种植技术》《唐元韭黄有机食品技术规程》《唐元韭黄国家良好农业规范技术标准》等。

二、绿色生产

在县农发局和韭黄产业推进办公室的帮助下，合作社制定实行《无公害韭黄生产技术规程》等绿色生产技术规程，规定了栽培、施肥、病虫害防治的方法，列出了禁用农药名单、出台了常用农药准则、有机肥卫生标准等，向社员宣传绿色有机产品知识，这些规程既促进了标准化生产，也促进了绿色生产。合作社为农户统一提供高效低毒的生物菌肥和生物农药，县供销社在基地内设立了放心农资点。构建农产品追溯制度，通过与社员的利益联结，逐步构建了"三级监管网络+四个环节监控+七项管理制度"① 的产品质量安全监管体系，在销售过程中通过实行"检后贴标和贴标必检制度"，利用电子信息技术建立产品追溯的信息化网络化平台。用经营者的话说，"基地所有的蔬菜都可以追溯到是哪一块地产出的"。

三、机制创新

在韭黄基地采取"大园区+合作社+小业主"的模式，创造出农田劳务合作承包制，制定了"公司、承包人和零工利益一体化"的标准，由社员以现金入股的模式组建合作社。以锦宁韭黄生产合作社为例，通过四种方式建立利益联结机制：①按照交售韭黄的数量获得返利，每公斤返0.1元，全年每亩可增收350元以上；②年底可按入股股金金额获得盈余分红；③统一农资供应的优惠，对项目建设的农资补贴等实施优惠，社员每亩节省300元以上；④完善土地流转和土地入股的利益联结机制。土地流转给合作社或公司，自己在合作社或公司工作，土地流转费加工资收入，人均年收入3万~4万元。或者土地入股，合作社统一提供农资、农具等生产资料，并且负责技术指导、销售等，农户只负责生产，与合作社按照4:6的比例分成。

---

① "合作社+农户+基地"的"三级"监管网络模式，农资投入品购销源头、基地生产过程、产品加工、产品销售四个环节严格控制，七项制度，生产基地管理制度、监督管理制度、环境保护制度、农业投入品管理制度、技术指导和推广制度、培训制度、生产档案记录制度和田块农时生产档案录入制度。

四、乡村的治理

村民议事会成为决策主体，由村民民主选举产生，议事会分为组上和村上两级，组上议事会由 2~3 人组成，成员间身份平等，各组推选 1~2 人组成村上的议事会，村上议事会设有理事会和监事会。村上议事会开会，会有村"两委"列席，一般村"两委"决策的事情会交村民议事会讨论表决，表决通过后才能执行。例如，唐元镇钓鱼村 13 社的土地整治方案经过村民议事会 20 多次反复讨论形成，群众参与率高达 72%。村民议事会成为决策主体，而村"两委"成为执行机构，这改变了村庄的管理架构。由此，村民"自己议、自己定、自己干、自己管"的积极性被调动起来。

五、用工、市场销售、利润等方面的情况

合作社在用工方面，以吸收合作社成员参加劳动为主，外县劳动力为辅。在农产品加工和田间管理等方面以老年为主，年龄大多在 55~70 周岁，根据性别、身体健康状况等配置到不同岗位，总体上来说合作社带动本村一半左右的人员就业。家庭农场以家庭经营为主，但农忙时也有 4~5 人的雇佣工人，工人也以 55~70 周岁的老人为主，忙时会增加至 7~8 人，人工成本一般为 70~80 元/天，雇佣工人的月工资为 2 000 元左右。

在市场销售方面，合作社虽然实现了"农超""农企""农校""农贸"对接，实现了出口日韩，但其销量以大型一级批发市场为主，大型一级批发市场的销量约占到总销量的 70%。以成都市场为例，唐元韭黄大约占 50% 的市场份额，但市场竞争日趋激烈，与来自西昌、攀枝花等地的农产品竞争。家庭农场在产品销售方面，一般使用市场代理和批发超市作为营销渠道。附加值低和季节性的商品一般不会使用互联网销售方式，附加值高的商品、四季供应的商品如韭黄则会使用互联网进行销售。

在利润方面缺乏准确的数据，不过据业内人士估计 80% 的合作社没有利润。家庭农场经营品种多，可以化解一部分经营风险，经营蔬菜大

棚有当地财政补贴，且土地利用率高，业主反映在现有条件下精耕细作的收益更高，年收益一般在 10 万~20 万元。

此外，唐元镇将"土地综合整理、乡村规划、农业产业发展规划""三规合一"通盘考虑，产业发展与乡村治理互为抓手。以土地整理为切入点，做好村庄规划，为现代农业综合示范项目提供发展空间和载体，巩固韭黄生产的标准化建设成果，实现产业基地的进一步发展。

综合上述，可以看出新型农业经营主体在标准化生产、绿色生产、机制创新、乡村治理等方面积极探索，在促进农业生产力发展的同时，也促进了农业农村生产关系的优化，但也存在一些问题。

（一）"空壳"合作社

在调研中发现，"空壳"合作社也存在一定数量。一些合作社由于行业市场低迷，不得不暂时停止运作；也有些合作社由于政策性原因暂时停止运作，如环保不达标，环保部门对其进行关停整顿，合作社停止运作。这些"空壳"合作社的存在，可能出现扭曲、异化等现象，使真正合作社应享有的扶持资金被占用，弱化国家扶持政策的效力，也不利于形成好的营商环境，也可能造成一定程度上的泡沫经济和虚假繁荣。

在其他市场上，除"空壳"合作社外，还存在"翻牌"合作社、"依附"合作社、"休眠"合作社等。"空壳"合作社，一般是政府出于政绩考核的需要，由行政推动而制造出来的，也包括由一些组织和个人为了套取国家补贴和优惠政策而成立的合作社。这些合作社一般无场所、无资金、无设备、无人员等，没有开展实质性经营活动，从而成为"空壳"合作社。"翻牌"合作社，由一些实质上进行公司化运作的公司、企业"翻牌"而成。它们打着合作社的牌子，为的是取得国家的财政、税收、金融等优惠政策，这类公司企业只是挂了一个合作社的牌子，因此被称作"翻牌"合作社。在实践中，存在一些涉农协会和家庭经营的新型农业经营主体挂"合作社"牌子的不规范现象，这种合作社也可被归为"翻牌"合作社。"依附"合作社指生产经营状况不佳，依靠国家的补贴和优惠政策才能维持运行的合作社，它们"依附"于国家的补贴和优惠政策而生存，被称为"依附"合作社。"休眠"合作社，指一些在实际运营中遇到困难，而暂时停止运营的合作社。"休眠"合作社若长期停止运营，有可能成为名存实亡的"空壳"合作社。

（二）基础设施建设

新型农业经营主体在进行农业基础设施建设时，受土地承包期限制影响，投资的协调组织成本过高，不敢投资。一方面，经营主体修建相应农业基础设施，会占用农户流转到自己手中的土地，等到承包期满后，如何与被占用耕地的农户协调，是自己拆除、恢复原貌还是别的方式，后期协调成本很高。另一方面，在耕地的投入上，也存在不敢投入的现象。从各个农户租来的土地连成片、小田变大田，有利于生产经营效率的提高，但承包期满后怎么办很难预计，"归还土地时，有的农户连自家的地与邻家地的地势高低都要考虑"。

（三）用工老龄化

合作社和家庭农场所雇佣工人的老龄化问题突出。年轻人外出打工，合作社、家庭农场所雇佣的工人年龄大多在 50～70 周岁，参加生产的年轻人越来越少，雇工年龄结构老化问题日趋严重，用工压力大。农业劳动力老龄化是关系"谁来种地"的现实问题。

（四）农业补贴

农业补贴按承包权发放，而随着"三权分置"土地确权，土地流转日益活跃，土地承包权和土地经营权日益分离，导致一些真正经营土地的经营者没有得到补贴。在补贴的发放中，或许出于操作方便、节省成本等原因，往往采取普惠式发放，补贴往往发放给所有农民，并按照承包权发放。不论种地与否、土地撂荒与否，只要有承包权就能享受到补贴，这导致一些实际进行生产经营的新型农业经营主体反而得不到补贴。

（五）农业保险

在调研中发现，农业保险赔付额不能补偿农业经营者前期的投入，农业保险赔付额过少。以唐元镇为例，唐元种植高附加值的蔬菜，农业保险 1 000 元/亩封顶，但在生产中一亩地一年人工和地租成本是 6 000～7 000 元，赔付额少，不足以抵偿成本；同时，农户大多面临的情况是小范围受灾，小范围受灾时补偿更少，农业经营者更难收回成本，用农业经营者的话说补偿是"杯水车薪"。

（六）村庄治理

在土地流转中，有的村集体收取"土地协调费"或"管理费"，一般为 50~100 元/亩。这表面上看是村"两委"的服务意识淡薄，深层上反映了传统乡村治理的封闭意识。合作社在实际运营中，其仓储、生产运营、办公等都需要用地。有些合作社生产经营和办公都是租用农户的房屋，用一位合作社经营者的话说，"自己连一个厕所都不敢建"。如何在保证耕地红线的条件下，满足新型农业经营主体的用地需求，如何统筹协调降低经营主体的用地成本，是一个不小的难题。

（七）经营成本

成本增加主要来自地租和人工成本，一亩地的租金是每年 2 100 元左右（相当于 1 000 斤大米），再加上人工成本，仅就地租和人工两项来说，一亩地一年要投入 6 000~7 000 元。随着城市的不断扩张，周围"耕地"地租有不断上涨的趋势，出于经济利益上的考虑，更多的土地会转向种植经济作物，这可能会引起农地的非农化和非粮化，"地租"上涨也抬高了新型农业经营主体的经营成本。

（八）"玩农业""搞农业"

用新型农业经营业主的说法，在农业中存在"玩农业""搞农业""做农业"三种类型。工商资本进入农业，给农业带来资金、技术等现代化的生产要素，但也出现打着发展农业的旗号，以观光农业、乡村旅游为幌子占地搞房地产开发的现象，或瞄准国家的扶持政策抢占各种补贴和扶持资金，这种现象在城市近郊较为明显。这些是"玩农业""搞农业"的，是在挖农业的墙角，不是真正在"做农业"。而真正"做农业"的经营主体，得到国家的各种扶持资源还较少。

发展新型农业经营主体，是农村、农业生产力发展和生产关系优化的过程，是多种改革综合配套和协同推进的过程，也必然会出现一些问题和困难，需要采取措施妥善解决，一些对策措施包括：

（一）规范发展合作社

合作社登记注册，不收费、不验资、不年检，只要 5 个村民提供身份证就可以注册，注册门槛低，提供虚假材料骗取登记等情况时有发生。要相应提高合作社的注册标准，对合作社的注册条件要进行现场调查、实地勘验，对不符合注册条件的不予以登记。建立农业、工商、财政、税务、金融等部门的联动监管机制，对合作社从成立到运营管理进行动态监管，对运营不规范的给予指导，规范其运作和管理，对于存在欺诈骗取补贴等行为的要给予相应的惩戒，对经营中切实遇到困难的，要给予适当的支持帮助。

建立合作社的分级管理和分类管理机制。政府自身或依托第三方评估机构，依据"成员资格、入社意愿，经营管理状况、业绩"等对合作社进行综合评估，对"空壳""依附""翻牌""休眠"等合作社进行分类管理。对无场所、无资金、无设备、无人员，没有开展实质性经营活动"空壳"合作社，要予以注销。对于只有依靠政府补贴扶持资金和政策才能够生存的"依附"合作社，要根据实际情况，帮助其提高经营管理水平，对于帮助和扶持仍不能改变其经营和业绩的，也要给予注销。对于一些打着合作社牌子，实质上进行公司化运作的"翻牌"合作社，要取消其合作社的身份，使其恢复本来面目。对于经营管理、市场等方面遇到困难，暂时关闭的"休眠"合作社，政府要给予帮助和扶持。

建立合作社的退出机制。建立年检、年审制度，对于不符合标准的"五无"（实际无成员出资、无场地设施、无前置审批手续、无管理机构、无经营活动）合作社，以合作社为招牌、实质进行公司化运营的合作社，激活无望的合作社要予以注销和取缔。对于经营运作好、带动力强的合作社，要创造条件积极支持其发展，使其成为"示范社"。

（二）加强基础设施建设

要增加对农业基础设施建设的投入，这些措施包括：①在财政投入的总量上，要把财政支出重点向农业农村倾斜，确保用于农业农村的总量、增量均有提高。②在投资结构上，要提高直接为农业生产服务的农业基础设施建设的投资比重，提高直接用于农业生产的补贴资金。③积极推进中央与地方财权事权以及支出责任划分的改革①，提高各种公共服务的供给效率，当然这也有利于推动农业农村各种基础设施的建设。

---

① 国务院于 2016 年 8 月 24 日，发布了《国务院关于推进中央与地方财政事权和支出责任划分改革的指导意见》。

④创新金融服务方式和服务体系。引导鼓励和支持政策性金融机构、商业性金融机构、农村信用社等金融机构，以扩大业务范围、增加信贷投入量、增加农村金融服务机构、创新服务方式等手段，支持农业建设、农业基础设施建设。

（三）农业补贴政策转型

随着"三权分置"的实施，土地承包权日益与土地经营权分离，应改变过去补贴发放以承包权为依据的"普惠式"的发放办法，适时将土地的经营权作为农业"支持保护补贴"发放的标准，补贴随土地经营权流转，将农业"支持保护补贴"精准发放到经营土地的新型农业经营者手中，发挥补贴政策应有的效果。随着农业劳动力老龄化及地租成本的增加，必须加大对新型农业经营主体的扶持和补贴力度，探索和创新补贴方式和补贴机制。可以探索设置专项资金，按生产经营规模和产量对新型经济主体进行补贴的方式，也可以探索以农业补贴作为新型农业经营主体生产经营性贷款抵押物的信贷制度等。

（四）健全农业保险政策体系

以传统小规模农户为出发点的农业保险，保险金额较少，不能覆盖农业生产中的物化成本。要提高农业保险的理赔标准和覆盖面，适时推出适应新型农业经营主体需求的高保障保险，扩大保险范围、提高保险金额，使农业保险保额覆盖人工成本和地租成本等，政府也可给予财政政策上的补贴支持。

（五）新型职业农民

有人说："'70后'不愿种地，'80后'不会种地，'90后'不提种地。"老一代的农民逐渐老去，如果新一代"厌农""恶农""弃农"，那么未来谁来经营农业？要培养学农爱农情感，使农民由"身份化"走向"职业化"，实质上是构建一支高素质的农业生产者队伍，为向现代农业转型奠定人力资源基础。为此，要构建新型职业农民教育培训体系，建立政府主导的新型职业农民资格认证管理系统，构建金融信贷、补贴、税收、保险、土地流转等方面的政策扶持体系。要促进城乡融合发展，还要完善和健全农村社会保障体系，提高农民的职业预期。

（六）乡村治理的"开放性""合作性"

随着新型农业经营主体的发展，乡村社会的流动性、开放性也日益增强，迫切需要构建与之相适应的基层治理体系。要将新型农业经营主体纳入治理体系，建立新型农业经营主体与村"两委"合作的治理格局，推进农业生产、土地使用的规模化经营等。要打破城乡间的二元体制，构建城乡一体的乡村治理机制；也要进一步打破乡村之间的传统封闭意识，消除本村与外村的差别，促进资源流动和优化配置。

第六节　崇德社区新市民融入度调查

本节数据来自笔者对成都市龙泉驿区崇德社区的走访调查。笔者通过问卷调查，一共回收了 200 份问卷，其中 187 份为有效问卷，有效率为 93.5%。资料显示，崇德社区是龙泉驿区集中建设的农民集中安置社区，于 2010 年 12 月成立，建筑总面积约 78.5 万平方米，主要包括洛带镇、万兴乡、洪安镇等 7 个街镇乡的征地拆迁户和生态移民安置户。辖区规划有四个小区院落，均为电梯公寓。社区治理架构由社区两委会和社区议事会、民主理财小组等居民社区自治组织构成。

一、被调查对象的基本特征

在本次调查中，我们按年龄将被调查对象分为四类。其中"30 岁及以下"的人有 25 人，占比 13.3%；"31~40 岁"的人有 21 人，占比 11.2%；"41~50 岁"的人有 32 人，占比 17.0%；"51~60 岁"的人有 38 人，占比 20.2%，"61 岁及以上"的人有 72 人，占比 38.3%。从样本结构来看中老年人群（61 岁及以上）占比较大。从样本性别结构来看，被调查对象中男性有 88 人，占样本总体的 47.6%；女性 97 人，占比 52.4%。在本次调查中，"已婚"的人有 159 人，占比 85.0%；"未婚"的人有 13 人，占比 7.0%；"离异"的人有 6 人，占比 3.2%；"丧偶"的人有 9 人，占比 4.8%。受访对象文化水平大部分集中在小学及以下阶段。其中"小学及以下"有 103 人，占比 55.1%；"初中"有 47 人，占比 25.1%；"高中或中专"有 24 人，占比 12.8%；"大专及以上"有 13 人，占比 7.0%[①]。

表 8-1 样本基本情况

变量名称	变量分类	频数	有效百分比/%
是否是本地人	是	137	74.5
	不是	47	25.5
	缺失值	3	—
居住时间	1 年及以下	3	1.6
	1~2 年（含）	19	10.2
	2~3 年（含）	80	42.8
	3~4 年（含）	75	40.1
	4~5 年（含）	6	3.2
	5 年以上	4	2.1
性别	男	88	47.6
	女	97	52.4
	缺失值	2	—
婚姻状况	未婚	13	7.0
	已婚	159	85.0
	离异	6	3.2
	丧偶	9	4.8
受教育程度	小学及以下	103	55.1
	初中	47	25.1
	高中或中专	24	12.8
	大专及以上	13	7.0

---

① 说明：鉴于本次调查对象：新市民普遍是因征地拆迁从农村迁移至龙泉驿区的，在受教育程度上我们在较低的学历程度上进行了细分，而调查结果也证明了细分的必要性。

表8-1(续)

变量名称	变量分类	频数	有效百分比/%
政治面貌	共产党员	13	7.0
	共青团员	20	10.7
	民主党派	1	0.5
	群众	153	81.8
平均月收入	1 000 元及以下	42	22.6
	1 000~2 000 元（含）	99	53.2
	2 000~3 000 元（含）	17	9.1
	3 000~4 000 元（含）	16	8.6
	4 000~5 000 元（含）	4	2.2
	5 000~6 000 元（含）	3	1.6
	6 000~7 000 元（含）	3	1.6
	7 000~8 000 元（含）	0	0
	8 000 元以上	2	1.1
	缺失值	1	—
平均月消费	1 000 元及以下	16	13.6
	1 000~2 000 元（含）	52	44.1
	2 000~3 000 元（含）	30	25.4
	3 000~4 000 元（含）	12	10.2
	4 000~5 000 元（含）	5	4.2
	5 000~6 000 元（含）	2	1.7
	6 000~7 000 元（含）	0	0.8
	7 000~8 000 元（含）	1	0.8
	8 000 元以上	0	0
	缺失值	69	—

表8-1(续)

变量名称	变量分类	频数	有效百分比/%
健康状况	非常健康	65	35.3
	比较健康	67	36.4
	一般	38	20.7
	不健康	14	7.6
	很不健康	0	0
	缺失值	3	—
年龄	30岁及以下	24	12.8
	31~40岁	21	11.2
	41~50岁	32	17.1
	51~60岁	38	20.3
	61岁及以上	72	38.5

从表8-1可看出，在受访者政治面貌构成方面，群众有153人，为样本总量的81.8%，占比较大，"党团员""民主党派"分别占样本总量的17.7%及0.5%。户口方面，龙泉街道本地人较多，占样本总量的74.5%；调查对象中，非龙泉街道本地人占比25.5%。大部分调查对象在龙泉驿区居住时间集中分布在2~4年，与征地拆迁时间基本一致。其中，居住时间"1年及以下""1~2年（含）""2~3年（含）""3~4年（含）""4~5年（含）""5年及以上"分别占样本总量的1.6%、10.2%、42.8%、40.1%、3.2%以及2.1%。

二、被调研对象的就业情况

第一，新市民普遍存在就业困难问题。结合图8-1和图8-2可以看出，新市民的就业情况不容乐观。调查对象中无工作人群占比高达73%，其中工作技能不足是新市民在找工作或就业过程中遇到的一个主要问题，从中可以看出征地拆迁导致新市民被动迁徙，他们对城市工作技能的陌生与不适应，从而造成新市民中过高的失业率。结合表8-1的人口年龄结构我们还可以推测，迁移人口的中老年化对新市民工作技能的学习也有一定阻力，在一定程度上推高了新市民的失业率。

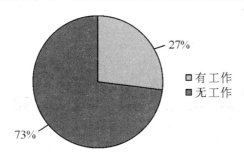

图 8-1　新市民的就业情况统计

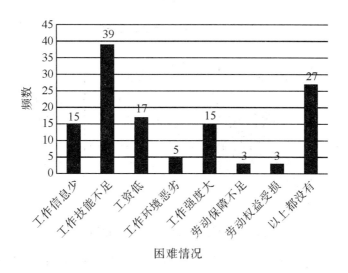

图 8-2　新市民在就业过程中遇到的困难情况统计

　　第二，工作单位性质以私营企业为主。由图 8-3 可以看出新市民在私营企业工作占比 57%；在国企、集体企业、机关事业单位、外企、合资企业、个体户以及自谋职业的样本分别占样本总体的 3%、3%、17%、3%、7%、3% 以及 7%。

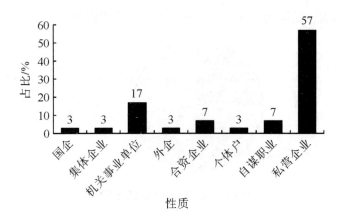

图8-3 新市民工作单位的性质

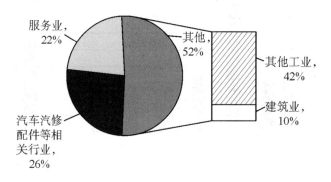

图8-4 新市民工作单位的行业属性

　　第三，汽车产业链就业带动效应有限。由图8-4可知，龙泉驿区的汽车汽修及配件的相关汽车产业链对新市民的工作拉动效应不大，仅占26%，汽车产业链对新市民的工作贡献还有很大的提升空间。建筑业、服务业以及其他工业分别占样本总量的10%、22%和42%。

三、新市民月平均收入

新市民平均月收入集中在 1 000~2 000 元，且收入分布并没有呈现出"中间大，两边小"的正常分布，说明新市民在收入上处于偏低状态。

四、就医、就学和文娱活动方面

第一，就医过程中看病方便，但药价偏贵。由图 8-5 可知，在看病就医方面，82% 的被调查对象认为就医看病更加方便了；14% 的人认为一般；而认为不方便的人仅有 4%。图 8-6 显示，选择"医疗费用非常贵"的有 44 人，占 23.53%；选择"医疗费用比较贵"的有 82 人，占 43.85%；选择"医疗费用一般"的有 44 人，占 23.53%；选择"医疗费用比较便宜"的有 15 人，占 8.02%；选择"医疗费用非常便宜"的有 2 人，占 1.07%。

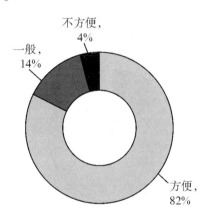

图 8-5　新市民就医情况统计

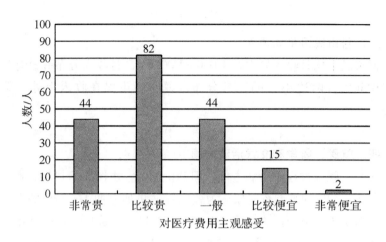

图 8-6　不同医疗费用感受人数统计

第二，子女入学更为便捷。由图 8-7 可知，86%新市民的子女顺利入学；9%的新市民持一般态度；仅有 5%的新市民认为子女入学不顺利。

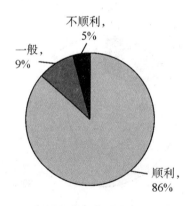

图 8-8　新市民孩子入学顺利情况统计

第三，文娱活动参与度不高。根据调查结果，新市民大部分对外出旅游、看电影、文艺活动（如广场舞）以及体育锻炼这些比较接近城市生活模式的活动参与度不高。从大部分新市民的居住时间（2~3年）可以看出，居住环境的变化还是在一定程度上逐渐同化了新市民的生活模式。其中，经常进行体育锻炼的人占据了25.4%；经常参加文艺活动（如广场舞）也达到了16.1%的比率；而经常看电影或外出游玩的比例分别为6.8%和5.1%。但从工作情况以及月收入来看，收入的局限性是旅游和看电影的主要制约因素。

五、主观感受方面

从图8-9可知，新市民在迁入城市后对社会地位、经济收入、文化丰富程度的主观感觉上大部分都感觉上升了或不变，其中上升感觉的比例分别为49.6%、48.7%以及53%；感觉不变的比例分别为48.7%、39.3%以及45.3%。但在生活压力方面，24.8%的人觉得自己的压力上升了，而觉得压力下降的也有35.9%，认为生活压力不变的有39.3%。

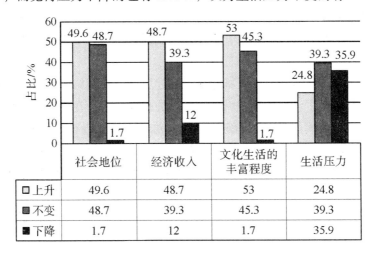

	社会地位	经济收入	文化生活的丰富程度	生活压力
□ 上升	49.6	48.7	53	24.8
■ 不变	48.7	39.3	45.3	39.3
■ 下降	1.7	12	1.7	35.9

图8-9　新市民的主观感受

此外，结果还表明，新市民寻找工作中遇到的主要困难还是工作技能和在城市就业的问题，如何引导他们通过自学、培训班等方式增强劳动能力是一个有待解决的问题，这方面还需要政府积极采取措施，也需要社会更多关注。首先，在生活方面，虽然普遍认为就医看病和孩子入学比以前更加方便，但大多数也认为医疗费用偏高，这与城市较好的医疗条件以及自身就业、收入情况有关，因此还需要相关政策扶持并通过较长时间才能得到改善。其次，居民娱乐闲暇方面的描述分析结果表明，绝大部分人群参与各类活动的频率较低，而休闲时间越少意味着生活方式转变速度的缓慢，可能影响其社会融入度。最后，对于社会地位、经济收入和文化生活丰富程度评价，总体来看正向评价占多数，说明在迁入这几年时间里，生活状况和生活方式总体还是有所改观，但同时也注意到，认为生活压力增大的人群占了两成，这可能是因为现代社会高速的生活节奏带来的心理上的负担所致。

结合本次调查问卷及回收数据情况，本节构建了包括 3 个一级指标、9 个二级指标和 26 个三级指标在内的融入度评价指标体系，整个指标体系使用熵值法对各指标进行客观赋权。为方便计算，对题目中的选项顺序从小到大统一调整，进行正向编码，得出各个维度融入度得分情况。

基于现有文献资料以及指标体系构建原则，我们结合本次调研问卷实际内容构建了测评新市民城市融入度的指标体系，在各指标权重上采用相对客观的熵值法予以确定。因此，对以下指标进行正向编码：C12 住房满意度、C16 对小区物管满意度、C17 治安状况评价、C18 休闲娱乐活动、C19 参加社区活动次数、C26 对未来的信心。测评指标体系如表 8-2 所示。

表 8-2　测评指标体系

一级指标	二级指标	三级指标
A1 经济维度	B1 基本经济情况	C1 个人收入 C2 个人消费 C3 固定收入来源 C4 金融行为
	B2 工作情况	C5 工作单位性质 C6 工作单位行业 C7 劳动保障 C8 就业满意度 C9 迁移后工作更换频率 C10 找工作途径
	B3 住房情况	C11 共同居住人数 C12 住房满意度 C13 住房拥有套数
	B4 人口负担状况	C14 上学子女
A2 社会维度	B5 基本生活情况	C15 新市民生活的适应度 C16 对小区物管满意度 C17 治安状况评价 C18 休闲娱乐活动
	B6 社区活动参与	C19 参加社区活动次数 C20 参加社会活动次数
	B7 人际交往	C21 与周边人交往困难程度 C22 与邻居关系变化
A3 心理维度	B8 身份认同	C23 自我身份甄别
	B9 主观态度	C24 政策服务满意度 C25 幸福程度 C26 对未来的信心

在信息论中，熵是对不确定性的一种度量。信息量越大，不确定性就越小，熵也就越小；信息量越小，不确定性越大，熵也越大。根据熵的特性，我们可以通过计算熵值来判断一个事件的随机性及无序程度，也可以用熵值来判断某个指标的离散程度，指标的离散程度越大，该指标对综合评价的影响越大。根据结果，我们可以确定龙泉驿区新市民城市融入状况。

我们选取 26 个 3 级指标，120 个样本得分，则 x_{ij} 为第 i 个样本得分

的第 j 个指标的数值（$i=1, 2, \cdots, n$; $j=1, 2, \cdots, m$）。

在用它们计算综合指标前，我们先要对它们进行标准化处理，以消除量纲带来的差异，即把指标的绝对值转化为相对值，并令 $x_{ij} = |x_{ij}|$，从而解决各项不同质指标值的同质化问题。而且，由于正向指标和负向指标数值代表的含义不同（正向指标数值越高越好，负向指标数值越低越好），我们对于高低指标用不同的算法进行数据标准化处理。其具体方法如下：

正向指标：

$$r_{ij} = \frac{x_{ij}}{\max\limits_{1 \leqslant i \leqslant m} x_j}, \ (1 \leqslant i \leqslant m, \ 1 \leqslant j \leqslant n) \tag{8-1}$$

负向指标：

$$r_{ij} = \frac{\min\limits_{1 \leqslant i \leqslant m} x_j}{x_{ij}}, \ (1 \leqslant i \leqslant m, \ 1 \leqslant j \leqslant n) \tag{8-2}$$

x'_{ij} 为第 i 个样本在第 j 个指标上得分的数值（$i=1, 2, \cdots, n$; $j=1, 2, \cdots, m$）。为了方便起见，仍记数据 $x'_{ij} = x_{ij}$。经过线性变换后，指标值均在区间 $[0, 1]$ 内，正、逆向指标均化为正向指标，最优值为 1，最劣值为 0，值越大越优，当某个指标为 0 时，不能采用此种方法进行标准化处理。

计算第 j 项指标下第 i 个样本得分占该指标纵向得分的比重：

$$p_{ij} = \frac{X_{ij}}{\sum\limits_{i=1}^{n} X_{ij}}, \ (i = 1, 2, \cdots, n, \ j = 1, 2, \cdots, m) \tag{8-3}$$

计算第 j 项指标的熵值：

$$e_j = -k \sum\limits_{i=1}^{n} p_{ij} \ln(p_{ij}) \tag{8-4}$$

其中，$k > 0$，$k = 1/\ln(n)$，$e_j \geqslant 0$。

我们计算第 j 项指标的差异系数，对第 j 项指标，指标值的差异越大，对方案评价的作用就越大，熵值就越小，定义差异系数：

$$g_j = \frac{1 - e_j}{m - E_e} \tag{8-5}$$

式中 $E_e = \sum\limits_{j=1}^{m} e_j$，$0 \le g_i \le 1$，$\sum\limits_{j=1}^{m} g_j = 1$。

求权值：

$$w_j = \frac{g_j}{\sum\limits_{j=1}^{m} g_j} \quad (1 \le j \le m) \tag{8-6}$$

计算综合得分：

$$s_i = \sum\limits_{j=1}^{m} w_j \cdot p_{ij} \quad (i = 1, 2, \cdots, n) \tag{8-7}$$

为观察受访市民在经济维度、社会维度和心理维度三个方面的城市融入状况，我们对融入度得分进行进一步的分析，得到三个维度的统计量如表8-3所示。结果显示，经济维度得分呈现出两极分化趋势，社会维度得分普遍偏低，而心理维度的得分情况最差，这至少说明受访人群中贫富差距是明显存在的，他们在社会层面和心理层面上融入情况不佳，这可能与其生活环境出现较大改变，以及短时间内人们观念不易转变有关。

从问卷显示的结果来看，本次调查对象对新市民生活的融合和现有的生活方式各方面满意度相对较高，同以往各地区的经验和实际调研过程中感受的状况存在一定的差距。本次描述统计和影响因素分析部分，重点在于对问卷呈现的信息进行了比较细致的分析，而这正是从侧面了解和发现的深层次问题。总体来说，这些情况与成都市区的基础条件，以及比较包容的城市氛围有一定关联。

表 8-3　融入度得分基本情况

项目	数值	经济维度	社会维度	心理维度
个数	有效的	188	188	188
	缺失值	0	0	0
平均数	—	1.811 3	1.118 8	0.472 5
最小值	—	0.74	0.62	0.27
最大值	—	3.39	2.74	0.60

表8-3(续)

项目	数值	经济维度	社会维度	心理维度
百分位数	25	1.159 3	0.819 8	0.425 9
	50	2.038 1	1.033 3	0.477 2
	75	2.335 6	1.287 1	0.526 6

第九章　城乡经济融合的对策进路

本章结合前述理论框架与实践例证等方面的分析，针对城乡经济不平衡的主要问题表现，从促进城乡经济形态的结构优化、城乡要素配置及生产力布局优化、城乡经济社会权利的有效平衡与城乡平衡发展的体制机制创新等方面提出了化解城乡经济不平衡的对策建议。

第一节　促进城乡经济形态的结构优化

城乡经济不平衡是城乡关系内在紧张与冲突形之于外的产物，反映出来就是城乡经济在结构关系与发展水平等方面不协调不平衡的格局，而不平衡的城乡经济发展通常是经济增长乏力的结构性原因之一。当前，我国已进入城乡融合发展时期，建立健全城乡融合发展体制机制和政策体系，就是要不断推进面向城乡一体的市场化改革进程，构建适应中国式现代化发展要求的城乡经济的空间结构、产权结构和市场结构等整体形态，实现城乡生产经营、商品流通与要素交换的高度融合与有效循环。

一、深化城乡空间生产关系变革

如前所述，城乡经济不平衡包括生产力—生产关系—上层建筑三个层面的不平衡，这当然是它的内在矛盾与逻辑。而从它的形成原因和演进历程看，如果说市场化造成了城乡交换不平衡，城镇化造成了城乡土

269

地权利不平衡，那么工业化就是造成了城乡空间不平衡。如果溯时而上，无论工业和农业的分工，还是城市和农村的户籍，竟然起初都是空间的概念，因为城乡在不同的空间承担不同的分工，从事不同的生产，赋予不同的户籍，设置不同的产权，安排不同的生活，而相关的法律规定，也都是根据这些确定和沿袭下来的。所以，最早的工业化战略把城乡分隔开来，是中国经济史上一个根本性的事件，而后来的故事都是据此演绎。一个事实上的社会经济关系不平衡，竟然是通过一个看起来十分自然、简单、客观的空间分隔来完成的。

空间正义是经济正义的空间表达。空间之于经济话域的表现，在于不同空间居民的权利平衡，不同空间资本的分布平衡，公共资源在各个空间的合理分配，以及各空间经济结构的有序关联，也只有在生产、分配领域体现出空间正义，才能进一步实现空间交换与消费领域的空间正义。空间资源配置和空间产品的生产，是指居民在既有空间中进行生产活动，以及对空间要素的生产、占有、利用的一系列行为，其中空间生产起决定性作用，直接影响到生产参与者分配方式及交换与消费能力的实现。空间正义就是要维护人们在上述过程中空间权益实现方面的公平公正[1]，防止空间错配（spatial mismatch）[2] 导致权益受损与发展权利缺位等问题出现。

从现实情况看，城乡经济关系重构的肯綮，在于如何实现人们之间对空间资源公平合理的占有与分配，促进整个经济关系的良性发展。这也许是一个现代性的话题。无论是从协调的角度还是共享的角度，我们都很难说一个城市孩童在出生之时，没有对乡村空间以及相应人身、财产、活动等方面的权利，或者说一个乡村孩童在出生之时，没有对城市空间以及相应人身、财产、活动等方面的权利，这些都是后天附加的，也说明在社会经济发展的阶段还不到的条件下，虽然也许应当如此，但

---

① 任平. 空间的正义：当代中国可持续城镇化的基本走向 [J]. 城市发展研究，2006 (5)：1-4.

② 传统的空间错配理论认为，就业可达性等因素导致的城市低收入者生产、生活场所分离以及城市中的贫困群体集中居住引发的城市贫民窟等问题，是空间正义缺失的最直接表现。随着该理论的不断发展，就业可达性的内含不再局限于最初的物理距离，也被扩大解释为包括种族歧视、性别差异和社会制度等。

也应当朝着更好的方向去发展。在中国式现代化的语境下，城乡经济关系的现代化也意味着城乡空间生产关系的现代化。

当前城乡经济关系正处于从失衡走向融合的调整时期。党的十八届三中全会提出要把经济体制改革作为全面深化改革的主线，进一步强调了通过加强制度建设来处理好各经济主体之间的关系。空间视域的城乡经济关系演化是经济社会资源在城乡两个空间进行交换的结果，虽主要体现为资本在不同空间循环往复地运动，但有关城乡统一的要素市场建立及其交换关系的制度供给和机制设计的作用却不可忽视。从制度关联的理论视角来讲，制度创新是城乡建立合理公平空间交换机制的前提，应坚持以实现空间正义为价值导向，推动城市和农村在资本、人口、土地等空间要素交换上走向一体，以有效的制度供给破除城乡二元制度藩篱，校正业已失衡的城乡经济关系和格局，并推进城乡融合发展。

观察城乡经济在二元结构、对立疏远等方面呈现的问题，无不与城乡空间中产品和资源的占有、利用、生产、交换及消费有失公平相关，城乡统筹、融合及一体化等不同阶段提法及与之相关的研究视界，也正是围绕社会成员的空间权益展开，当城乡经济失衡触及经济伦理、空间正义等当代话题之际，未来城乡制度的变革与创新就不能囿于制度范畴及其方法论本身，对城乡经济关系以及城乡制度体系的重构实属必要。

城镇化是一个历史范畴而不是永恒范畴，终究会因经济发展达到某一阶段退出历史舞台，但它却是城乡空间关系最现实的表达。如前所述，城镇化、市场化、工业化的历史进程都内含着空间关系的根由。现代社会遵循以城镇化为主的空间生成逻辑，如何分配城镇化进程带来的巨大经济剩余，就成为一切进入此阶段的国家与地区所首要考虑的问题。空间正义涉及收益如何进行分配，我国在经济体制改革前后所面临的空间正义问题有所不同，改革前是出于国家发展需要而有意为之的制度框定造成了城乡经济发展失衡，改革后则更多的是制度本身的变革、创新与诸多因素的磨合所致，还关乎如何对制度外的因素进行影响和调节。

经济正义是经济增长背后潜藏的重要因素之一，也是纾解与重构城乡经济关系的根本所在。在我国社会主要矛盾转变时期，要通过坚持和完善中国特色社会主义制度，推进国家治理体系和治理能力现代化，最终解决人民日益增长的美好生活需要和不平衡不充分的发展之间的矛盾，达到巨大人口规模的共同富裕的社会主义现代化阶段。空间正义的实现也要以此为中心，否则空间生产方式与资源配置缺乏公平正义的价值内核，必将导致经济发展的空间异化与不平衡不充分，即社会总劳动对象化了的空间产品，同居住其中的人们相对立。反映在城乡经济关系上就是城乡居民的空间权利各有定数，在空间生产上没有绝对的优势，只有相对的弱势。一方面，农村沦为城市的"后备空间资源"，农村空间权利的弱化产生对资本下乡、乡村城镇化等空间生产方式的过度依赖；另一方面，城市也受到空间权利的限制下乡，使得过度依赖而还做不成"熟饭"。过去主要存在于农村的空间权利限制，已经发展为城与乡都存在的"双重权利阻隔"。这使得城乡空间生产关系的变革，已经是呼之欲出了。这实际上是以人为本的新型城镇化、构建新型工农城乡关系等一系列政策理念的一个注脚。化解城乡经济不平衡，就要以城乡经济权利平衡化为内核进行一系列制度和政策创新，形成有利于平衡权益、缩小差距的城乡空间生产关系，有效激发城乡居民及各自内部群体的主观能动性，进一步形成建立在城乡要素优化配置基础上的生产结构和经济结构，构建符合中国式现代化发展要求的城乡经济形态。这不仅应当推进现代意义上的新型工业化城镇化进程，还可基于统筹式的发展战略实现乡村振兴，带动落后凋敝的农村农业共同发展。

生产力或要素的配置还离不开其所处的时空维度，尤其是空间格局的问题也应关注。空间转换总是伴随着外在形态和功能属性改变的同时发生，其中又以土地要素的配置过程为主要表现形式。土地表达了空间在传统意义上的物理属性和现代社会意义的功能架构，城镇化本身可看作以土地问题为标志的经济社会空间生成、发展与重构，以及在此之上相应的居民权利赋予与初始权利的调整行为，因此，城镇化过程离不开对基本空间转换对象——农村空间中的土地要素进行目标导向型重新设计，将土地作为城乡空间问题的起点不仅具有较强的现实性，也有利于实现从空间角度论述城乡问题的逻辑自洽。

二、夯实城乡共同富裕的产权基础

城乡收入分配差距是城乡经济不平衡的一个直接体现，虽然它是城乡生产水平或者说整个生产力发展水平所决定的，但城乡收入差距的持续存在，与我国努力缩小城乡收入差距政策的持续存在一样，都是在可做的范围之内。中国式现代化是全体人民共同富裕的现代化，城乡共同富裕也在其中，它的实现意味着城乡居民生活均处于富足状态，城乡产业发展均处于较高生产力水平，这些都在努力可及的范围之内。当然，中国式城乡现代化可能意味着此时城乡经济不平衡已然消失，城乡空间互补融合深度发展，各自经济社会价值充分彰显。

在现实性上，化解城乡经济不平衡必须着力缩小城乡差距，促使城乡经济结构平衡，促进城乡生产水平协调发展，必须推进乡村振兴战略，使乡村尽快发展起来，因为城乡融合发展已经是城乡现代化、工农业现代化的内在要求，城乡融合发展也离不开城乡各自的长足发展。

前已述及，我国城乡经济不均衡的根本原因之一，在于城乡要素产权制度不平衡。就乡村振兴所依托的产权基础而言，农村最大的生产资料或生产要素是土地，而农村土地的集体产权尚未构建起有效的产权主体化及治理机制，由此造成包括征地、农地流转等在内的城乡土地权益失衡的一系列问题，进而导致集体所有权和农村生产力的空洞化。进一步的改革，应当更多考虑农村现代化和农业现代化发展的要求，从城乡制度和体制建设一体化出发，根据比较稳定的生产力条件和利益主体诉求状况，在法治比较规范、治理比较有效的情况下，进行新的关于基础性制度的整体性构建。从法律和政策层面，消除国有土地产权和集体土地产权在产权主体、产权权能以及交易安排的不平等，使农村在产权上与城市处于"均势"，并通过不断完善农村集体产权制度，改善农村集体产权的存在和运行状况，恢复集体产权及其主体的有效性，实现农村利益与城市利益、农民利益与社会利益的平衡。

不仅如此，从目前看，农村集体土地所有权还只是为价值分配提供法权意义上的依据，而不能成为创造价值的真正来源①，应当充分发挥集体产权的要素功能和多种实现形式，并以集体经济、小农经济等形式将一般资本经济与中国农村实际经济运行相联系，探索创新社会主义新农村体系的农业经济生产和运行方式。从乡村振兴战略的一系列重大部署来看，促进农村集体产权制度的变革、发展新型农村集体经济是非常鲜明的政策取向。自成都统筹城乡综合配套改革以来，"确权颁证"已在全国范围内进行了实践探索，但土地财产权益保护同其产权界定、产权实施的实践效果有关，一些地区承包经营权有偿退出、城镇化土地权益的政策设计一定程度上弱化了确权颁证的积极作用。在"后确权颁证时代"，要以"三权分置"的改革为路径，进一步强化集体所有权，发挥集体作用；保障承包经营权，促进农民有序市民化；放活经营权，促进乡村经济体系融入国内经济大循环，实现乡村更加充分、城乡更加平衡的发展。这可能是一个农村产权再集体化的过程，包括两层含义：一是构建相应的法律和政策体系，促进集体产权的实在化、完整化；二是进一步扩大集体产权的开放性、流动性，推动适应生产力发展和社会主义市场经济要求的产权社会化、资本化。

在计划时期形成的二元体制本身是城乡产权分设的，这种产权与农村户籍的关联，还制约着劳动的社会化，即农民事实上无法离开这种特定的产权依靠，从而在更广阔的城乡领域从事生产活动和社会生活。而自改革开放以来，我国城乡土地的二元所有制，以及城乡分治的二元体制，使得集体产权在市场经济条件下，仍然保持着相对封闭性和凝固化的特征。因此，作为产权社会化产物的集体产权，还将面临新的社会化过程。

三、激活城乡市场经济循环

我国城乡经济循环不畅主要表现在城乡之间在生产、分配、交换和消费四个环节存在堵点，一个重要原因是城乡之间在生产要素、商品和服务市场尚未实现完全统一。因此，城乡经济平衡化发展的内涵是要利

---

① 赵磊."虚拟价格"何以可能：关于马克思土地价格理论的重大分歧 [J]. 学术月刊，2015（11）：49-55.

用城乡各自的区域特点与初始禀赋差异进行结构性的资源再配置，充分发挥市场的价格机制、供求机制和竞争机制，以实现生产力在城乡之间的合理布局，充分发挥二者的比较优势以形成经济发展的合力，形成对未来城乡经济走向的科学认识与合理预期。

前述可见，我国城乡生产要素市场统一性不足，源自城乡产权结构双向开放性不足，从而影响了资源要素的市场流动性与经济价值社会化。党的十九届五中全会提出，"进一步放活经营权""积极探索实施农村集体经营性建设用地入市制度""健全农户'三权'市场化退出机制和配套政策"①。在前期试点中，承包地有偿退出的流转范围主要限定在本集体内部，农村集体经济组织成员资格也有一些地方主张予以保留，表现出来"退而不出""流而不转""改而不动"，这实际上还是处于政策性、内部化退出的阶段，市场化退出的机制和氛围还没有广泛形成。当然，市场化使农民和农村所得更多不是必然的，市场化本身不是目的而是手段。夯实农村集体经济的产权基础，探索集体所有制的多种实现形式，赋予农民更加实在的产权，才是实现农民在城乡之间、农业与非农产业之间自主转换最直接、最公正的路径。

按照马克思的观点，生产的社会化必然要求生产关系的社会化。产权社会化的实质，就是产权越来越趋向于可以由更多社会成员拥有和行使，每个社会成员都可以通过社会认可的途径和方式拥有或行使产权，并由此获得相应的收入。集体产权相对于个人或个体产权而言是社会化的，但局限于一个相对固定的集体内部，且不同权利主体重合交叉。随着农业生产的产业化和社会化，越来越要求农村产权关系进一步社会化。不仅如此，一个产权主体单一、产权无法流动和交易的产权制度，是难以对社会资源进行合理配置的。

市场经济的深层含义就是产权市场化流动，产权的主体和权利内容是确定的，并能够在不同主体之间流转，从而实现资源优化配置。产权的流动和市场化配置，是要建立在产权开放性与多元化基础上，特别是集体产权中不同权利的细分、主体的开放。产权社会化还要求多元产权

① 《中国共产党第十九届中央委员会第五次全体会议公报》，新华社，2020 年 10 月 29 日。

的融合与渗透，如混合所有制，也并不必然转向更加"公有"或"私有"等其他性质的社会化，更多是采取社会化的运作与交易机制。这样的任务现在也还未完成，特别是在广袤的农村。

在市场条件下进行产权改革的真正难题是，作为从所有权中分离出来的承包权却很难流转。因为它意味着个体从集体所有权中的退出，放弃承包权就意味着放弃了集体所有权，这也正是实现城镇化或现代化所希望的情况。但这个市场能否形成，与能否产生有效的农地供给和需求有关。尽管较低的土地产品价格、较高的土地经营生产性和非生产性成本等因素有助于增加农地供给，但较高的农地经营非生产性收益（如社会保障）等因素又极大地强化了农户对农地的需求，且由于农业经营效益长期欠佳，流转价格也不会很高，农民对土地流转的积极性不高。承包经营权的流转，进一步强化了承包地的权利，虽然提高了土地流转的价值内容，但并未创建有效的供需机制，表现为农村土地流转的相对凝固化。

不能忽视的现实是，农民在生活空间上转移到城市，在身份上转变为市民，必须通过一定的内在利益驱动。工业化、城镇化和市场化在短期内不会改变农村集体产权存在的依据，相反还加强了农民与土地的依附关系，使农民真正离开农村集体土地的成本很高，而在现有政策下持有集体土地的成本很低。于是，城乡要素双向流动成本仍然较高，农村要素资源难以有效盘活，不仅影响农业转移人口市民化，而且影响社会资本、城市人口入乡发展。由于对集体产权的开放性、流转性设计不足，一些政策难达初衷，不仅不利于土地使用效率的提高，也不利于集体产权在流转中得到经济上的实现。这可能既是城乡经济循环的关键障碍，也是农业农村现代化的关键障碍，当前特别需要的是更多积极合理、稳妥有效的配套政策设计和改革探索。

第二节　促进城乡要素配置及生产力布局优化

社会主义共同富裕目标为城乡治理路径提供了方向指引，工业化与城镇化为我国城乡经济的失衡与重构提供了动力，但城乡经济的平衡化发展是以城乡要素与产业深度融合为标志，实现城乡要素双向流动，形成产业协同、功能互补与内涵融合的城乡经济发展格局，是破解城乡经济不平衡的关键。本节在城乡要素配置问题的基础上，进一步延展至城乡生产力的产业布局和空间联通互动层面，尝试提出应对城乡生产力配置失衡的立体化举措。

一、建立健全城乡要素双向流动体制机制

城乡要素双向流动是融合互动的基本前提，只有形成了完整有序的城乡要素流动体系，才可能实现城乡要素融合畅通。城乡要素流动的经济基础在于，随着城市部门要素边际收益递减与农村要素市场的逐步建立健全，迫切需要实现农业农村现代化与城乡协调发展，城乡要素交流进入高级交互阶段[①]，而城市与农村经济、社会与生态价值的差异性，造就了城乡产业功能互补与融合的可能性。

但与此同时，农村要素报酬率仍低于城市地区以及要素投入生产面临的风险与各种阻力，需要政府充分发挥经济治理的职能，而非单纯依靠市场机制决定城乡资源要素配置[②]。加快形成城乡要素双向流动格局的治理意涵为，通过适度发挥政府引导作用，依托城乡一体化市场体系，充分整合要素价格信号机制与供求匹配机制的调节作用，对现有城乡要素配置体系进行全方位优化，使得过去城乡要素以单向流动为主的关系，转向要素双向互动意义上的关系建构与重组。促使城乡要素双向流动的基本动力由单纯扶助农村的政策性推动，转向农村要素价值显化条件下以市场化调节为主，实现政府和市场两种要素配置方式组合的跨越式转变。

要充分实现城乡要素双向流动，应从城乡要素交换与组合两个层面着手。城乡要素交换层面的问题，主要集中在土地要素交易方面，即要素确权后的实施过程。农村承包经营地是极为重要的集体资产与农业生

[①] 乔翠霞. 城乡协调发展视域下的资源要素流动问题研究：从微观机理到宏观效应 [J]. 山东师范大学学报（社会科学版），2020，65（3）：99-107.

[②] 王向阳，谭静，申学锋. 城乡资源要素双向流动的理论框架与政策思考 [J]. 农业经济问题，2020（10）：61-67.

产资料，在特定区域城镇化扩张环节中需要通过市场交易转为目标建设用地，从而进入新的生产体系产生相应收益。对此，应建立起完善的土地用途转换收益核算体系，进一步畅通集体资产权益变现渠道，确保农村集体及其成员能够充分享受到比例合理的、基于该土地要素产生的未来经济效益，避免因城乡土地要素交换导致的要素价值分配失衡。确定合理的城乡土地要素交换方式，有利于确保农村土地要素与城市资本要素相交换的平衡性，使得城乡要素双向流动与收益均等形成内在关联。

城乡要素组合有关的双向流动治理问题则较为复杂，特定要素总是离不开与其他要素的结合，应当围绕核心要素建立起有利于牵动城乡要素自由双向流动的治理机制。具体来看：

第一，持续强化宅基地融合治理机制，提升土地配置效率。激活农村宅基地要素是"牵一发而动全身"的举措，宅基地要素活化有助于加速农村人口向城镇集中，缓和化解人地矛盾，以及提升区域资本吸引力，撬动农村经济潜能。具体的路径是：首先，合理规划宅基地与当地城镇化发展路径，在允许的范围内将一定量宅基地资源纳入城镇化空间布局，有效平衡城市先进工业品与服务向农村区域延伸与宅基地资源管控与保护两个方面。其次，制定合理的宅基地流转补偿标准，搭建宅基地流出家庭经济能力保障体系，显化宅基地资产性与福利性。基于宅基地流转模式、内容与流出家庭生计能力设计不影响家庭福利水平的补偿方案，防止部分农村家庭因生计资产配置变动遭受福利损失。除设计符合当地农户根本利益的宅基地补偿方案，以及出台与进城农户落户城镇有关的教育、医疗和住房等优惠政策外，还应探索建立宅基地退出保障机制，即保留集体成员资格权，在一定年限内为其留出返乡或购置农村房屋通道，以完善的保障措施来提高宅基地退出意愿。再次，创新宅基地使用方式，扩展宅基地市场化流转半径。允许符合转让条件的不同集体经济组织间进行宅基地转让，扩大宅基地在本地农村集体内转让范围。对于农村集体成员自愿退出的宅基地，按一定比例将其复垦为建设用地，形成可交易的土地资源指标。该方法也适用于合作建房的情况，即村集体成员与第三方企业或合作社在不违反土地利用前提下，利用宅基使用权与集体建设用地使用权对相应土地进行整合规划，在扩大社会资本经营土地范围的同时，也不影响集体成员住房需要。针对一户多宅的现象，可探索采取累进制收费，对超出法定面积的宅基地使用根据不同范围收取超额使用费，并用于支持集体经济发展，或建立村庄公共设施建设与环境生态优化。最后，鼓励宅基地实际使用主体利用宅基地使用合同、房屋不动产证等有关资料申请融资贷款，并出台配套政策引导金融机构与借方顺利达成资金供求关系，探索发挥"集地券"① "地票"② 等指标交易制度在推动宅基地开发过程中的积极作用。

第二，加快形成引导城乡人才要素融合治理机制，提升劳动力配置效率。人才作为特殊的生产要素，天然地与技术、管理、知识和数据等要素形成关联。尽管我国限制城乡劳动力要素自由流动的制度壁垒早已破除，但对农村而言如何"聚天下英才而用之"③，依然任重而道远。一方面，要加快农业转移人口市民化进程，让愿意并有能力进城安居的农村人才能够携家落户，参与到现代化城镇生活生产中来。另一方面，则要注重农村人才培育、引进与激励，让农村产业从生产、经营、管理到营销多个环节聚集足够高技能劳动者，吸引包括大学生、企业家、科技人才、"新乡贤"等在内的各类人才积极投身农村建设。具体的路径包括：一是汇集治理资源规划建设大学生返乡创业孵化园。大学生富有

① 2017年，浙江省义乌市在借鉴多地城乡建设用地增减挂钩政策经验的基础上，创新出台了"集地券"制度和相关政策细则。历时3年的改革实践证明，"集地券"制度符合义乌经济社会发展实际，为破解当地经济社会发展空间难题提供了有益借鉴。"集地券"是义乌市将全市范围内农村地区的零星建设用地复垦为耕地等农用地，经验收合格后折算成的建设用地指标，以"集地券"的形式统筹使用的一种措施，通过"集地券"管理制度，义乌市将废弃闲置的农村低效建设用地进行复垦，腾退的建设用地指标和耕地指标在全市统筹使用，谋划实施全域城镇化战略。

② 2008年，重庆报经中央同意，成立农村土地交易所，启动了地票交易试点。我国国情决定了必须实行最严格的耕地保护制度。将农村闲置的宅基地及其附属设施用地、乡镇企业用地、公共设施用地等集体建设用地复垦为耕地，无疑会盘活农村建设用地存量，增加耕地数量。按照我国土地用途管制制度和城乡建设用地增减挂钩、耕地占补平衡的要求，增加的耕地数量就可以作为国家建设用地新增的指标。这个指标除优先保障农村建设发展外，节余部分就形成了"地票"。按照增减挂钩政策，"地票"与国家下达的年度新增建设用地指标具有相同功能。通过交易，获得"地票"者就可以在重庆市域内，申请将符合城乡总体规划和土地利用规划的农用地，征转为国有建设用地。

③ 中华人民共和国中央人民政府. 中共中央 国务院关于实施乡村振兴战略的意见[EB/OL].（2018-02-04）.http://www.gov.cn/zhengce/2018-02/04/content_5263807.htm.

知识和创新精神，但也存在实践经验不足与技术累积慢等短板。地方政府应当以创业孵化的方式，按需组织农业科技专家与职业经理人，在小微企业管理、农业种养技术、电商营销等方面提供免费或低价服务；对于有志投身农村建设的大学生，在乡镇编制招考方面给予一定优待，吸收更多受过高等教育的人才进入基层治理岗位；地方政府加大对创业孵化园运营成本、创业人才社保、住房等的财政补贴，通过降低人才要素供给方成本来提升农村创业吸引力。二是实施基层科技专业人才收入倍增计划。对于高校或科研机构农业科技专业人才，不拘泥于传统职称考核体系，新技术或有价值的经验积累与田间试验报告均可用于职称评定，通过降低职称评定难度间接提升农村人才待遇，激励其更好地投入农业农村现代化事业中去。政府对于具有突出贡献的农村科研人才给予相应奖励，不断完善对科研人员的奖励考评体系。三是支持城市企业家返乡创业。结合基层政府财政实力，灵活运用政府贴息贷款、村庄帮扶资金，以及行业准入与土地流转等方面的优惠政策，吸引对市场机制敏感且有才干的企业家下乡经营企业。同时，对治理资源丰富、发展潜力巨大的村庄开放治理结构，设置乡村治理职业经理人，让企业家参与村庄管理人竞选成为可能，帮助村庄实现更大范围内的资源整合，提高基层治理能力与经济发展水平。四是建立农村多元化人才储备数据库。基于经营管理类、营销策划类、农业技术类与资产管理类人才进行甄别区分，建立跨区域人才信息数据库，供政府和劳动力供给方查询搜索和发布信息，对发布虚假信息扰乱人才市场的个人或团体予以教育和处置。

第三，着力构建城乡普惠金融生态圈，提升资本（资金）配置效率。基于现代移动互联网与软件生态，通过平台架设与普惠金融 App 的使用，将金融机构、授信集体组织与金融需求方整合在一起，为包括涉农企业在内的各类新型农业经营主体、小农家庭等提供普惠式金融服务，以解决农村资本要素配置方面存在的困境。通过数字化信息手段建立和完善农村信用评级体系，实现授信、借款、还贷和监管一体化循环。从信用评价、客户类别到信贷产品供给，通过对首次借贷客户和不同信用得分用户的甄别与建档，建立覆盖广阔和层次多样的信用管理体系，金融产品信息推广与销售要从乡镇、村落延伸到家庭或其他经营主体。在数字普惠金融产品设计上，对于地方特色浓厚、支撑力强的产业要视情况创新信贷产品与管理模式，不仅要注意到农业生产周期与市场化销售特点对经济主体还款周期与能力的影响，还要考虑如何通过设计更好的数字普惠金融产品来提高经营主体产业规模化扩张以及成本利润把控能力。

第四，探索完善城乡数据要素融合治理机制，共享"数据红利"。从直接生产与流通的角度来讲，城乡数据要素融合是指城市部门能够充分利用农村产业发展与产品购置需求数据，生产出符合特定区域农村生产特点的产品；农村部门同样能够基于城市居民对现代农产品的需求数据，进行农产品生产布局与流通销售。要实现城乡数据要素融合，需要依托现代化信息共享平台，如建立政府牵头与企业承包的城乡供求大数据平台。为避免扰乱市场的行为，将城乡生产投入与商品生产信息以加密形式存储，并和使用者终端进行物理地址绑定，生产商、经销商与经营者可通过提交资质审核申请的方式，获得查阅自身所在领域的有关信息之权限，同时也能够发布相应的供求信息。通过大数据平台对接，在农村投入端层面，农村的经营者能够及时获得大量现代化农机设备与服务信息，农忙时节可以实现无人机①维修供求双方的高效对接，城市制造商也能够基于销售情况不断调整农机产品创新策略，通过农机市场迭代的方式实现产品更新换代与质量提升；在城市需求端层面，通过电子商务平台与完善的物流系统，农村经营者能够将大量来自农村农业品、手工艺品的信息传递给城市消费者和经销商，带动城市部门的农村商品消费，增加农村商品销量与周转次数，进而实现农村生产者增收。交易过程产生的大量数据信息，由于承载了市场活跃度、交易主体与产品资源等内容，又能作为数据要素为包括生产者、经销商与服务商在内的各类主体所使用，如经销商借此创新出新的营销模式，服务商则可不断基于交易数据，改善服务质量与进行类型创新。

---

① 2020 年人力资源社会保障部发布的《新职业——无人机装调检修工就业景气现状分析报告》显示，到 2025 年，我国民用无人机产值将达到 1 800 亿元。随着无人机在农林植保、测绘勘察、森林消防、物流运输等行业的应用不断拓展，其后 3~5 年，无人机装调检修工需求量在 350 万人。

我们也应当注意，针对部分电商平台对农产品的有意压价，以及供应链保障体系缺乏完善、不规范的服务商依赖政府项目补贴赚取转手差价等问题，要进一步完善农村电子商务服务与监管体系，强化产地冷链运输能力与区域农产品流通运输网络。由政府牵头将农村供应链与电商企业进行对接，带动农村产品向优质、规模、特色、生态方向发展，并持续推动农村居民电商知识与技能提升，将包括小农在内的农村经营主体与现代化市场体系真正衔接起来。

二、加快推进城乡产业布局的优化与重构

产业是生产力配置格局化、链条化的重要表现，因而城乡生产力的提升尤其是农村生产力的提升，除了看到上述要素的配置问题，还应看到不同生产力的融合，具体包括：

（一）实现农村三次产业的融合

农村产业融合就是要推动农村由以传统农业为主向三次产业融合发展，通过延伸农业产业链、价值链以提升农产品价值，同时引入城市现代化管理方式、理念和高新技术装备农村一二三产业[1]。农村三产融合的前提条件是城乡要素流动顺畅、结合自由和按需配置，在此基础上便可以推进农业生产方式现代化，以规模化集约化专业化形成产业化农业经营，从而形成一二三产业联动优势。

首先，以专业化农业生产园区建设与高附加值农产品加工为主线，促使传统种植养殖农业与农产品加工、品牌营销、农贸物流等第二、第三产业融合，在改善农业生产结构的同时提高不同次产业间契合度，形成产业上下游循环链条，进而提高农村产业整体获利能力。

其次，因地制宜探索三产融合路径。比如，对于加工能力相对较强的区域，应以农产品加工为纽带，在已有稳定来料供应地的前提下，积极带动当地农业生产，既能开拓新的原料供应地，也能大幅度降低生产成本，并向前带动上游产业发展。通过产业间联动的做法，能够激发出新的生产合作模式，圈定更大范围内的经济主体，有效激活要素与生产发展。

---

① 黄群慧. 以产业融合促进城乡发展一体化［EB/OL］.（2015-07-22）https://epaper.gmw. cn/gmrb/html/2015-07/22/nw.D110000gmrb_20150722_9-15. htm.

最后，重视发展农村第三产业，有效融通其与上游产业存在的堵点：一是要大力发展农村生产性服务业，运用信息化工业化手段为农村各产业提供高效优质服务，政策上应当给予有潜力、成规模的生产性服务业税收、用地、能源使用等方面的优惠，通过生产性服务业的发展促进农村产业分工不断细化，持续提高农村生产专业化水平。二是要不断优化农村生活性服务业生产结构，鼓励引导支持村集体与有经验的营销团队进行合作，对传统农家乐等形式的乡村服务主体进行转型升级，打造特色旅游路线、生态观光与历史文化遗迹等服务项目，既能促进当地居民增收与就业，又能满足人们对于服务产品在环保、文化等方面内涵的价值诉求。

（二）促进城乡产业功能互补与融合发展

城乡产业融合是城乡产业部门之间实现高水平功能互补的体现。当城镇化推进至一定阶段时，城市功能外溢与消费需求多元化①需要城乡之间在经济循环上更加紧密地配合，通过城乡产业融合满足新型城镇化发展所需的物理空间与市场容量，激活农村资源要素与经济潜能，总体上形成新型工业化、信息化、城镇化与农业现代化联动。

第一，加快推进城乡经济空间融合。县域经济体与小城镇具有联结城乡经济空间的枢纽作用，注重发挥县域经济与特色小镇经济对于城乡产业融合的带动作用。一是做好都市圈国土空间与产业布局规划，以县域作为城乡产业载体，通过规划建设县域产业园区，将农村非农产业与城镇产业汇聚在一起，形成规模经济效应，实现城乡产业集群与深度重组。二是加大特色小镇开发力度，以特色产业为目标导向，引导城乡不同类别产业向小城镇集中，增强区域经济发展异质性，从而扩大市场容量，深化社会分工组织，进一步加快城乡产业融合进程。

第二，探索实现城乡各部门行业间协作分工体系。一是通过资本市场实现资产联合，如城镇企业以并购或入股等方式与涉农企业联合，提升其资产价值与运营能力，尤其是对于经营不善的企业，积极盘活现有

---

① 中华人民共和国中央人民政府. 中共中央 国务院印发《乡村振兴战略规划（2018—2022 年）》［EB/OL］.（2018－09－26）. http://www. gov. cn/gongbao/content/2018/content_5331958. htm.

资产避免更大损失。二是利用城乡两个不同空间各自比较优势，探索利用总部经济模式联动城乡经济发展。对农产品加工制造与农村生态旅游开发等企业而言，需要大量农村资源要素投入，包括农村劳动力资源、土地资源、村集体建设用地以及农村相对清洁的空气和水资源等，可以将产品与服务的生产地点集中在农村区域，提高农村各类要素利用效率，拓宽农村要素参与经济活动渠道，带动农村经济发展。此外，位于城市区域的企业总部能够基于城市优质的医疗教育水平广聚人才，积累人力资源与科研、管理实力，提高专业化生产和服务水平，帮助生产部门在产品和服务生产过程中更好提质增效。

第三，注重城乡产业横向融合与农村三产融合协调发展。农村三产融合本质上是不同生产经营方式与产品开发模式围绕农业进行的有机组合，其中可能涉及以股份联合或直接经营的方式进入的城市工商业资本，但这并不能替代城乡之间产业协作与品牌联营的作用。在大数据时代背景下，农村产业发展离不开互联网运营理念与技术支持，应出台相关政策推动城市电信运营商及互联网市场企业积极参与农村产业结构升级进程，通过适当比例的财政补贴鼓励互联网企业与涉农企业深入合作，将城市先进的数据处理与信息通信技术类产业与农村三大产业有效结合。此外，加强城市服务行业与农村集体经济组织合作交流。农村地区独有的自然历史文化资源还有待进一步开掘，通过与城市成熟的旅游服务公司签订合作协定，针对不同时段开发包括农事采摘体验、田园休闲度假等生态旅游项目，建造符合用地规划的农家旅馆、旅游山庄等，将农村炊烟袅袅的田园风光、农事劳作的乡土气息与城市现代服务需求相结合，有助于整合农村经济主体的经营项目与城市先进的服务管理体系。

（三）重构现代化城乡产业样态

在深度城镇化背景下，政府要以提高城市发展质量、生态兼容能力和加强公共管理服务为基本原则进行制度设计，充分发挥市场体系下的城市功能，加大对城市空间中人口与产业的公共服务供给，以精准制度供给和有效服务管理实现人口、产业、资源的空间转移，摆脱过去发展中造成的城市内部、城市之间和城乡之间的不平衡问题。要把城市的发展放到城乡功能有机整体中，不断重构城市空间和城乡空间的过程，前者决定城市发展方向和功能特征，后者决定城乡空间样态的重构路径。

城镇化发展是空间视角下城乡空间样态演化的主要动力，城乡空间样态的重构应从与农村空间有紧密关联的城市空间部分着手，这部分空间通常包括卫星城和小城镇区域。与新城建设竞争性疏解弱化原中心城市功能不同，卫星城和小城镇是传递性实现对中心城市功能的支撑，是大城市服务功能在中心区域外的再现与升级，借助基础设施充分投入可以实现大城市的基本服务功能，也可根据实际情况发展适合当地的产业链与规划路径，比如建设一批衔接中心城市空间与农村空间的特色产业卫星城和小城镇，一些大企业甚至自己就能打造出适宜员工居住的小城镇，从能源供应到环境道路设施无不齐全；也可以发展上下游产业链和公共设施完备的各类小城镇和卫星城。2016 年住房城乡建设部、国家发展改革委和财政部联合发布《关于开展特色小镇培育工作的通知》，着重强调把特色小镇建设作为推动新型城镇化和新农村建设的重要抓手，这实际上充分肯定了经济转型中小城镇在城乡空间样态重构中的重要作用，为各地发展小城镇圈、小城镇群提供了政策指导。以四川省为例，凭借多样化地理条件和民俗文化传统，在推进特色小镇建设工作中充分结合当地产业基础和经济社会特征，发展出包括历史文化、工业发展、生态宜居等在内的九大类型，联络城乡经济、带动农村发展。主要做法是从城市引进资金技术并与当地特色资源相结合，在基础设施、商业和公共服务等方面基本实现了城市功能的扩展，一定程度上已经成为农村的区域服务中心，既为农村经济提供城镇化服务和发展机会，也提供了城镇化质量和效益，避免了过度城镇化对农村空间的挤压和城市空间的低效率使用。

三、推动实现城乡空间格局的有机联动

前已述及，农村土地产权制度变革是农村经济活化的前提，乡村振兴仍要以农业经济组织形态的制度变革为根本路径。实际上，既有改革也涵盖了从农村空间的直接利用、存量调整到保障功能市场化等多方面内容，空间转换过程也表现为不同经济主体空间发展权利的变动，城乡

空间转换主要牵涉农村集体所有制下集体成员权利与发起者（一般是政府）之间的权利让渡与补偿行为。

从目前看，城乡空间转换基本途径有两种：一是过去较长时期存在的国家凭借对土地一级市场垄断对集体用地的直接征用，以增量形式获得城镇新增建设用地，农村空间部分地转换为城市空间，后者根据空间开发利用的预期收益反馈相应补偿额度，但国家下发的计划指标相当有限；二是近年来部分地方有关的城乡建设用地增减挂钩①的实践，地方政府可以此获得计划外征地指标。增减挂钩政策带来的好处是城乡要素配置具有更高效率，并通过拆旧村建新村实现了农村建设用地的集约利用，政策落地后既能够保证不跨越耕地红线，也能获得城镇发展所需用地指标，其本质是土地发展权在不同空间的配置，将一处低发展权配置土地（耕地）转换为高发展权配置土地（城镇建设用地），但总量上耕地和建设用地都保持不变，在政策引导下异质空间可完成以存量调整为目标的同质转换。

城乡经济不平衡是显现于城乡两种空间发展中的结构性问题，但要从根本上解决城乡经济失衡的难题，必须通过乡村振兴与城乡融合，彰显城乡两个空间各自的特点与价值。城市空间的优化、重组、扩张和开放，有助于为农村居民提供更多的发展机会，使之能够平等地参与到现代化建设中来，形成由乡到城的空间融入路径。农村空间的经济开发与建设，则能够吸收一部分城市空间的过剩资本，开拓新的市场需求，并提供优质的农村产品和服务，构建由城到乡的空间融入路径。因此，城乡融合关键在于通过不断的制度创新与探索实践，推进城乡两个空间的持续开放，形成互联、互通和互动的城乡融合发展整体性空间格局。

---

① 有关城乡建设用地增减挂钩政策最早见于 2004 年《国务院关于深化改革严格土地管理的决定》（国发〔2004〕28 号），该文提出了借农村建设用地整理获得城镇建设所需用地指标的基本意见。

第三节　促进城乡经济社会权利的有效平衡

前已述及，城乡经济关系调整的关键在于通过农村土地要素产权制度变革，有效提升农村要素组合能力，优化要素结合方式，激发要素经济价值。这就要打通城乡要素双向流动循环梗阻，持续优化农村土地产权结构，包括承包地、集体经营性建设用地和宅基地产权关系的调整。农村集体经济组织是推动农村合作经济实现的基础，集中体现了农村生产力、生产关系与治理形态，对于集体经济组织的治理同样重要。城乡转移人口市民化对于促进农村剩余劳动力加快转移有着重要推动作用，提升城乡转移人口市民化治理能力，构建完备的市民化体制机制，也是促进劳动力要素配置优化的重要手段。

一、推进农地产权变革实现城乡要素权利均势

城乡要素产权问题的根源是土地制度，特定土地管理制度体系下的土地产权问题纷繁复杂。土地产权关系始终处于稳定性与开放性的矛盾运动当中，在此基础上又引发了城乡资本和劳动力等生产要素有关的产权问题。主要包括：

（一）集体经营性建设用地产权治理

集体经营性建设用地在分配上与承包地区别较大，细碎化程度不如承包地大，公共品属性更强，但实际使用过程中产权模糊性强于承包地。对此，首先治理集体经营性建设用地产权的首要任务是厘清其产权主体，提高集体经营性建设用地产权的流动性和开放性。针对"三级所有"的土地所有权结构，为避免产权主体范围过大而出现奥尔森所谓的集体行动困境，应当通过确权颁证，以生产队为基础，明确产权归属以及相应的行使主体，并加快集体经济组织立法，提高集体经济组织的市场主体地位和能力。集体产权主体实在难以确定的，可由当地主管部门组织村民会议，通过表决确定地方人大、乡镇政府或村民小组等作为产权行使的主体。

其次，完善集体经营性建设用地要素流通机制。一是要加强数字化交易治理手段，有序建立各级建设用地交易市场平台，如可在县一级设立类似区域公共资源交易与监管中心的机构，促进交易信息透明化与高效化，加快符合条件的集体经营性建设用地投入流通使用。二是建立集体经营性建设用地价格评价标准体系，形成一套完备的土地要素价格评估与实施细则。土地要素价格是地租的资本化，通过完善现行集体经营性建设用地要素价格评估方案，有利于进一步推动农村土地要素资本化流转，促进农地交易公平合理。

最后，建立集体、农户和政府三方共享收益分配机制。要坚持集体经营性建设用地收益"取之于农，用之于农"，合理安排土地收益中集体公积金、公益金与股东分红比例，也要考虑地方政府发展经济的积极性。一方面，要杜绝一味依赖市场机制调节城乡经济关系，防止城市繁荣和乡村凋敝的现象出现。另一方面，应注意制度创新与当地实践的有机结合，重视利益平衡机制的实现与动态优化，避免"好制度办坏事"①。要把市场经济领域的政策机制建设放在第一位，防止因政策机制错配导致的政策失灵②，注重灵活协调的政策工具配置，避免对市场经济运行的过度干预。特别地，要适度地削弱地方政府对土地要素价值剩余控制与索取的能力，加强其公共领域的权利义务和服务性职能，明确地方政府对于多元治理主体下土地增值收益的监管责任，使出让收益中土地调节金与其他各类税费收取水平与地方政府承担的义务相匹配。

（二）宅基地产权治理

试点经验表明，只要坚持宅基地集体所有，无论是其使用权形态转变，如宅基地使用权转换为集体经营性建设用地使用权，抑或利用使用权与城镇地区房屋或农村社区居住权进行置换、转换为建设用地指标获取收益，以及农户利用宅基地使用权展开合作经营等，均能不同程度将宅基地使用权的市场价值予以显化。从保障性的意义上讲，中央文件所

---

① XUAN L, XUN L. Land administration system structured land rent residuals and China's urban sprawl: a case study of Dashi, Guangzhou [J]. Urbani Izziv, 2012, 23 (2): 150-160.

② 赵静，薛澜. 探究政策机制的类型匹配与运用 [J]. 中国社会科学，2021 (10): 39-60.

涉及的宅基地资格权，是宅基地使用权无偿获得和无期限使用的先决要件，但这也成为宅基地产权流动性的一大阻碍。由于宅基地使用权与所有权相分离必须以集体成员资格为前置，宅基地使用权只能在本集体经济组织内进行二次分配；在实践中，参与宅基地市场流转的农户均未永久丧失宅基地使用权（选择退出宅基地的农户除外），最多是暂时性地将使用资格交予经营方，那么宅基地产权的治理就应当围绕使用权能进行。

首先，要完善集体经济组织基于宅基地所有权对于宅基地使用权的统辖功能。虽然农户宅基地使用权来自作为集体成员的现实基础，效力通常大于一般的用益物权，然而只有在集体经济组织作用能够充分发挥时，宅基地作为生产要素的地位才能得到充分保障，农户作为集体的一份子所享有的权益才不会因为市场化而受损。对此，应完善集体经济组织对宅基地使用权的管理和监督，强化其在农房处置后的兜底作用，加强事前管理监督引导作用，避免农户因抵押或转让农房而导致居住权受损，出现"地随房走"的情形，并对个别农户违规超限使用宅基地的行为予以制止。对于宅基地使用权交易，应由集体与受让方签订有关合同，有效规制土地用途，以此达到保护其他集体成员和社会公共利益的目的。

其次，探索有利于宅基地使用权经济价值实现的产权关系。一般而言，针对宅基地使用权的市场化手段包括完全转让和临时转让两类，对于宅基地使用权临时转让情形，可以通过在使用权上设置使用权租赁与入股有关的两类派生权利。具体采取何种名称和法律术语，尚需在试点中进一步摸索，但至少应当明确的是宅基地使用权租赁与入股，都不意味着农户宅基地使用权的消灭，而是暂时性将宅基地用于出租，或按股权份额同社会资本等要素结合并按贡献参与分配。

最后，规定与宅基地使用权派生权利相对应的义务。从市场公平竞争角度来说，通过合法途径取得宅基地一定期限使用资格的市场主体，是宅基地经济价值实现的能动因素。与此同时，宅基地以及周边的生态人文环境同样也发挥着提供产品与服务的功能，理应参与要素分配中来，且应当根据宅基地所有权性质将有关要素分配收益转化为集体公共利益。因此，对于部分以宅基地为中心的具有经济开发优势与地理名片价值的经营场所，每年应当结合当地情况按照一定标准和方式收取适当土地增值返还金，让土地增值的收益为经营方和村集体所共享，实现宅基地资源开发效率与公平的有机统一。

在试点中存在一个问题，就是宅基地有偿使用的科学性和法律支持不足。比如，一些村庄会采取暂时冻结收取的宅基地有偿使用费的做法，避免试点结束后因缺少法律支持而返还给农户[①]。症结在于，宅基地资格权对于使用权的约束力过大与法律纾解得相对不够，可能会造成产权交易已经实际发生，而收益权因缺乏法律层面保护还得不到很好的落实。对此，一是应当遵循《深化农村宅基地制度改革试点方案》"保障资格权"的基本思路，最大限度保障农户权益不受侵害。二是要探寻在市场机制中有效实现宅基地使用权的合理途径，包括灵活制定有偿使用的集体与个人分配比例，出台相应法律条款，让交易各方形成宅基地流转的理性预期与决策，以及用于经营性的宅基地和集体经营性建设用地之间的界线等。

（三）建立实现农地产权价值的市场衔接机制

城乡要素产权关系调整的重点是农村土地要素产权制度改革，关键在于解决农地要素产权完整性和流动性问题，而且增强流动性并使其财产价值充分资本化的难度更大，也是未来城乡要素产权治理的难点。运用包括林地、农地和农村房屋等在内的集体产权与城市资本等要素相结合，固然能够有效实现城乡要素交换与流动，促进农村生产力与城乡市场容量扩张，但城乡要素组合并不必然要以地租的形式。事实上，城乡要素组合只要是有机结合了按劳分配与按要素分配，借助股权量化的思路以及创设相应的运作和监管机构，便可以直接实现城乡要素市场化组合并彰显出经济价值。

城乡要素市场化组合最重要的是资源整合、要素估值、股权量化与市场化交易等几个环节，对此可以建立一个区域性综合性的城乡要素治理体系。首先，将县级作为城乡要素配置主要的治理单元，根据具体情况在原分管经济工作部门成立专项机构，如建立专业化经济改革中心，

---

① 岳永兵. 宅基地有偿使用改革的现实逻辑与检验［J］. 农村经济，2021（8）：46-53.

主要目标是统合乡（镇）、村各级集体资源要素，同时对城镇地区进行招商引资，通过县级地方政府信用背书来吸引城市现代要素与之融合。其次，乡（镇）一级可以设立具有汇合各集体资源要素与产权资格认定功能的行业协会或股份合作社，目的是将农村建设规划与资源禀赋条件通过打包实现项目化运作，以股份合作的形式将不同村集体组织为一个区域性经济合作组织，有助于协调不同村集体经济组织合作过程中的利益问题，提高当地集体经济合作化与规模化程度。最后，村一级集体经济组织作为治理体系末梢，需要基于和县级有关机构的估值调整协议，协调投资方与要素产权方的利益关系，并保持与乡一级经济合作组织的紧密联系，借助其项目包装功能实现资源资产化，最终由县一级有关机构按照股权分置办法，将社会各界、财政资金以及工商资本进行整合，实现资产项目化、资本化的操作。这个设想，一是能够自上而下实现城乡要素产权关系的重组，以股权量化的方法明确要素贡献份额，将城乡要素产权使用的交易成本降至最低；二是可以自下而上将不同集体资源统合起来，由乡（镇）一级的经济合作组织收入一个统一的资产库，通过使用权证的发放赋予使用权实施的正当性与合法性；三是形成一个区域性城乡要素市场与运营管理体系，集体土地等要素不再仅只是出租、转让等方式来参与市场化，而是以股份合作的形式与城市工商资本进行合作，城乡要素产权关系清晰且市场化程度高，集体经济效益也能通过估值调整协议得到保底分红。

二、农村集体经济组织的对策进路

农村集体经济组织既是生产力的代表，也是生产关系（产权主体）的代表，在提高农村经济活力与动力中有重要作用。在实践中，包括家庭联产承包责任制，以及农村中涵盖生产、信用、供销和消费等不同形式的合作经济，均被认定为集体经济的实现形式[①]。它能够促使城市现

---

① 参见 1999 年 3 月 15 日，第九届全国人民代表大会第二次会议通过的《中华人民共和国宪法修正案》。

代要素与农村传统资源相结合①，实现农村乃至城乡居民共同富裕。

据有关数据，2019 年我国新型农村集体经济组织中年营收总额超过 5 万元的比例为 42.3%，但西部地区仅为 27.4%，该年全部新型农村集体经济组织累计分红达 3 420 亿元②。可见，新型农村集体经济改革总体上已取得了较为显著的成效，但在部分区域特别是西部地区还存在一定发展空间。在发展思路上，应当是对集体产权进行合理规划的使用过程，包括"集体产权确权（产权界定）—集体产权颁证（产权保护）—集体产权分置（产权分解）—集体产权社会化（产权实施）"，因此要从集体产权强度提升、集体经济组织和经营形式创新等两个层面入手，对传统集体经济进行改造提升和转型发展。

（一）有效提升集体经济产权强度

尽管新型农村集体经济组织在基本的组织生产与管理方面，一定程度上对原有农村集体经济组织有所超越，但有关我国农村集体所有制的权利行使方式和范围、权利保护依据和监督机制，以及集体成员使用集体资产过程的相关权利规定还需完善③，相关政策和法律制度环境方面的持续改进，仍是有效盘活农村集体资源资产所不可或缺的。

在既定生产力水平下，农村集体产权不仅同当前的集体所有关系状态有关，也与政策乃至法律层面对集体产权的界定与保护息息相关，这两者共同决定了农村集体产权强度的界限。应当说，新型集体经济已有一定的产权界定层面的制度保障④，未来一个时期里能否发挥应有作用，还与农村集体产权的自身强度有关，也与村集体的资源和要素多寡

---

① 张照新. 乡村产业发展：内涵、路径与举措［EB/OL］.（2021-10-29）. https://www.shangyexinzhi.com/article/4313957. html.

② 参见《中国农村政策与改革统计年报（2019 年）》。

③ 涂圣伟."十四五"时期畅通城乡经济循环的动力机制与实现路径［J］. 改革，2021（10）：22-30.

④ 自 2020 年 1 月 1 日起，全国人大常委会于 2019 年 8 月 26 日对原《中华人民共和国土地管理法》做出修改的决定生效。修正后的《中华人民共和国土地管理法》放宽并明确了集体建设用地入市的条件，以及入市后的管理措施。农村集体经济组织兴办企业，或者以土地使用权参股进而与其他个人、法人合办企业的，允许使用集体所有的建设用地，且企业开发项目为与农村三产融合或第三产业等有关的项目，均在授权使用集体建设用地范围内。修正后的《中华人民共和国土地管理法》还强调要探索宅基地自愿有偿退出机制，同时鼓励农村集体经济组织及其成员盘活宅基地资源，包括附着其上的闲置住宅。

有关，这是集体产权得以生发的根基所在。在"资本下乡"实践中，拥有可整理土地资源越多的村集体，越能够吸引城市资本并将土地整理成本转嫁资本，从而使村集体资源要素资本化或者说社会化成为可能①。对于已经将大部分土地确权给农户的村集体而言，村集体经济组织拥有相对更少的资源，协调成本和难度都较高，也就难以吸引资本进入。

对此，应当加快部分资源禀赋较好的地区的土地整理工作，引导农民集中居住，有序推进新农村社区建设。基于村集体的资源存量和区位禀赋，积极寻求与外界资本合作，提高村集体资源利用效率，鼓励引导村集体成员入股，建立完善的集体收益分配机制。然而，农村集体经济组织不仅仅是纯粹的经济组织，更重要的是它发挥着组织农村居民、组合资源要素，实现农村公共品供给的基本功能。对此，应当警惕"资本下乡"向"资本开采"转化，防范资本逐利对于村集体资源的侵蚀，既保证资本合理范围内的收益，又提高集体成员收入水平，带动当地集体经济可持续发展。关键在于，要建立村集体经济组织与外界资本的联合规章制度，明确经营项目收益分配结构、开发经营期限，定期综合评估有关项目对当地环境和集体经济可持续发展的影响。

需要指出的是，农村集体经济发展已形成一系列政策与措施②，涵盖了诸多重要方面，但仍存在诸如补助性收入高于经营性收入，发展路径较窄，人才缺乏以及信贷获取难度大③等问题，还必须有效提升集体经济组织在竞争性市场环境中的自生能力。自 2021 年 1 月 1 日起，《中

---

① 李明. 集体经济发展、土地产权与资本下乡应对策略 [J]. 农村经济，2021（8）：72-79.

② 可参见《中共中央 国务院关于加快发展现代农业进一步增强农村发展活力的若干意见》《中共中央关于全面深化改革若干重大问题的决定》《中共中央 国务院关于全面深化农村改革加快推进农业现代化的若干意见》《中共中央 国务院关于加大改革创新力度加快农业现代化建设的若干意见》《中共中央 国务院关于加大改革创新力度加快农业现代化建设的若干意见》《中共中央 国务院关于落实发展新理念加快农业现代化实现全面小康目标的若干意见》《中共中央 国务院关于稳步推进农村集体产权制度改革的意见》《中共中央 国务院关于深入推进农业供给侧结构性改革加快培育农业农村发展新动能的若干意见》等文件。

③ 徐秀英. 村级集体经济发展面临的困境、路径及对策建议：以浙江省杭州市为例 [J]. 财政科学，2018（3）：145-152.

华人民共和国民法典》规定农村集体经济组织作为特别法人参与市场经济活动，但有关法律规定落地还需要一段时间，农村集体经济组织在市场经营过程中仍面临一些困难，如在申报经济项目入库、税务部门正规发票等方面存在阻碍。基于此，应当有针对性地改革现有税收管理制度，给予其更多税收优惠；创新经济开发项目管理体制，赋予农村集体经济组织项目申报权限；允许农村集体经济组织注册并成立协会，民政部门可出台相应规章制度进行引导。

（二）创新集体经济组织和经营形式

在城乡要素交换、配置为生产力的过程中，需要积极创新集体经济组织和经营形式，这不仅与国家和市场互动结果有关，也必然受到乡土价值观念与非正式规则的影响，这一点不可忽略。具体路径包括：

第一，基于集体所有权的制度基础，组建村集体股份合作社，形成具有专业化经济职能的法人单位，探索在具有比较优势的领域开展生产经营或其他促使集体资产保值增值的项目，进而有效降低集体经济组织决策成本和组织成本。

第二，因地制宜选择适合本村实际情况的发展模式，也不局限于仅凭自身资源禀赋的发展模式，特别是涉及打通一二三产业融合发展的环节，须具备区位、政策、人才和专业化团队等诸多硬性条件。故而，新型集体经济组织也可考虑同外部专业化合作社、农业企业或文旅公司等进行联营，整合各方资源与优势，实现风险共担、利益共享。又或者，在村内劳动力不足，以及难以达成人才回流条件，又存在较大公共服务需求缺口的时候，利用集体土地或其他资源吸引外来市场主体，参与股权收益分配，以此获得稳定的租金收益，提高村集体成员财产性收入。

第三，加快新型农村集体经济组织立法。当前各地涌现出多样化发展模式，需要建立统一标准的法律框架。通过《中华人民共和国农村集体经济组织法》《中华人民共和国农村集体经济组织法》等，落实改革实践中的各项经验和成果，为集体经济发展滞后的地区提供制度基础与行动指南。制定人才返乡与下乡有关章程，为有意愿加入集体经济组织的城市人才留出通道。

第四，健全农村集体经济内部治理机制。基层政府应加强对辖区内各行政村集体经济组织的指导，建立健全财会管理、民主决策、集体资产监督管理等各类制度和具体规则。针对乡村治理主体与村集体经济组织成员个体重叠度的动态变化，将公共品供给职能与村民自治职能实行部分或全部剥离，分别转由政府或者村集体自治组织（包括村委会和各类理事会、新乡贤等）承担①，由此增强村集体经济组织的市场竞争力与经济活力，通过制度变革激发乡村治理效能。

第五，出台相应税收政策。农村集体经济组织的利润所得并非全部用于资本积累，有一部分用于为村集体提供公共品，因而对其缴税规则应当有所调整，以确保充分发挥社会保障和公共基础设施建设等职能。

三、城乡转移人口市民化治理

当前，我国农村"三权分置"等改革日趋深入，为城乡要素双向自由流动创造了有利条件。据估算，我国不分类别的人口城镇化率和"天花板"为85%，预计我国2035年的常住人口城镇化率将接近75%，基本能够达到一个较高的城镇化率水平。但如表9-1所示，我国实际城镇化率与国外中高收入国家差距较大，两者差距在2010—2019年始终维持在10%以上的水平；同时，户籍人口与常住人口城镇化率也一直保持着15%的差距。缩小"两率差距"②的治本之策是，促进农业转移人口市民化后的基本公共服务均等③，形成新、老社区权利平等的秩序格局。

表9-1　2010—2019年中国实际城镇化率
和国外中高收入国家城镇化率对比分析　　　　单位:%

年份	中国实际城镇化率	国外中高收入国家城镇化率	绝对差距
2010	45.69	58.86	−13.17
2011	46.8	59.74	−12.94

① 叶兴庆.勾勒未来15年乡村振兴路径[EB/OL].(2021-10-23):https://www.thepaper.cn/newsDetail_forward_15049738.

② 由于我国特殊的国情，常住人口城镇化率与户籍人口城镇化率始终存在差距，这也是学界与社会广泛关注的焦点。

③ 魏后凯.科学合理的城镇化格局有利于共同富裕［N］.北京日报，2021-11-08（010）.

表9-1(续)

年份	中国实际城镇化率	国外中高收入国家城镇化率	绝对差距
2012	47.92	60.60	-12.68
2013	48.92	61.46	-12.54
2014	49.87	62.30	-12.43
2015	51.73	63.14	-11.41
2016	52.99	63.96	-10.97
2017	54.15	64.78	-10.63
2018	55.18	65.57	-10.39
2019	56.22	66.35	-10.13

数据来源：马晓河. 中国经济迈上新的大台阶亟需加快推进城镇化 [J]. 农业经济问题，2021（9）：18-26.

城镇化的核心在于推进农村居民的城镇化①，而市民化进程的快慢及其质量高低，将最终决定城乡从分治到融合的治理绩效。其成败的关键在于，如何强化农村居民市民化融入城市的归属感，促使"新市民"福利与原城市居民均等化。从前述崇德社区调查看，在居民个人层面大部分人群情况良好，即便有刚开始迁入感觉不太适应的居民，同样能较短时间内适应城市社区生活方式，但也有调查反映出，新市民生活方式单一，对法律维权途径了解不够，自我身份认同度不够甚至有模糊等情况。从政府层面来看，存在治理结构和公共设施不够完善等问题。具体路径包括：

一是转变政府观念，探索市场化社区治理模式。长期以来，政府对失地农民迁入城市后都按照劳动力而不是居民的管理方式运行，这种区别对待的管理模式有极大负面影响，也可能形成城市内部的二元结构。当务之急是转变居民管理方式，在实际管理活动中平等对待新市民，以提供服务为主，以管理为辅。社区治理过程中，地方政府应在有条件的

① 罗必良，洪炜杰. 城镇化路径选择：福利维度的考察 [J]. 农业经济问题，2021（9）：5-17.

安置社区，探索实行部分或全部社区服务项目外包，寻求政府引导外加市场运行的治理模式，如引入有资质的物业公司进行管理，并成立业委会进行监督和参与管理，其目的在于发挥市场作用的同时，兼顾体现政府治理理念与方向性引导作用①。

二是合理规划和完善公共服务设施。政府应当在环境配套、文化满足、城市性培育等方面加强系统性的规划，充分考虑社区居民实际需要，可以修建正规的菜市场，设置文化娱乐设施，进行专项的就业培训，组织社区志愿服务，也可以在社区教育、医疗等领域提供必要的服务。这些都有助于缓解社会成员间冲突与不信任，提高市民化质量。

三是建立新市民自我管理制度。农村集体治理结构和城镇社区治理结构有着很大的不同，集体成员是熟人社会和乡土划界的产物。面对缺乏熟悉的"原子化"分散的城镇社区成员，如何形成新的社区化治理模式，避免"社区失灵"导致的利益冲突问题是很重要的。

四是引入社会工作服务制度。社会工作要考虑到新市民家庭的长期发展，发挥在"困难救助""人文关怀""心理疏导""关系调适"等方面的专业优势，提高新市民适应城市社区生活和应对、解决问题的能力，通过包容性发展理念和高质量的融入过程创新社区治理，增进政府服务能力和沟通能力。

五是构建以区域协调为核心的市民化成本分摊机制。市民化过程本质上是城乡居民身份属性上的转变。对于一些大中城市而言，要承载不断涌入的外来常住或迁移人口，必须动态调整公共品供给能力，并支付

---

① 关于政府与市场的关系，中央重要文件多有涉及，如党的十四大报告和党的十四届三中全会通过的《中共中央关于建立社会主义市场经济体制若干问题的决定》，对社会主义市场经济体制的建立和有关问题做出过重要指示。党的十八届三中全会则强调，市场应当在资源配置中发挥决定性的作用。党的十九大报告中，明确了产权制度和要素市场化配置应当是当前一个时期里经济体制改革的重点。党的十九届四中全会，则对社会主义基本经济制度理论进行了伟大的创新，指出社会主义市场经济体制是社会主义基本经济制度，并点明了其内涵是充分发挥市场在资源配置中的决定性作用，同时更好地发挥政府作用。由此可见，城乡治理的各个领域中，政府与市场并非完全对立，也不是同质化的事物，而是在不同方面不同层次执行各自的职能，发挥相应的作用。资源配置与经济活动的开展，市场机制依靠价格机制、竞争机制等进行有效的调节。经济社会价值理念与社会风气等方面，应当由政府积极介入和控制，如"第三次分配"理论的提出。

相应的成本。并且，部分地区过于强调模式化的城市建设方式，一味追求新城建设和城区扩张，不顾自身公共品供给能力的缺失。对此，应构建农业转移人口区域协调的市民化成本分摊机制，联动各省大中型城市市民化推进过程，防止改革过程中出现的相互观望和无序开放等现象。

第四节　促进城乡融合发展的体制机制创新

前已述及，城乡经济发展不平衡的现实表现，不局限于城乡收入、资源要素、公共服务、空间功能等诸多方面。我们不仅需要厘清要素产权与建立良好的市场秩序，也必须攻克体制机制上的顽疾，打破利益固化的藩篱，创新要素自由流动的体制机制，建立一套城乡一体化的体制机制系统，最终实现城乡经济平衡化发展。

一、打造城乡一体化的制度体系

结合前文所述，具体路径包括：第一，完善农村土地产权制度，极大发挥农村土地资源要素价值。我国城乡虽然都属于土地公有制范畴，但分别实行土地国有制和集体所有制，在土地权利、土地使用和土地管理等方面存在诸多限制。虽然一些改革措施促进了农地资源要素的流动，拓展了农民收入渠道，但农村承包地与宅基地各种权能仍缺乏有效的实现渠道，大量农村宅基地和农房不能有效利用，不利于拓展农民财产性收入增收渠道。要进一步探索创新农村土地流转和征收制度改革，鼓励农地规模化经营，因地制宜推进宅基地和农房产权制度改革，打造农村产权流转交易公开、公共与规范的运行环境。积极鼓励农村发展合作经济，逐渐实现规模化、现代化与专业化的经营模式，并适当对发展情况良好的专业合作社提供资金和政策帮扶。

第二，深化户籍制度改革，赋予农民均等化的权利。过去一段时期，地方政府对农村医疗卫生、教育、社会保障及公共基础设施等方面投入欠缺，农民难以获得和城市居民同等的收益与服务。要继续深化户籍制度改革，全面放开建制镇和小城市落户限制，有序开放中等城市落户限制，合理确定大城市落户条件，严控特大城市人口规模，逐渐将有条件的农民转为城市居民，摆脱"农民人口市民化"滞后于"就业城镇化"的困境，进而增加他们的隐性收入，并使其享有同等的就业、医疗卫生、教育、社会保障与公共基础设施服务，逐渐缩小城乡的差距。

第三，大力推进农村金融相关制度改革。农村金融可得性较差，农业借贷成本较高的局面没有根本扭转。要从城乡经济平衡化的角度设计农村金融制度改革，积极实施数字普惠金融，创新农村金融服务产品，完善农村金融服务体系，拓宽农村融资的渠道；设立城乡融合发展基金，健全农业信贷的抵押担保机制，吸引社会资本投入，实现金融资源向农村流动，增加金融服务的覆盖率。此外，还要发挥财政支农的先导性作用，加强涉农资金的整合，采取政府采购、财政补贴及税收优惠等形式支持农村发展。

二、建立公共服务普惠共享的体制机制

借鉴已有实践经验，主要包括：第一，提升城乡公共服务水平，确保城乡居民享有均等化社会服务。与收入分配差距相比，城乡在医疗卫生、教育、文化、社会保障等方面的差距更不应该。要贯彻共享发展的理念，确保各类社会群体享有同等、同质的基本社会保障待遇，构建覆盖全面的社会保障体系，真正保障城乡居民生活。着力打造城乡一体化的就业体系，建立城乡统一的失业登记制度，为劳动力提供免费的技能培训。制定切实可行的教育规划方案，依据人口监测动态布局教学资源，并通过财政投入、学校建立、教学设施添置、教师配置等形式，让教师与教学设施在城乡之间合理配置和流动，缩小城乡教育差距。

第二，提升城乡基础设施建设水平，为城乡要素流动提供基础性支撑。要进一步完善交通基础设施建设，加快省道、县道、乡道、村道等建设，全面提高交通运输保障水平，着力打通物流运输的"最后一公里"，为城乡间的要素流动和农村产业发展提供基础性保障。加快新基建在农村的布局，加快5G网络、互联网基础设施和农村信息化服务的建设，使农业发展搭上数字经济的快车。

第三，建立以政府为主导的保障机制，促进要素资源双向流动。要

实现城乡要素资源的优势互补，就必须补齐农村在资金、技术及人才方面的短板。应当充分发挥政府的主导作用，构建多元化可持续的乡村振兴战略保障机制，通过加大政府财政投入和政策扶持，为工商资本下乡和劳动力返乡提供优质平台，让资金、技术与人才等要素能够"下得来""留得住"。

三、创新利益调节机制激发各要素活力

在市场化城镇化工业化过程中，不仅市场主体是理性的，而且外部利润机会较多且利益关系复杂，必须创新城乡利益平衡化机制。如果城乡要素资源的利益分配模糊或有所偏失，或不能兼顾相关主体利益，就很难实现要素资源有效流动，即使流动也不能实现内生性发展。对于农村要素资源而言，首先，要把农民分享更多的增值收益作为出发点和落脚点，增加农民的工资性、财产性及经营性收益是农业现代化发展的关键。其次，土地是农民的"命根子"，也是农业现代化的资源和载体，要积极推进土地制度的守正创新，激发土地要素资产性功能，或通过土地流转获得收益，解决好农民对土地流转的担忧。就城市要素资源来看，资本下乡在积极合理的引导下，能够促进农村产业和经济发展，但也要建立资本要素参与的利润分配机制，并合理设定利润分配上限，防止农民收益被侵害。最后，还应积极创新农村社会管理机制，吸纳技术与人才等要素流入农村，探索技术、知识等要素参与分配和乡村治理的制度，以促进农村可持续性发展。

参考文献

阿明，2017. 不平等的发展 ［M］. 高铦，译. 北京：社会科学文献出版社.

阿特金森，2016. 不平等，我们能做什么 ［M］. 王海昉，曾鑫，刁琳琳，译. 北京：中信出版社.

安中轩，2007. 城乡一体化典型实践模式的比较分析及启示 ［J］. 重庆工商大学学报（西部论坛）（6）：82-85.

奥肯，1987. 平等与效率：重大的抉择 ［M］. 王奔洲，叶南奇，译. 北京：华夏出版社.

奥斯特罗姆，菲尼，皮希特，1992. 制度分析与发展的反思 ［M］. 王诚，等，译. 北京：商务印书馆.

白描，苑鹏，2021. 现代化进程中我国农民全面发展的制约因素与推进路径 ［J］. 改革（12）：116-126.

白永秀，2012. "后改革时代"的界定及其特征 ［J］. 当代经济科学，34（5）：76-80，126.

白永秀，2012. 城乡二元结构的中国视角：形成、拓展、路径 ［J］. 学术月刊，44（5）：67-76.

毕先萍，李正友，2005. 制度变迁、结构变迁与收入差距：理论与实证研究 ［J］. 中国软科学（2）：111-118.

布坎南，2002. 财产与自由 ［M］. 韩旭，译. 北京：中国社会科学出版社.

蔡昉，2003. 城乡收入差距与制度变革的临界点 ［J］. 中国社会科学（5）：16-25，205.

蔡昉，2020. 双循环战略下中国经济如何实现潜在增长率 [J]. 新金融 (12)：8-12.

蔡昉，2008. 中国农村改革三十年：制度经济学的分析 [J]. 中国社会科学 (6)：99-110，207.

蔡玉胜. 以市场化改革推动新型城乡关系的建构 [EB/OL]. (2014-02-10). http://theory.people.com.cn/n/2014/0210/c40531-24312523.html.

茶洪旺，明崧磊，2012. 缩小城乡居民收入差距的国际经验比较与启示 [J]. 中州学刊 (6)：30-35.

陈方，2013. 城乡关系：一个国外文献综述 [J]. 中国农村观察 (6)：80-89，95.

陈工，何鹏飞，2016. 民生财政支出分权与中国城乡收入差距 [J]. 财贸研究，27 (2)：95-103.

陈寒冰，2019. 农村集体经营性建设用地入市：进展、困境与破解路径 [J]. 现代经济探讨 (7)：112-117.

陈俭，2018. 中国城乡金融关系发展的政治经济学 [J]. 江汉论坛 (12)：31-37.

陈事美，2015. "京漂"在宋朝 [J]. 幸福家庭 (6)：32-33.

陈维涛，朱柿颖，严伟涛，2021. 出口技术升级与城乡内部劳动者收入差距 [J]. 世界经济研究 (3)：30-48，134-135.

陈锡文，2005. 中国农村发展的五个问题 [J]. 生产力研究 (3)：113-114，147.

陈钊，2011. 中国城乡发展的政治经济学 [J]. 南方经济 (8)：3-17.

成金华，陈军，李悦，2013. 中国生态文明发展水平测度与分析 [J]. 数量经济技术经济研究，30 (7)：36-50.

初玉岗，1993. 初始积累：中国经济的跨世纪课题 [J]. 财经科学 (2)：20-25.

储德银，韩一多，张景华，2017. 中国式分权与城乡居民收入不平等：基于预算内外双重维度的实证考察 [J]. 财贸经济，38 (2)：109-125.

邓小平，1993. 邓小平文选：第3卷 [M]. 北京：人民出版社.

邓大才，2008. 农民打工：动机与行为逻辑：劳动力社会化的动机—行
　　为分析框架［J］. 社会科学战线（9）：83-93.

邓金钱，何爱平，2018. 政府主导、市场化进程与城乡收入差距［J］.
　　农业技术经济（6）：44-56.

邓金钱，2017. 政府主导、人口流动与城乡收入差距［J］. 中国人口·
　　资源与环境，27（2）：143-150.

邓群钊，石俊，喻登科，2022. 户籍制度背景下的社会资本结构与城乡
　　收入差距［J］. 管理评论，34（3）：302-313.

邓伟，向东进，2011. 转型时期的国有经济与城乡收入差距：基于省级
　　数据的实证分析［J］. 财贸经济（9）：19-26.

迪尔，2004. 后现代都市状况［M］. 李小科，译. 上海：上海教育出版
　　社.

杜朝晖，2006. 法国农业现代化的经验与启示［J］. 宏观经济管理
　　（5）：71-74.

杜建军，刘博敏，2014. 农村转移劳动力价格趋同对国民经济的冲击效
　　应［J］. 上海经济研究（7）：42-51.

杜能，2009. 孤立国同农业和国民经济的关系［M］. 吴衡康，译. 北京：
　　商务印书馆.

杜鑫，2018. 市场化对中国城乡收入差距的影响：基于省级面板数据的
　　经验分析［J］. 北京工商大学学报（社会科学版），33（1）：19-32.

段若鹏，钟声，王心富，2002. 中国现代化进程中的阶层结构变动研究
　　［M］. 北京：人民出版社.

恩格斯，1999. 反杜林论［M］. 北京：人民出版社.

樊士德，金童谣，2021. 中国劳动力流动对城乡贫困影响的异质性研究
　　［J］. 中国人口科学（4）：98-113，128.

范方志，王晓彦，2020. 中国农村基本公共服务供给效率的评价研究
　　［J］. 宁夏社会科学（5）：83-91.

方达，郭研，2020. 农村土地流转、资本有机构成与城乡收入差距：基于
　　马克思政治经济学的经验与实证证据［J］. 经济学家（11）：107-115.

盖凯程，于平，2017. 农地非农化制度的变迁逻辑：从征地到集体经营

性建设用地入市 [J]. 农业经济问题，38 (3)：15-22.

甘春华，2010. 城乡劳动力市场融合：动力机制与对策 [M]. 北京：经济科学出版社.

高帆，李童，2016. 中国城乡资本流动存在"卢卡斯之谜"吗 [J]. 经济学家 (3)：75-86.

高帆，2019. 从政府-市场到城乡关系：结构联动视域下的中国经济转型 [J]. 探索与争鸣 (12)：95-103.

高帆，2020. 农村劳动力非农化的三重内涵及其政治经济学阐释 [J]. 经济纵横 (4)：2，10-19.

高帆，2021. 数字经济如何影响了城乡结构转化？[J]. 天津社会科学 (5)：131-140.

高帆，2018. 新时代我国城乡差距的内涵转换及其政治经济学阐释 [J]. 西北大学学报 (哲学社会科学版)，48 (4)：5-16.

高帆，2012. 中国城乡经济关系的演变逻辑：从双重管制到双重放权 [J]. 学术月刊，44 (6)：71-79.

高军峰，2017. 生存与发展：新中国成立之初粮食购销体制建构的政治透视 [J]. 社会主义研究 (5)：79-88.

高鸣，魏佳朔，宋洪远，2021. 新型农村集体经济创新发展的战略构想与政策优化 [J]. 改革 (9)：121-133.

管子 [M]. 李山，译注. 北京：中华书局，2009.

郭克莎，1997. 80 年代中期以来我国城乡经济发展的失衡态势分析 [J]. 社会科学战线 (3)：61-66.

郭书田，1991. 中国农村现代化问题探析：农村工业化、城市化和农业现代化问题研究 [J]. 农业经济问题 (11)：3-6.

哈维，2019. 新帝国主义 [M]. 付克新，译. 北京：中国人民大学出版社.

韩劲，2009. 从收入差距看我国统筹城乡发展 [J]. 中国软科学 (2)：1-9.

何春丽，曾令秋，2019. 要素市场扭曲对我国缩小城乡居民消费差距的影响 [J]. 改革 (7)：150-159.

何艳玲，汪广龙，2016. 中国转型秩序及其制度逻辑［J］. 中国社会科学（6）：47-65，205.

胡福明，1987. 苏南乡村企业的崛起［M］. 南京：南京大学出版社.

胡卫卫，卢玥宁，2023. 数字乡村治理共同体的生成机理与运作逻辑研究：基于"中国大棚第一村"数字乡村建设的实证考察［J］. 公共管理学报，20（1）：133-143，175.

胡潇，2018. 空间正义的唯物史观叙事：基于马克思恩格斯的思想［J］. 中国社会科学（10）：4-23，204.

胡雪梅，2008. 美国、韩国的农村教育及对我国的启示［J］. 临沂师范学院学报（5）：90-93.

黄立华，2007. 美国农村公共产品的供给及启示［J］. 北方经贸（1）：117-119.

黄群慧. 以产业融合促进城乡发展一体化［EB/OL］. 2015-07-22，ht-tps：//epaper. gmw. cn/gmrb/html/2015 - 07/22/nw. D110000gmrb _ 20150722_9-15. htm.

黄涛，朱悦蘅，2018. 农村产权制度变革与乡村治理研究［M］. 北京：商务印书馆.

黄韬，王双喜，2013. 产权视角下乡村治理主体有效性的困境和出路［J］. 马克思主义与现实（2）：173-179.

黄小明，2014. 收入差距、农村人力资本深化与城乡融合［J］. 经济学家（1）：84-91.

建国以来重要文献选编：第4册［M］. 北京：中央文献出版社，1993.

江鑫，黄乾，2020. 乡村公路、人口城镇化和乡村包容性经济增长［J］. 南方经济（4）：62-83.

蒋永穆，赵苏丹，周宇晗，2016. 习近平城乡发展一体化思想探析［J］. 政治经济学评论，7（5）：111-125.

蒋云亮，耿玉德，2021. 城乡融合背景下乡村居民幸福感如何提升［J］. 人民论坛（Z1）：84-86.

焦必方，2017. 日本农村城市化进程及其特点：基于日本市町村结构变化的研究与分析［J］. 复旦学报（社会科学版），59（2）：162-172.

焦长权，周飞舟，2016. "资本下乡"与村庄的再造［J］. 中国社会科学（1）：100-116，205-206.

景普秋，解阁阁，2015. 城乡互动的国际经验及其对中国的启示［J］. 高等财经教育研究，18（2）：50-68.

孔祥智，何安华，2009. 新中国成立60年来农民对国家建设的贡献分析［J］. 教学与研究（9）：5-13.

孔祥智，周振，2020. 我国农村要素市场化配置改革历程、基本经验与深化路径［J］. 改革（7）：27-38.

孔祥智，2016. 城乡差距是怎样形成的：改革开放以来农民对工业化、城镇化的贡献研究［J］. 世界农业（1）：222-226.

列宁，1959. 列宁全集：19卷［M］. 北京：人民出版社.

列宁，1988. 列宁全集：25卷［M］. 北京：人民出版社.

列宁，1990. 列宁全集：27卷［M］. 北京：人民出版社.

列宁，1988. 列宁全集：51卷［M］. 北京：人民出版社.

列宁，1995. 列宁选集：第2卷［M］. 北京：人民出版社.

兰雪峰，袁中金，2021. 以日本、韩国为例探讨城乡关系演进视角下的乡村振兴［J］. 浙江农业科学，62（1）：182-188.

蓝海涛，2005. 我国城乡二元结构演变的制度分析［J］. 宏观经济管理（3）：47-49.

老子，1997. 老子［M］. 何明，译注. 济南：山东大学出版社.

李帮喜，赵奕菡，冯志轩，等，2021. 价值循环、经济结构与新发展格局：一个政治经济学的理论框架与国际比较［J］. 经济研究，56（5）：4-19.

李伯华，刘沛林，窦银娣，2012. 转型期欠发达地区乡村人居环境演变特征及微观机制：以湖北省红安县二程镇为例［J］. 人文地理，27（6）：56-61.

李春玲，2014. 教育不平等的年代变化趋势（1940-2010）：对城乡教育机会不平等的再考察［J］. 社会学研究，29（2）：65-89，243.

李拂尘，2015. 制度、选择与市场形成：一个理论框架［J］. 学术界（4）：76-86.

李海金，焦方杨，2021. 乡村人才振兴：人力资本、城乡融合与农民主体性的三维分析［J］. 南京农业大学学报（社会科学版），21（6）：119-127.

李江涛，熊柴，蔡继明，2020. 开启城乡土地产权同权化和资源配置市场化改革新里程［J］. 管理世界，36（6）：93-105，247.

李杰刚，李志勇，2012. 新中国基本公共服务供给：演化阶段及未来走向［J］. 财政研究（1）：13-16.

李明，2021. 集体经济发展、土地产权与资本下乡应对策略［J］. 农村经济（8）：72-79.

李明义，段胜辉，2008. 现代产权经济学［M］. 北京：知识产权出版社.

李研，洪俊杰，2021. 居民消费不平衡的统计测度及消费潜力分析［J］. 数量经济技术经济研究，38（11）：84-102.

李勇坚，王弢，2016. 中国"三农"互联网金融发展报告（2016版）［M］. 北京：社会科学文献出版社.

李紫娟，2015. 国家治理理论的马克思主义源流［M］. 杭州：浙江人民出版社.

厉以宁，1998. 非均衡的中国经济［M］. 广州：广东经济出版社.

厉以宁，2014. 中国经济双重转型之路［J］. 中国人民大学学报，28（1）：157.

列斐伏尔，2015. 空间与政治［M］李春，译. 上海：上海人民出版社.

林辉煌，贺雪峰，2016 中国城乡二元结构：从"剥削型"到"保护型"［J］. 北京工业大学学报（社会科学版），16（6）：1-10.

林锦鸿，2021. 免费义务教育政策与城乡教育差距［J］. 中国农村观察（3）：128-144.

林毅夫，陈斌开，2009. 重重工业优先发展战略与城乡消费不平等：来自中国的证据［J］. 浙江社会科学（4）：10-16，125.

刘贯春，2017. 金融结构影响城乡收入差距的传导机制：基于经济增长和城市化双重视角的研究［J］. 财贸经济，38（6）：98-114.

刘恒科，2021. 宅基地"三权分置"的政策意蕴与制度实现［J］. 法学家（5）：43-56，192-193.

刘洪银，2021. 构建人才返乡下乡的有效机制论析 [J]. 中州学刊
（4）：34-40.

刘湖北，刘玉洋，2020. 集体经营性建设用地制度：改革逻辑与未来走
向：基于不完全产权-租值耗散的理论分析 [J]. 南昌大学学报（人
文社会科学版），51（6）：50-60.

刘怀玉，鲁宝，2021. 简论“空间的生产”之内在辩证关系及其三重意
义 [J]. 国际城市规划，36（3）：14-22.

刘金凤，魏后凯，2021. 城市高房价如何影响农民工的定居意愿 [J].
财贸经济，42（2）：134-148.

刘劢睿，廖梦洁，刘佳丽，2021. 劳动力转移对城乡居民收入差距的非
线性影响研究 [J]. 重庆大学学报（社会科学版），27（6）：73-84.

刘守英，程果，2021. 集体所有制的理论来源与实践演进 [J]. 中国农
村观察（5）：2-22.

刘守英，龙婷玉，2020. 城乡转型的政治经济学 [J]. 政治经济学评论，
11（1）：97-115.

刘守英，2014. 中国城乡二元土地制度的特征、问题与改革 [J]. 国际
经济评论（3）：9-25.

刘魏，张应良，李国珍，田红宇，2018. 工商资本下乡、要素配置与农
业生产效率 [J]. 农业技术经济（9）：4-19.

刘先江，2013. 城乡发展一体化：马克思恩格斯城乡融合理论的中国实
践 [C] //中国国际共运史学会 2013 年年会暨学术研讨会论文集：
289-296.

刘应杰，1996. 中国城乡关系演变的历史分析 [J]. 当代中国史研究
（2）：1-10.

刘愿，李娜，刘志铭，2017. 农业剩余转移与中国城乡收入差距：基于
统购统销政策的理论与实证研究 [J]. 财经研究，43（8）：109-121.

刘长明，周明珠，2020. 共同富裕思想探源 [J]. 当代经济研究（5）：
37-47，113.

卢梭，2013. 论人类不平等的起源和基础 [M]. 黄小彦，译. 南京：译

林出版社.

卢梭，2003. 社会契约论 [M]. 何兆武，译. 北京：商务印书馆.

陆剑，陈振涛，2019. 集体经营性建设用地入市改革试点的困境与出路 [J]. 南京农业大学学报（社会科学版），19（2）：112-122，159.

陆铭，陈钊，2004. 城镇化、城市倾向的经济政策与城乡收入差距 [J]. 经济研究（6）：50-58.

论语 [M]. 何明，译注. 济南：山东大学出版社，1997.

罗必良，洪炜杰，2021. 城镇化路径选择：福利维度的考察 [J]. 农业经济问题（9）：5-17.

罗必良，2019. 从产权界定到产权实施：中国农地经营制度变革的过去与未来 [J]. 农业经济问题（1）：17-31.

罗必良，2005. 新制度经济学 [M]. 太原：山西经济出版社.

罗楚湘，2012. 我国农村集体所有土地征收制度之检视：以土地价格"剪刀差"为视角 [J]. 社会科学家（6）：92-96.

罗浩轩，2022. 通往"权利束完整"之路：中国农地制度变迁的理论逻辑 [J]. 北京师范大学学报（社会科学版）（6）：116-123.

罗浩轩，2013. 中国农业资本深化对农业经济影响的实证研究 [J]. 农业经济问题，34（9）：4-14，110.

雒海潮，刘荣增，2014. 国外城乡空间统筹规划的经验与启示 [J]. 世界地理研究，23（2）：69-75.

马克思，2003. 德意志意识形态：节选本 [M]. 北京：人民出版社.

马克思，1992. 哥达纲领批判 [M]. 2 版. 北京：人民出版社

马克思，恩格斯，1971. 马克思恩格斯全集：20 卷 [M]. 北京：人民出版社.

马克思，恩格斯，2001. 马克思恩格斯全集：44 卷 [M]. 北京：人民出版社.

马克思，恩格斯，1985. 马克思恩格斯全集：45 卷 [M]. 北京：人民出版社.

马克思，恩格斯，1979. 马克思恩格斯全集：46 卷（上册）[M]. 北京：人民出版社.

马克思，恩格斯，2009. 马克思恩格斯文集：第 1 卷 ［M］. 北京：人民出版社.

马克思，恩格斯，2009. 马克思恩格斯文集：第 2 卷 ［M］. 北京：人民出版社.

马克思，恩格斯，2009. 马克思恩格斯文集：7 卷 ［M］. 北京：人民出版社.

马克思，恩格斯，2009. 马克思恩格斯文集：8 卷 ［M］. 北京：人民出版社.

马克思，恩格斯，2009. 马克思恩格斯文集：9 卷 ［M］. 北京：人民出版社.

马克思，恩格斯，2012. 马克思恩格斯选集：第 1 卷 ［M］. 北京：人民出版社.

马克思，恩格斯，2012. 马克思恩格斯选集：第 2 卷 ［M］. 北京：人民出版社.

马克思，恩格斯，2012. 马克思恩格斯选集：第 3 卷 ［M］. 北京：人民出版社.

马克思，恩格斯，1996. 马克思古代社会史笔记 ［M］. 北京：人民出版社.

马克思，1976. 政治经济学批判 ［M］. 北京：人民出版社.

马克思，2004. 资本论：第 1 卷 ［M］. 北京：人民出版社.

马克思，2004. 资本论：第 3 卷 ［M］. 北京：人民出版社.

马克思，1971.《政治经济学批判》序言、导言 ［M］. 北京：人民出版社.

马远军，张小林，梁丹，等，2006. 国外城乡关系研究动向及其启示 ［J］. 经济问题探索（1）：45-50.

毛泽东，1991. 毛泽东选集：第 1 卷 ［M］. 北京：人民出版社.

孟凡强，邓保国，2014. 劳动力市场户籍歧视与城乡工资差异：基于分位数回归与分解的分析 ［J］. 中国农村经济（6）：56-65.

苗海民，朱俊峰，2021. 从乡土中国到城乡中国：农村劳动力选择性流动抑制了土地流转吗？［J］. 世界经济文汇（6）：72-95.

牛建林，2013. 人口流动对中国城乡居民健康差异的影响 [J]. 中国社会科学 (2)：46-63，205.

牛子牛，2021. 跨国垄断资本与主权国家的当代矛盾：论当代新资本形态内在矛盾的一种表现形式 [J]. 学术月刊 (7)：36-44.

派普斯，2003. 财产论 [M]. 蒋琳琦，译. 北京：经济科学出版社.

潘九根，钟昭锋，曾力，2006. 我国城乡二元结构的形成路径分析 [J]. 求实 (12)：68-70.

潘桔，2020. 中国区域经济发展不平衡测度及影响因素分析 [D]. 沈阳：辽宁大学.

裴小林，1999. 集体土地制：中国乡村工业发展和渐进转轨的根源 [J]. 经济研究 (6)：45-51，70.

彭小辉，史清华，2012. "卢卡斯之谜"与中国城乡资本流动 [J]. 经济与管理研究 (3)：65-72.

皮凯蒂，2014. 21 世纪资本论 [M]. 巴曙松，译. 北京：中信出版社.

钱忠好，牟燕，2013. 土地市场化是否必然导致城乡居民收入差距扩大：基于中国 23 个省（自治区、直辖市）面板数据的检验 [J]. 管理世界 (2)：78-89，187-188.

乔翠霞，2020. 城乡协调发展视域下的资源要素流动问题研究：从微观机理到宏观效应 [J]. 山东师范大学学报（社会科学版），65 (3)：99-107.

秦秋霞，郭红东，曾亿武，2021. 乡村振兴中的数字赋能及实现途径 [J]. 江苏大学学报（社会科学版），23 (5)：22-33.

任鑫，薛宝贵，2016. 生产要素单向流动对城乡收入差距的效应研究 [J]. 人文杂志 (7)：49-54.

任焰，陈菲菲，2015. 农民工劳动力再生产的空间矛盾与社会后果：从一个建筑工人家庭的日常经验出发 [J]. 兰州大学学报（社会科学版），43 (5)：10-21.

斯大林，1962. 斯大林文选（1934—1952）（下册）[M]. 北京：人民出版社.

森，2006. 论经济不平等：不平等之再考察 [M]. 王利文，于占杰，译.

北京：社会科学文献出版社.

沈迟，张国华，2016. 城市发展研究与城乡规划实践探索 [M]. 北京：中国发展出版社.

沈坤荣，赵倩，2019. 改革开放四十年的重大制度创新与阶段性发展 [J]. 当代中国史研究，26（2）：151.

舒尔茨，1999. 改造传统农业 [M]. 梁小民，译. 北京：商务印书馆.

斯蒂格利茨，2013. 不平等的代价 [M]. 张子源，译. 北京：机械工业出版社.

宋志红，2018. 宅基地"三权分置"的法律内涵和制度设计 [J]. 法学评论，36（4）：142-153.

宋志红，2017. 中国农村土地制度改革八讲 [M]. 北京：国家行政学院出版社.

苏曦凌，2021. 中国"治理"话语的时空规定性及其政治使命 [J]. 探索（4）：120-132.

孙华臣，焦勇，2019. 制度扭曲与中国城乡收入差距：一个综合分解框架 [J]. 财贸经济，40（3）：130-146.

孙嘉明，2014. 城镇化与城乡统筹发展的国际比较 [J]. 探索（3）：141-146.

孙鹏程，2018. 农村劳动力迁移模式选择：理论、现实与经验证据 [D]. 长春：吉林大学.

孙宪忠，2016. 推进农地三权分置经营模式的立法研究 [J]. 中国社会科学（7）：145-163，208-209.

孙学涛，2021. 农业机械化能否缩小城乡收入差距？[J]. 首都经济贸易大学学报，23（1）：81-93.

谭崇台，2000. 论发展经济学的发展 [J]. 上海行政学院学报（1）：67-76.

汤爽爽，冯建喜，2017. 法国快速城市化时期的乡村政策演变与乡村功能拓展 [J]. 国际城市规划，32（4）：104-110.

唐健. 宅基地制度改革将保证农民宅基地的用益物权 [EB/OL].（2014-03-07）.http://www.gov.cn/zhuanti/2014-03/07/content_2632468.htm.

陶源，2020. 城镇化与城乡劳动收入差距：基于中国省级面板数据的实证研究 [J]. 经济问题探索（8）：87-96.

田卫民，2012. 省域居民收入基尼系数测算及其变动趋势分析 [J]. 经济科学（2）：48-59.

佟光霁，2010. 闭锁与破解：中国城镇化进程中的城乡协调研究 [M]. 北京：科学出版社.

童强，2005. 论空间语义 [J]. 厦门大学学报（哲学社会科学版）（4）：14-19.

涂圣伟，2021. "十四五"时期畅通城乡经济循环的动力机制与实现路径 [J]. 改革（10）：22-30.

万向东，孙中伟，2011. 农民工工资剪刀差及其影响因素的初步探索 [J]. 中山大学学报（社会科学版），51（3）：11.

王凯军. 数据要素的产权分析与治理机制 [M]. 北京：经济管理出版社.

王欧，2021. 城乡发展与新生代农民工的工作流动：基于打工地和输出地的城乡多点研究 [J]. 中国农业大学学报（社会科学版），38（5）：71-86.

王浦劬，臧雷振，2017. 治理理论与实践：经典议题研究新解 [M]. 北京：中央编译出版社.

王全景，2018. 所有制结构、地方财政支出与城乡收入差距：基于双重二元结构视角的分析 [J]. 商业研究（4）：42-53.

王武林，包滢晖，毕婷，2021. 乡村振兴的人才供给机制研究 [J]. 贵州民族研究，42（4）：61-68.

王向阳，谭静，申学锋，2020. 城乡资源要素双向流动的理论框架与政策思考 [J]. 农业经济问题（10）：61-67.

王小鲁，樊纲，胡李鹏，2019. 中国分省份市场化指数报告 [M]. 北京：社会科学文献出版社.

王雪磊，郭兴平，张亮，2012. 建国以来农村金融的发展历程及其评述 [J]. 农村金融研究（7）：66-70.

威廉姆森，2016. 治理机制 [M]. 石烁，译. 北京：机械工业出版社.

韦伯，2005. 韦伯作品集（Ⅷ）：宗教社会学［M］. 康乐，译. 广西师范大学出版社.

魏后凯. 科学合理的城镇化格局有利于共同富裕［N］. 北京日报，2021-11-08.

魏后凯. 全面打造城乡协调发展的引领区［OB/OL］.（2021-08-05）. http://politics.people.com.cn/n1/2021/0805/c1001-32181850. html.

温铁军，杨殿闯，2010. 中国工业化资本原始积累的负外部性及化解机制研究［J］. 毛泽东邓小平理论研究（8）：23-29，86.

吴丰华，韩文龙，2018. 改革开放四十年的城乡关系：历史脉络、阶段特征和未来展望［J］. 学术月刊，50（4）：58-68.

吴国庆，2014. 法国的社会治理与城乡一体化转型［J］. 国家治理（3）：35-44.

吴学凡，2008. 简论列宁的城乡差别思想［J］. 理论探索（3）：45-47.

吴垠，2020. 人口结构变化、城镇化刘易斯转折与区域人口流动趋势：从整体到分区的统计分析［J］. 政治经济学评论，11（5）：95-155.

武力，2007. 1949—2006 年城乡关系演变的历史分析［J］. 中国经济史研究（1）：23-31，76.

武小龙，2020. 新中国城乡治理 70 年的演进逻辑［J］. 农业经济问题（2）：77-86.

武中哲，2021. 从单位到社区：住房保障进程中的治理结构转型［J］. 山东社会科学（6）：66-71.

习近平. 决胜全面建成小康社会夺取新时代中国特色社会主义伟大胜利［N］. 人民日报，2017-10-28.

习近平，2007. 之江新语［M］. 杭州：浙江人民出版社.

习近平，2014. 习近平谈治国理政：第 1 卷［M］. 北京：外文出版社.

习近平，2017. 习近平谈治国理政：第 2 卷［M］. 北京：外文出版社.

习近平，2020. 习近平谈治国理政：第 3 卷［M］. 北京：外文出版社.

习近平，2022. 习近平谈治国理政：第 4 卷［M］. 北京：外文出版社.

夏金梅，孔祥利，2021. 1921—2021 年：我国农业劳动力城乡流动的嬗变、导向与双向互动［J］. 经济问题（6）：9-15.

夏柱智，2021. 面向乡村振兴的宅基地"三权分置"：政策解析、基本模式和实践困境 ［J］. 贵州社会科学（9）：162-168.

项继权，毛斌菁，2021. 要素市场化背景下乡村治理体制的改革 ［J］. 华中师范大学学报（人文社会科学版），60（2）：1-9.

肖磊，潘勰，2020. 人口流出地区城镇化路径机制再认识：以四川省县域单元为例 ［J］. 地理科学进展，39（3）：402-409.

肖万春，2003. 美国城镇化发展启示录 ［J］. 城乡建设（5）：56-57.

谢冬水，2017. 土地供给的城乡收入分配效应：基于城镇化不平衡发展的视角 ［J］. 南开经济研究（2）：76-95.

谢志强，姜典航，2011. 城乡关系演变：历史轨迹及其基本特点 ［J］. 中共中央党校学报，15（4）：68-73.

辛贤，2021. 实现共同富裕最大的难点在农村根本出路在发挥农村集体所有制优势 ［J］. 农村工作通讯（18）：24-26.

邢春冰，2014. 教育扩展、迁移与城乡教育差距：以大学扩招为例 ［J］. 经济学（季刊），13（1）：207-232.

徐升艳，陈杰，赵刚，2018. 土地出让市场化如何促进经济增长 ［J］. 中国工业经济（3）：44-61.

徐素，2018. 日本的城乡发展演进、乡村治理状况及借鉴意义 ［J］. 上海城市规划（1）：63-71.

徐秀英，2018. 村级集体经济发展面临的困境、路径及对策建议：以浙江省杭州市为例 ［J］. 财政科学（3）：145-152.

徐勇，邓大才，2006. 社会化小农：解释当今农户的一种视角 ［J］. 学术月刊（7）：5-13.

徐勇，2016. 城乡一体化进程中的乡村治理创新 ［J］. 中国农村经济（10）：23-26.

徐勇，2006. 国家整合与社会主义新农村建设 ［J］. 社会主义研究（1）：3-8.

许彩玲，李建建，2019. 城乡融合发展的科学内涵与实现路径：基于马克思主义城乡关系理论的思考 ［J］. 经济学家（1）：96-103.

许经勇，曾芬钰，2001. 资本原始积累与被扭曲的价格 ［J］. 价格理论与实践（10）：32-33.

许文静，方齐云，2018. 城乡收入差距、市场化与城镇化 [J]. 经济问题探索（5）：100-109.

宣晓伟，2018. 治理现代化视角下的中国中央和地方关系：从泛化治理到分化治理 [J]. 管理世界，34（11）：52-64.

薛晴，任左菲，2014. 美国城乡一体化发展经验及借鉴 [J]. 世界农业（1）：13-16.

严瑞珍，龚道广，周志祥，等，1990. 中国工农业产品价格剪刀差的现状、发展趋势及对策 [J]. 经济研究（2）：64-70.

燕继荣，2020. 制度、政策与效能：国家治理探源：兼论中国制度优势及效能转化 [J]. 政治学研究（2）：2-13，124.

杨继瑞，康文峰，2018. 中国经济不平衡不充分发展的表现、原因及对策 [J]. 贵州师范大学学报（社会科学版）（3）：71-84.

姚宏文，石琦，李英华，2016. 我国城乡居民健康素养现状及对策 [J]. 人口研究，40（2）：88-97.

叶环宝，2017. 户籍制度改革对劳动力市场城乡整合影响研究 [D]. 杭州：浙江大学.

叶璐，王济民，2021. 我国城乡差距的多维测定 [J]. 农业经济问题（2）：123-134.

叶南客，郑琼洁，2011. 法国巴黎大区的城乡一体化 [J]. 群众（3）：70-71.

叶兴庆，2019. 走城乡融合发展之路 [M]. 北京：中国发展出版社.

叶胥，杜云晗，何文军，2021. 数字经济发展的就业结构效应 [J]. 财贸研究，32（4）：1-13.

余斌，罗静，靳军，2005. 城市化与城乡发展：世界不同类型国家比较与启示 [J]. 地域研究与开发（5）：17-20.

余向华，陈雪娟，2012. 中国劳动力市场的户籍分割效应及其变迁：工资差异与机会差异双重视角下的实证研究 [J]. 经济研究，47（12）：97-110.

俞可平，2019. 国家治理的中国特色和普遍趋势 [J]. 公共管理评论，1

（3）：25-32.

俞可平，2018. 中国的治理改革（1978—2018）[J]. 武汉大学学报（哲学社会科学版），71（3）：48-59.

玉国华，2021. 农村信贷投入、劳动力转移与城乡收入差距：理论与实证 [J]. 农业技术经济（11）：78-92.

袁久红，陈妍冰，2018. 以资本自由化与空间化逻辑误读中国：评大卫·哈维对中国道路的分析 [J]. 马克思主义与现实（5）：107-112.

中共中央党史和文献研究院，2019. 十九大以来重要文献选编（上）[M]. 北京：中央文献出版社.

中共中央党史和文献研究院，2021. 十九大以来重要文献选编（中）[M]. 北京：中央文献出版社.

张广辉，陈鑫泓，2020. 乡村振兴视角下城乡要素流动困境与突破 [J]. 经济体制改革（3）：195-200.

张广胜，田洲宇，2018. 改革开放四十年中国农村劳动力流动：变迁、贡献与展望 [J]. 农业经济问题（7）：23-35.

张晖，2018. 马克思恩格斯城乡融合理论与我国城乡关系的演进路径 [J]. 学术交流（12）：122-127.

张建平，葛扬，2020. 土地市场化与城乡收入分配 [J]. 山西财经大学学报，42（11）：1-15.

张可云，王洋志，2021. 农业转移人口市民化方式及其对收入分化的影响：基于 CGSS 数据的观察 [J]. 中国农村经济（8）：43-62.

张千帆，2011. 中央与地方财政分权：中国经验、问题与出路 [J]. 政法论坛，29（5）：94-101.

张晴，周旭英，高明杰，2011. 发达国家城乡统筹发展的做法及对中国启示 [J]. 世界农业（4）：12-14.

张仁寿，李红，1990. 温州模式研究 [M]. 北京：中国社会科学出版社.

张应禄，2012. 中国城乡经济差距与一体化研究 [M]. 北京：经济科学出版社.

赵峰，星晓川，李惠璇，2015. 城乡劳动力流动研究综述：理论与中国

实证 [J]. 中国人口·资源与环境, 25 (4): 163-170.

赵静华, 2018. 空间正义视角下城乡不平衡发展的治理路径 [J]. 理论学刊 (6): 124-130.

赵磊, 2015. "虚拟价格"何以可能: 关于马克思土地价格理论的重大分歧 [J]. 学术月刊 (11): 49-55.

赵磊, 1991. 论社会权力的起源 [J]. 社会学研究 (4): 36-45.

赵民, 陈晨, 周晔, 方辰昊, 2016. 论城乡关系的历史演进及我国先发地区的政策选择: 对苏州城乡一体化实践的研究 [J]. 城市规划学刊 (6): 22-30.

折晓叶, 艾云, 2014. 城乡关系演变的制度逻辑和实践过程 [M]. 北京: 中国社会科学出版社.

郑瑞坤, 向书坚, 2018. 城乡居民共享改革发展成果的一种测度方法及应用 [J]. 财贸研究, 29 (4): 15-25.

钟怀宇, 2011. 成都经济区协同推进统筹城乡综合配套改革研究 [J]. 西华大学学报 (哲学社会科学版), 30 (2): 99-107.

钟若愚, 屈沙, 2019. 劳动力市场分割、就业机会不平等与城乡工资差异: 基于中国综合社会调查 (CGSS) 数据的研究 [J]. 北京工商大学学报 (社会科学版), 34 (6): 88-104.

周大鸣, 2006. 农村劳务输出与打工经济: 以江西省为例 [J]. 中南民族大学学报 (人文社会科学版) (1): 5-11.

周国富, 陈菡彬, 2021. 产业结构升级对城乡收入差距的门槛效应分析 [J]. 统计研究, 38 (2): 15-28.

周佳宁, 邹伟, 秦富仓, 2020. 等值化理念下中国城乡融合多维审视及影响因素 [J]. 地理研究, 39 (8): 1836-1851.

周立, 2021. 城乡中国背景下工农关系的历史演进与发展趋势 [J]. 国家治理周刊 (10): 15-20.

周其仁, 2017. 城乡中国 [M]. 北京: 中信出版社.

周世军, 周勤, 2012. 户籍制度、非农就业"双重门槛"与城乡户籍工资不平等: 基于 CHNS 微观数据的实证研究 [J]. 金融研究 (9): 101-114.

周天勇, 2021. 体制剩余: 转轨经济学的一个重要范畴: 体制性剩余要素市场化改革及经济增长的新潜能 [J]. 学术月刊, 53 (4): 45-55.

周文彰, 2020. 数字政府和国家治理现代化 [J]. 行政管理改革 (2): 4-10.

周振, 2020. 工商资本参与乡村振兴 "跑路烂尾" 之谜: 基于要素配置的研究视角 [J]. 中国农村观察 (2): 34-46.

朱守银, 2021. 影响新型工农城乡关系构建的几个基本问题: 基于 "合村并居" 实践和讨论引发的思考 [J]. 理论探索 (2): 84-89.

AFRIDI F, LI S X, REN Y, 2015. Social identity and inequality: the impact of China's hukou system [J]. Journal of public economics, 123 (3): 17-29.

ANDREAS J, ZHAN S, 2016. Hukou and land: market reform and rural displacement in China [J]. Journal of peasant studies, 43 (4): 798-827.

ANLIMACHIE M A, AVOADA C, HEYNEMAN S P, 2020. Socio-economic impact of closing the rural-urban gap in pre-tertiary education in Ghana: context and strategies [J]. International journal of educational development (77): 1-12.

BENGS C, ZONNEVELD W, 2002. The European discourse on urban-rural relationships: a new policy and research agenda [J]. Built environment, 28 (4): 278-289.

CALLOIS J M, AUBERT F, 2007. Towards indicators of social capital for regional development issues: the case of French rural areas [J]. Regional studies, 41 (6): 809-821.

CHALMERS J, 1982. The rise of developmental state MITI and the Japanese miracle: the growth of industrial policy [M] Stanford: Stanford university press.

CHEN W, ZENG J, LI N, 2021. Change in land-use structure due to urbanisation in China [J]. Journal of cleaner production, 321 (8): 128986.

COASE R，1960. The problem of social cost ［J］. Law econ（3）：1-44.

DAVIS L，DOUGLASS C N，1972. Institutional change and American economic growth ［J］. Journal of economic history，30（1）：131-149.

DEATON A，1997. The analysis of household surveys：a mircoeconomic approach to development policy ［M］. Baltimore and London：Johns hopkins university press.

DEMSETZ H，1988. Ownership，control，and the firm ［M］. Oxford：Basil Blackwell Ltd.

DEMSETZ H，1967. Towards a theory of property rights ［J］. American economic review，57（2）：347-359.

DOUGLASS M，1998. A regional network strategy for reciprocal rural-urban linkages：an agenda for policy research with reference to Indonesia ［J］. Third world planning review，20（1）：1-33.

Establishing urban land markets in the people's republic of China ［J］. Journal of the American planning association，1993，59（2）：182-192.

FURUBOTN E G，PEJOVICH S，1970. Property rights and the behavior of the firm in a socialist state：the example of Yugoslavia ［J］. Zeitschrift für Nationalökonomie/Journal of Economics（30）：431-454.

GREATER LONDON AUTHORITY，［2020-02-01］. London city resilience strategy 2020［EB/OL］. https：//www. london. gov. uk/what-we-do/fire-and-resilience/london-city-resilience-strategy.

HARRIS J R，TODARO M P，1970. Migration，unemployment & development：a two-sector analysis ［J］. American economic review，60（1）：126-142.

HARVEY D，2014. Seventeen contradictions and the end of capitalism ［M］. Oxford：Oxford University Press.

HARVEY D，2018. The limits to capital ［M］. London：Verso books.

HARVEY D，1999. The limits to capital ［M］. London：Verso press.

HARVEY，D，1985. The urbanization of capital ［M］. Oxford：Basil Blackwell Ltd.

HELMY H E, 2011. Egypt's rural–urban income disparity: is the gap diverging? [J]. Contemporary Arab Affairs, 4 (2): 148–173.

HONMA M, HAYAMI Y, 2007. Distortions to agricultural incentives in Japan, Korea and Taiwan [Z]. Washington D. C.: World Bank: 35.

HUANG J, ROZELLE S, WANG H, 2006. Fostering or stripping rural China: modernizing agriculture and rural to urban capital flows [J]. The developing economies, 44 (1): 1–26.

HUANG Z, YE H, et al., 2015. Urban land expansion under economic transition in China: a multi–level modeling analysis [J]. Habitat international (47): 69–82.

INTERNATIONAL TELECOMMUNICATION UNION, 2021. Measuring digital development facts and figures [R]. Geneva: ITU Publications: 1–21.

JENKINS B, ROBERT L, JANIE P, 2002. Local governance in Britain, Basingstoke: Palgrave, 2001 [J]. Journal of social policy, 31 (3): 545–578.

JOSEPHINE S A, 2003. Urbanization and the global perspective. [J]. Annual review of anthropology (32): 253–85.

KNOTE J A, 2004. Bowling alone: the collapse and revival of American community [J]. Journal of the American college of radiology, 1 (12): 997.

KUZNETS S, 1955. Economic growth and income inequality [J]. American economic review, 49 (1): 1–29.

LEFEBVRE H, NICHOLSON–SMITH D, 1991. The production of space [M]. Oxford: Blackwell.

LEFEBVRE H, 1981. Espace architectural, espaceurbain [M] //Architechtures en France: modernite/postmodernite. Paris: Centre Georges Pompidou: 40–46.

LEFEBVRE H, 1991. The production of space [M]. NICHOLSON–SMITH D, trans. London: Blackwell Publishing.

LEWIS W A, 1954. Economic development with unlimited supplies of labour

[J]. The Manchester school of economic and social studies, 22 (2): 139-191.

LI S, ZHAO R, 2011. Market reform and the widening of the income gap, social sciences in China [J]. Social Science in China, 32 (2): 140-158.

LIN G C S, 2001. Evolving spatial form of urban-rural interaction in the Pearl River Delta, China [J]. The professional geographer, 53 (1): 56-70.

LIN J Y, 1992. Rural reforms and agricultural growth in China [J]. American economic review, 82 (1): 34-51.

LONG H, 2014. Land consolidation: an indispensable way of spatial restructuring in rural China [J]. Journal of geographical sciences, 24 (2): 211-225.

LUCAS R E, 1990. Why doesn't capital flow from rich to poor countries? [J]. American economic review, 80 (2): 92-96.

MACDOUGALL D, 1975. The benefits and costs of private investment from abroad: a theoretical approach [M] //Studies in Political Economy. London: Palgrave Macmillan UK: 13-35.

MARIE-CLAUDE S, 2010. The proper use of governance in international relations [J]. International social ence journal, 50 (155): 81-89.

MARTIN T, 1994. Regional economics [M]. London: The Macmillan Press, ltd.

MCGEE T G, 2008. Managing the rural-urban transformation in East Asia in the 21st century [J]. Sustainability science (1): 155-167.

MULLEN J D, 2009. Domestic grain market reform in China: the contribution of economic policy research funded by ACIAR [J]. Journal of Chinese economic and business studies, 3 (1): 75-94.

OI J C, 1995. The role of the local state in China's transitional economy [J]. China quarterly (144): 1132-1149.

PAHL R E, 1970. Patterns of urban life [M]. Harlow: Longman.

PAUL B, GORDON W, 1992. The dilemmas of market socialism: capital market reform in China [J]. The journal of development studies, 28 (3): 363-385.

PHILIP S, 2011. TVA and the grass roots: a study in the sociology of formal organization [M]. Quid Pro, LLC.

PI J, ZHANG P, 2016. Hukou system reforms and skilled-unskilled wage inequality in China [J]. China economic review (41): 90-103.

PIERRE J, 2000. Introduction: Understanding governance [M] //Debating governance: authority, steering and democracy. Oxford: Oxford University Press.

QIAO B, MARTINEZ-VAZQUEZ J, XU Y, 2008. The trade-off between growth and equity in decentralization policy: China's experience [J]. Journal of development economics, 86 (1): 112-128.

RANIS G, FEI J C, 1961. A theory of economic development [J]. American economic review, 51 (4): 533-565.

SRENSEN J F L, 2014. Rural-urban differences in bonding and bridging social capital [J]. Regional studies, 50 (3): 1-20.

SU C W, LIU T Y, CHANG H L, et al., 2015. Is urbanization narrowing the urban-rural income gap? A cross-regional study of China [J]. Habitat International (48): 79-86.

SUNDRUM R M, 1990. Income distribution in less development countries [M]. London and New York: Routledge.

TELJEUR C, KELLY A, 2008. An urban-rural classification for health services research in Ireland [J]. Irish geography, 41 (3): 295-311.

THE COMMISSION ON GLOBAL GOVERNANCE, 1995. Our global neighborhood [M]. Oxford: Oxford University Press.

TIM F L, 2019. Individual components of three inequality measures for analyzing shapes of inequality [J]. Sociological methods & research: 1-32.

VINOD T, WANG Y, FAN X, 2000. Measuring education inequality: Gini coefficients of education [R]. Washington D. C.: World Bank.

WANG S, TAN S, YANG S, et al., 2019. Urban-biased land development policy and the urban-rural income gap: evidence from Hubei province, China [J]. Land use policy (87): 104066.

WANG Y, LIU Y, LI Y, et al., 2015. The spatio-temporal patterns of urbanerural development transformation in China since 1990 [J]. Progress in Geography, 34 (11): 1390-1400.

WILLIAMSON O E., 2000. The new institutional economics: taking stock, looking ahead [J]. Journal of economic literature, 38 (3): 595-613.

WU F, ZHANG F, WEBSTER C, 2013. Informality and the development and demolition of urban villages in the Chinese peri-urban area [J]. Urban studies, 50 (10): 1919-1934.

YAN J, HAO C, XIA F, 2018. Toward improved land elements for urban-rural integration: a cell concept of an urban-rural mixed community [J]. Habitat international (77): 110-120.

YANG D T, ZHOU H, 1999. Rural-urban disparity and sectoral labor allocation in China [J]. Journal of development studies, 35 (3): 105-133.

YANG Y, LIU Y, LI Y, et al., 2018. Quantifying spatio-temporal patterns of urban expansion in Beijing during 1985—2013 with rural-urban development transformation [J]. Land use policy (74): 220-230.

ZHAO M, ZHANG Y, 2009. Development and urbanization: a revisit of Chenery-Syrquin's patterns of development [J]. The Annals of regional science, 43 (4): 907-924.

ZHU S, YU C, HE C, 2020. Export structures, income inequality and urban-rural divide in China [J]. Applied geography (115): 1-9.

后　记

城市与乡村是两个不同的空间，这两个空间并不是独立的，而是有着物质交换的。城乡平衡发展的制度逻辑，是要在保持差别的基础上，通过构建城乡交换体制机制来实现城乡在各个方面相对平衡的发展，具体到经济维度上就是如何进行要素、商品以及市场秩序等相关制度平衡设计的问题。从制度变迁视角看，经济转型前的城乡经济失衡以一种体制性因素起主要作用的不平衡形态表现出来，在当时的制度环境下制度逻辑本身在对经济现象与规律的解释上存在局限性；随着经济转型过程而生成了不同于较早时期的制度环境及其影响，在社会主义市场经济条件下制度环境始终处在不断变化中，各项制度安排的调整力度与空间都较大，有利于从制度创新角度进一步分析城乡经济发展的演变与逻辑，实现在宏观制度环境与能动的微观基础间的有效勾连。

从共享发展理念的视角看，在社会主义社会中人们的基本权利还应包括参与发展建设的权利、共享发展成果的权利。这一权利体系为城乡区域协调发展的探索提供了理论指导与行动指南。在城镇化进程中消解二元结构，要善用市场化改革和城乡统筹的既有成果，同时要坚定不移地深化市场改革，统筹公民权与财产权相结合的制度建设，以城乡居民权利结构的视角构建制度的微观基础，保证制度分析及设计在微观意义上的合理性与科学性。阿玛蒂亚·森认为，市场经济中人们的权力关系包括贸易、生产、参加劳动与继承、转移，并提出要增进全体社会福利必须提高人的发展能力，从经济学角度来看就是要增强家庭参与经济活动的能力。在社会主义市场经济体制下，因发展理念的差异与先进性，人们的权利关系更为全面广泛。城乡之间大规模的要素交易及人口流动不可避免，必须对城乡产权交易制度进行系统设计，否则将导致城镇化过程中交易费用的大幅增长。前提最容易被忽略。因此，也必须立足于实现城乡财产权的均衡设计，这需要统筹推进城乡基础性制度建设，包括构建城乡均衡的财产权制度、城乡平等交换的市场交易制度等基础性制度安排，以及正式制度与非正式制度的结合等。

在制度之中政策的作用也是无可替代的。包产到户的农业生产经营制度就是基层群众的自身需求与政府制度供给促成的，在一段时期内缩小了城乡差距，较为迅速地发展了农业生产力，而后来城乡经济差距逐渐拉大，可看作之前一系列制度变迁的远期作用，也有现存制度改革滞后影响到经济绩效的因素。因为制度并非总能解释经济现象的全部，还有意识形态、自然灾害、生产力等因素也是重要的解释因子，一项制度安排出台后个体的行为不一定就表现出某种反应，但是，制度安排可以在一定条件下促使部分个体行为产生显著变化。根据断点回归的基本思想，只要一项政策或制度安排在某个指标上导致了非连续性，就可以用于识别制度与该指标之间的因果关系。

随着我国城镇化水平不断提高以及城乡一体化持续推进，城乡关系开始有所缓解，但总体上城乡二元结构的弊端仍然存在，在一定程度上还表现为城市自身发展失衡和农村发展的不充分。以经济发展规律视角来看，工业化与城镇化是一个"自然过程"，但正因为这一过程的自发性，会不断扩大城乡之间的发展差距，从而引起城乡经济的不平衡。县域经济发展不足、城乡要素配置失衡、城乡基本公共服务均等化不足这些问题至今存在，一些关键性制度如户籍制度、土地制度仍在调整完善中。由此可知，农村经济发展的不充分是城乡经济不平衡这个矛盾体的一个方面，城镇化进程中过度城镇化导致的城市膨胀也是一个重要方面，并且制度缺失、低效甚至失效使得城乡失衡变得更加复杂而剧烈，要素市场化建设与改革本该给农村经济注入新的动能，但却可能被利益相关者摄取本该属于乡村的利益；在社会公共服务体系构建中差别化的制度设计，为的是逐渐实现城乡之间在基本权利上平等一致，然而城乡之间本身存在的地区分割，却可能造成基础设施建设与公共服务供给不经济或者相对过剩，碎片化的制度安排会降低经济效率。此外，还有政府干预过度、市场制度建设滞后、行政与财税制度设置不合理等影响城乡经济不平衡的因素。

不管是城乡分治、城乡统筹或是城乡融合的建设方案，在政策、制度安排、意识形态等方面都或多或少包含了对城乡关系或明或暗的解读与思考。城乡经济失衡的一个重要原因在于，制度变迁过程中往往缺乏与其他相关制度的互动式设计，没有通过系统性、结构性与根本性的制度改革形成良性的制度环境，以形成各制度之间的互动协调。制度变迁的现实证据说明，制度本身具有可演化特性，它是由不同层次、不同内容制度安排组成的、在长期中并非外生给定的，从适当的时间尺度分析可把制度环境纳入分析框架以更好考察制度生成过程。制度变迁是形成人们稳定的制度预期直接起作用的因素，也是制度安排的时间形态和远期效应，因此制度安排要考虑其能否长期促进城乡经济平衡化发展，充分发挥城市和乡村在经济、文化、土地开发等方面的比较优势，以及能否保证在制度环境改变后也能有效发挥作用，或者做出相应调整的成本较低，这是一种动态意义的制度均衡设计思路。

城乡一体化并不是要将城市治理的方式和制度生搬进农村社会，也不是继续沿着分治思路，以为给予乡村某种"优待"便可，那样会混淆建设与治理的区别，也不能仅从稳固国家政权的角度看待和认识新农村建设。如果只是沿着城市扶持乡村的路子，则仍有可能推高城市地位，加剧城乡差距，还会丧失乡村治理同步现代化的绝佳机遇；乡村治理也不应以城市治理模式与标准来强制改良或异化，乡村社会应有自身独特的治理模式与价值选择，而更深刻的意义在于，通过国家整合从根本上改变农村状况，在已分化的城乡差别基础上，重新构造城市与乡村的有机联系和统一性。乡村治理也不应只注重乡村本身的发展，还要注意到与城市的协调和共同发展。

党的十八届三中全会提出完善和发展中国特色社会主义制度，推进国家治理体系和治理能力现代化，这实际上很好地诠释了"制度—治理"的辩证关系，也给出了应以怎样的方式进行制度变革的一个基本思路。在路径依赖和既得利益集团介入的双重桎梏下，从制度本身进行升级创新，难以在较短时期内改善城乡经济不平衡现状，反而要面临高昂的制度变迁成本与不确定的预期收益。要实现城乡经济的融合发展，还要在制度之外寻求解题思路，将治理思想融入整个城乡制度体系，在城乡发展这个大框架中引入政府作用、政策绩效、意识形态、社会规范等干预性元素，实现对城乡制度体系的治理性重构，可以有效化解城乡经济不平衡并长期促进城乡融合发展。当然，制度化治理也是化解城乡经济不平衡的一个重要方面。

本书是我们研究团队关于"要素—产权—治理"的一项研究成果。来自西南财经大学和成都理工大学的一批青年学者从不同角度参加了项目调研、资料搜集、项目讨论和文稿修订，主要有朱悦薇、韩文龙、罗浩轩、王凯军、叶胥、吴军、白晔、李俊高、周小保、鲜龙、王凤玲、高菲、沈冬玲、罗睿辰等教授、博士和硕士研究生，他们在参与项目研究中亦各自取得了一些成果。

黄涛、杜云晗

2025 年 2 月于成都